● 东北财经大学经济哲学文库

社会思潮视野中的经济学

Economics under the Perspective of Social Trends of Thoughts

朱成全 著

东北财经大学出版社
Dongbei University of Finance & Economics Press
大连

图书在版编目(CIP)数据

社会思潮视野中的经济学 / 朱成全著. —大连 : 东北财经大学出版社，2016.6

（东北财经大学经济哲学文库）

ISBN 978 - 7 - 5654 - 2370 - 3

Ⅰ. 社… Ⅱ. 朱… Ⅲ. 经济学-研究 Ⅳ. F0

中国版本图书馆CIP数据核字(2016)第149873号

东北财经大学出版社出版

（大连市黑石礁尖山街217号 邮政编码 116025）

网 址：http：//www.dufep.cn

读者信箱：dufep@dufe.edu.cn

大连永盛印业有限公司印刷 东北财经大学出版社发行

幅面尺寸：170mm×240mm 字数：208千字 印张：14.5 插页：1

2016年6月第1版 2016年6月第1次印刷

责任编辑：李 彬 吴 焕 责任校对：石建华

封面设计：张智波 版式设计：钟福建

定价：38.00元

教学支持 售后服务 联系电话：（0411）84710309

如有印装质量问题，请联系营销部：（0411）84710711

前言

科学就其本质来说，是人学。休谟在《人性论》中指出：人们要最终认识科学，就必须“直捣这些科学的‘首都’或‘心脏’，即人性本身”。恩格斯在《卡尔·马克思〈政治经济学批判〉》中强调指出：经济学研究的不是物，而是人与人之间的关系。马克思在《1844年经济学哲学手稿》中指出：自然科学往后将包括关于人的科学，正像关于人的科学包括自然科学一样：这将是一门科学；人是自然科学的直接对象。

科学与人文又是相互联系的。科学与人文的相对确定性的区别表现在：科学多是以外物作为研究对象，而人文多是以价值作为研究对象；科学主要以实证方法为主，而人文主要以解释学方法为主；科学的认识成果一般具有共识性，而人文的结论通常是个别性的；科学往往要根据实验或实践来判别，而人文往往很难通过设计实验的方法来进行判别。

社会科学具有科学特质与人文特质。因为经济学是社会科学，所以，经济学具有科学的特质与人文的特质，即经济学是科学与人文的统一。如果仅仅将经济学视为科学，就是科学主义的理解，必将使经济学缺乏人文性。如果仅仅将经济学视为人文，就是人文主义理解，必将使经济学缺乏科学性。

不少学者乃至“大家”都有与此相近的观点。盛洪认为，经济学就其最高境界来说，不是科学，而是人文，他大呼“经济学精神”。汪丁丁认为经济学介于哲学与科学之间，他也直言“作为人文精神的经济学”。萨缪尔森认为，经济学处于科学与人文之间。

虽然西方经济学有人文追求，但是，这从属于科学追求，且局限于功利追求。所以，西方经济学仍然缺乏合理的人文追求。马克思主义经济学既有科学追求，又有人文追求，并且强调通过科学来实现人文追求。所以，马克思主义经济学思想更具有广阔的发展前途。

经济学是对人的行为尤其是经济行为进行解释，所以，经济学的这一解释虽然有确定性，但又是不确定的。而经济学的这一不确定性就需要其他学科来弥补，这就是说，经济学需要其他学科，如物理学、数学、伦理学等。事实上，经济学中的数学方法来自于数学，经济学中“均衡”“实验方法”等来自于物理学，经济学中的“理论经济人”假定来自于功利主义哲学。于是，出现了诸如神经经济学、伦理经济学、政治经济学、社会经济学等。离开了其他学科，经济学也就无法存在和发展下去。

事实上，社会学家认为人是社会人，经济学家认为人是理性经济人，政治学家认为人是政治人，管理学家认为人是组织人，文化学家认为人是文化人，伦理学家认为人是道德人。所以，很难说哪个学者所下的人的定义是唯一正确的、统一的、标准的、合理的。这些学科都是为了解释人，因而，它们是互相补充的。所以，经济学需要其他学科。

社会思潮就其本质来说，是经思想家倡导而在大众中持久流行、与时代和社会重大问题相关的较系统、较集中的那些思想观念的运动。所以，社会思潮的源头或核心，是社会的“思想库”或“思想工厂”，如某一学派大师所提出的学术理论及其观点。本书理解的社会思潮种类有当代政治思潮、科学主义与人文主义思潮、哲学思潮等。

既然经济学需要其他学科，也就意味着要从各种社会思潮中来理解经济学。本书的价值也就在于此。

此书也是我自2000年以来讲授《马克思主义与西方当代社会思潮》《经济学方法论》《经济哲学》等课程的心得。其中，有不妥之处，乃至错误之处，敬请批评指正。

朱成全

2016年3月

目　录

[1]

马克思的经济学观

马克思主张建立充满人性的新科学观，即人化的科学，自然科学与人的科学是一致的。其认为，科学的人化就是指科学的人文化、人性化、人道化。从而得出结论：经济学是科学与人文的统一。马克思认为，经济学研究的不是物，而是人与人之间的关系；自己的理论是科学，但不仅仅是科学，更主要是为了“人的解放、人的自由全面发展”，即人文。但是，西方经济学缺乏人文性。

1.1 科学：“人的科学”

马克思在《1844年经济学哲学手稿》中明确指出：“自然科学往后将包括关于人的科学，正像关于人的科学包括自然科学一样：这将是一门科学。”“人是自然科学的直接对象。”[①]这就是说，马克思主张建立充满人性的新科学观，即人化的科学，自然科学与人的科学是一致的。具体地说，科学的人化就是指科学的人文化、人性化、人道化，始终围绕人的个性自由、现实生存、未来发展进行，使科学复归于人的生活世界，并真正成为人的科学，从而克服科学的

① 马克思. 1844年经济学哲学手稿［M］. 北京：人民出版社，2000.

无人与无视人的状态。

第一，自然界是确证人的生命和本质力量的不可缺少的对象。这是因为科学的对象是人的直接对象——自然界。

在对自然界本质的认识中，人确立了其主体地位，不仅表现出了其有意识有目的、能够选择、评价对象的主体特质，而且展示出了其能够感觉、知觉和表象对象的反映功能和能力，以及能够对对象进行建构、判断和推理的思维功能和能力。人的能力高低直接影响着人对自然界的认识水平，即科学的水平。科学的性质和水平直接反映出了人的主体特质及其功能和能力。特别是经过实践改造了的自然界，决不仅仅是单独的自然界，而是人和自然界相互作用的结果，是人自己的本质力量的体现。与人没有发生联系的自然界，不可能成为科学的认识对象。所以，在一定程度上说，科学对自然界本质的认识就是人对自我的认识，科学的认识活动就是人的自我认识活动。

第二，科学使工业成为现实，工业则进一步确证和实现着人的本质。

工业把人所面对的整个感性世界变成了其实践的产物，变成了人展示其本质力量的舞台，表现出了人能按任何一种尺度把整个自然界变成自己的“无机的身体”的普遍性。因而，“工业的历史和工业的已经生成的对象性的存在，是一本打开了的关于人的本质力量的书。”[①]这也可以这样说，人类把自己的内在的尺度运用到对象上去，按照美的规律塑造着对象世界，实现自然的人化，创造着适合人的生存发展需要的理想世界。所以，通过工业，自然科学同人之间发生着现实的历史关系。

马克思认为，“如果把工业看成人的本质力量的公开的展示，那么自然界的人的本质，或者人的自然的本质，也就可以理解了；因此，自然科学将失去它的抽象物质的方向或者不如说是唯心主义的方向，并且将成为人的科学的基础。”[②]这就是说，通过实践、工业形成的自然界，对人来说才是现实的自然界、有意义的自然界，它既是生活的基础，也是一切科学和哲学的基础。建立

① 马克思. 1844年经济学哲学手稿［M］. 北京：人民出版社，2000.
② 马克思. 1844年经济学哲学手稿［M］. 北京：人民出版社，2000.

在这种现实基础之上的自然科学，就成为关于人的科学的基础，并且它本身就包括人的科学，正像关于人的科学必将包括自然科学在内一样。如果自然科学片面地脱离人这一基础来研究自然界，它就是一种“唯心主义”方向。所以，经过实践和工业改造了的自然界，决不仅仅是单独的自然界，而是人同自然界相互作用的结果，是人自己的本质力量的体现。真正的唯物主义必须从自然界和人的统一这个现实的基础出发来研究自然界和自然科学。

第三，科学及其活动对于人的本质和展示有着重要的意义。

马克思认为，人的本质的获得、实现只有通过对象及其活动才是可能的。“正是在改造对象世界中，人才真正地证明自己是类存在物。”①人区别于动物的根本特性是人的自由的、自觉的活动，而人的这一特性就来自于且存在于改造对象世界的实践活动之中。在人的对象性活动中，人的本质不仅得到确证，而且展示出其丰富性。事实上，人的感觉或感觉的人性就是在人化自然的对象性活动中产生和丰富起来的，例如，人的“五官感觉的形成是迄今为止全部世界历史的产物”。②因此，马克思指出：“一方面为了使人的感觉成为人的，另一方面为了创造同人的本质和自然界的本质的全部丰富性相适应的人的需要，无论从理论方面还是实践方面来说，人的本质的对象化都是必要的。”③

所以，科学，一方面作为认识自然的活动，就是人的对象性活动，另一方面作为认识的成果，又通过工业实践进一步深化和丰富着人的对象性活动，从而直接地或间接地确证、展示着人的本质及其力量。

总之，马克思认为，必须把人的科学当作自然科学来加以研究，而自然科学也必须研究人本身。只有这样，才有真正的、全面的科学。

其实，西方无论从古代，到近代，再到现代，都有“大家”持“自然科学与人的科学是一致的”观点。在古希腊，人始终都是科学的追求，古希腊的科学研究实际上都是关于人的研究。赫拉克利特关于宇宙本质和规律的“逻各斯”，虽然是对自然的本质和规律的描述，但也是关于人类社会生活的规范，

① 马克思．1844年经济学哲学手稿［M］．北京：人民出版社，2000．
② 马克思．1844年经济学哲学手稿［M］．北京：人民出版社，2000．
③ 马克思．1844年经济学哲学手稿［M］．北京：人民出版社，2000．

所以，赫拉克利特的这一思想在西方伦理学中被称为“宇宙主义”。同样，毕达哥拉斯的“数”、德谟克利特的“原子”及伊壁鸠鲁关于“原子偏斜运动”等，无不都是托物咏志，在探索世界的本质、规律和结构中实现其对人的关怀。虽然近代以来的科学走着愈来愈远离人的发展道路，从文化中独立出来，但是，即使是处于近代入口的霍布斯，他所提出的物质本质及其运动的力学和几何学论证，最终也体现了文化的追求。“无论科学可能会变得多么抽象，它的起源和发展的本质却是人性的。”[①]休谟在《人性论》的引论中说道：“显然，一切科学对于人性总是或多或少地有些联系，任何科学不论与人性离得多远，它们总是会通过这样或那样的途径回到人性。即使是数学，自然哲学和自然宗教，也都是在某种程度上依靠于人的科学；因为这些科学是在人类的认识范围之内，并且是依靠他的能力和官能而被判断的。”因而，人们要最终认识科学，就必须“直捣这些科学的首都或心脏，即人性本身”。他进一步认识到：“任何重要问题的解决关键，无不包括在关于人的科学中间；在我们没有熟悉这门科学之前，任何问题都不能得到确实的解决。因此，在试图说明人性的原理的时候，我们实际上就是在提出一个建立在几乎是全新的基础上的、完整的科学体系，而这个基础也正是一切科学唯一稳固的基础。”由此休谟得出结论：“关于人的科学是其他科学的唯一牢固的基础。”[②]

在现代，倡导人本主义心理学的马斯洛指出：“科学是人类的创造，而不是自主的、非人类的。科学产生于人类的动机，它的目标是人类的目标。科学是由人类创造、更新以及发展的。它的规律、结构以及表达，不仅取决于所发现的现实的性质，而且取决于完成这些发现的人类本性的性质。因此科学是人学。”[③]M.W.瓦托夫斯基在其重要著作《科学思想的概念基础——科学哲学导论》中写道：“科学和哲学之间的关系不仅涉及科学是什么，或科学思想是如何发生的问题，而且也涉及科学思想与其他类型思想——常识、文学艺术中的

---

① 萨顿．科学史与新人文主义［M］．北京：华夏出版社，1989．
② 休谟．人性论［M］．北京：商务印书馆，2004．
③ 江涛．科学的价值合理性——一种主体实践的认识论研究［M］．上海：复旦大学出版社，1998．

人性研究以及创造性的艺术家的思维的非常方式等——的关系。因此，科学哲学提供了两种文化之间的联系，力图以某种首尾一贯的方式将它们彼此联系起来。”“达到对科学的人文主义理解是科学哲学的目标”“从哲学的最美好最深刻的意义上说，对科学的人文学理解，就是对科学的哲学理解”。因而“达到对科学的人文主义理解就是在自身中实现和认识到由科学本身所例证的那种概念理解的模式，就是去影响一个人自己的理解与科学所显示出的那种理解之间的和睦关系，这就使得有可能认识科学思想中的充分的人文主义。”[①]著名科学史家萨顿主张建立新人文主义或科学人文主义。他指出：“我们必须准备一种新的文化，第一个审慎地建立在科学——在人性化的科学——之上的文化，即新人文主义”“我们必须使科学人文主义化，最好是说明科学与人类其他活动的多种多样的关系——科学与我们人类本性的关系。”[②]萨顿坚信科学人性化是可以实现的，且认为科学史不仅是唯一可以反映人类进步的历史，而且是自然科学与人文学科的桥梁。[③]

1.2 马克思的人学经济学观：科学与人文的统一

从科学的本质是“人的科学”中必然会得出：经济学是科学与人文的统一。

马克思、恩格斯总是认为自己的理论不仅是为了解释世界，而最主要是为了“改变世界”。“解释世界”是科学的任务。“改变世界”，即“改造世界”，也即“实践”。实践当然包括了科学，但实践还需要“人文”的规范。这是因为科技应用需要“人文”的规范，否则，科技会出现异化。罪犯等人的活动也是实践活动，可以包含“科学”，但缺乏“人文”，尤其是合理的人文的规范。由此可见：实践最终目的是为了实现“人文”。所以，马克思、恩格斯总是认

① 瓦托夫斯基．科学思想的概念基础——科学哲学导论［M］．北京：求实出版社，1982．
② 萨顿．科学的生命——文明史论集［M］．北京：商务印书馆，1987．
③ 李桂花．科技的人化——对人与科技关系的哲学反思［M］．长春：吉林人民出版社，2004．

为，自己的理论是科学，但不仅仅是科学，更主要是为了“人的解放、人的自由全面发展”，即人文。

事实上，马克思从其中学的毕业论文一直到《资本论》等都是从人文来关怀人类的，其毕生都在追求人类解放、人的自由全面发展。而科学仅仅是达到这一目的的一个手段、途径。比如，在《资本论》中，马克思强调自己的经济学是科学，他所用的是从实际出发的科学研究和表述方法，而不是黑格尔的唯心主义辩证法的方法，进而，揭示了资本主义社会是反人性、反人道、反人类的，人依赖于物，受物的奴役和统治，人的关系变成物的关系、钱的关系，而且人又受自然历史左右，受科学技术及制造的机器的摆布，即：人被“物化”、被“异化”、被“钱化”。所以，马克思通过科学，进而对拜金主义、拜物教进行了全面批判，最后，马克思将“个人的自由而全面的发展”视为未来理想社会的基本原则。早在《共产党宣言》中，马克思、恩格斯在对未来社会作预见时，只是提出了其最本质的特征：“每个人的自由发展是一切人的自由发展的条件。”更为人所注意的是：46年后的1894年，当一位记者请求恩格斯为即将出版的周刊《新纪元》写一段题词，且用简短的字句来表述未来社会主义纪元基本特征时，恩格斯在回信时认为，除了上述这段文字外，他“再也找不出合适的了”。①

在《资本论》及其手稿中，马克思对人的全面发展的含义，较之《德意志意识形态》和《共产主义原理》做了更加具体的表述，指出：全面发展的人，就是“把不同的社会职能，当作互相交替的活动方式的人”。②以后，在法文版《资本论》中，马克思又更加明确地指出：所谓“全面发展的个人……也就是用能够适应极其不同的劳动需求并且在交替、交换的职能中只是使自己先天和后天的各种能力得到自由发展的个人来代替局部生产职能的痛苦的承担者”。③

① 中共中央马克思恩格斯列宁斯大林著作编译局．马克思恩格斯全集［M］．北京：人民出版社，1974．

② 中共中央马克思恩格斯列宁斯大林著作编译局．马克思恩格斯全集［M］．北京：人民出版社，1975．

③ 中共中央马克思恩格斯列宁斯大林著作编译局．马克思恩格斯全集［M］．北京：人民出版社，1975．

马克思、恩格斯关于人的全面发展的含义，实际上包含了四个层次：第一层次是指人能够适应不同的劳动需求，把不同的社会职能当作互相交替的活动方式。这无疑包含着旧式分工的消灭。第二层次是在交替交换的职能中，人的先天和后天的各种能力得到了自由的发展。正如马克思所说："全面的活动，才能使我们的一切天赋（潜能）得到充分的发挥"，[①]"从全部才能的自由发展中"必然产生"创造性的生活表现"。[②]第三层次是指社会全体成员的才能得到全面的发展。第四层次是指个人和社会的和谐统一发展。

所以，马克思始终把人的自由全面发展，作为其经济学的主要关注的对象和目的。这就是说，马克思认为，经济学的"灵魂"是人文。其实，马克思认为，经济学的研究不可避免地要涉及社会伦理对经济的反作用，即不可避免地涉及价值判断。恩格斯在《卡尔·马克思〈政治经济学批判〉》中强调指出："经济学研究的不是物，而是人与人之间的关系。"[③]"凡不是自然科学的科学都是历史科学"。[④]

虽然西方经济学偏重的是现实性价值判断，研究如何发财致富、使资本增值，而马克思经济学则偏重于终极性价值判断，追求的是人类的解放。虽然西方经济学注重于既定制度下的微观研究，注重于实证分析与研究，偏重于数理逻辑的运用，而马克思经济学则注重于历史维度的宏观分析，偏重于价值分析与理论推导，即：逻辑与历史的统一。虽然西方经济学主张按生产要素分配，而马克思经济学则主张按劳动分配；虽然西方经济学遵循的是商品——使用价值——效用——需求价格，而马克思经济学则主张商品——交换价值——价值——劳动——生产价格；虽然西方经济学主张效用价值理论，而马克思经济学则主张劳动价值论。但是，马克思经济学在人的发展问题上是对西方经济学的超越，主要表现在：

---

① 中共中央马克思恩格斯列宁斯大林著作编译局. 马克思恩格斯全集［M］. 北京：人民出版社，1975.

② 马克思. 资本论［M］. 法文版. 北京：人民出版社，1975.

③ 中共中央马克思恩格斯列宁斯大林著作编译局. 马克思恩格斯选集［M］. 北京：人民出版社，1972.

④ 中共中央马克思恩格斯列宁斯大林著作编译局. 马克思恩格斯选集［M］. 北京：人民出版社，1972.

第一，西方经济学虽然强调人的自由发展，但是这种发展建立在旧式分工基础上，以维护旧式分工。而马克思的人的全面发展理论，强调人的发展必须要打破旧式分工，建立新式分工。

第二，西方经济学虽然更多地强调人的政治自由，人应有天赋自由的权利，但是，对人的自由发展的内涵并没有下定义。而马克思通过长期对政治经济学和经济学说史的深入研究，通过对早期资本主义造成人的片面发展的研究，提出了人的全面发展的理论。

第三，西方经济学把人的自由发展作为手段，而目的是为了追求利润最大化，即人文追求从属于功利追求。而马克思经济学正好相反，把人的全面发展作为目的，而不是手段。自由竞争、追求效益乃至市场经济只是手段，人的自由全面发展才是目的。

第四，新旧古典学派虽然强调人的发展，但更多的是强调资本创造价值，按资本要素分配价值。这就是说，在价值创造中，人的才能、智慧、创造力，并不占有重要和主要的地位。而在马克思的价值论中，人的才能、智慧、创造力、复杂劳动占重要和主要的地位，同样，在分配中也是如此。

所以，虽然我们强调马克思经济学的科学性，但是马克思还是认为经济学和自然科学是有区别的。马克思也曾经认为，分析经济问题，既不能用显微镜，也不能用化学试剂，而必须用抽象力。所以，我们在强调马克思经济学是科学的时候，我认为这是强调经济学的科学性，并非说经济学和自然科学是一样的。马克思认为，经济学和自然科学相比，更具有人文性。

但是，马克思认为，资产阶级经济学缺乏人文性。资产阶级政治经济学将资本主义生产方式视为自然的永恒的前提是具有辩护性的，或者说是具有很强的价值判断性的。马克思认为，它撇开人与人之间生产关系的研究，而专门研究物的关系，以物的关系掩盖人与人之间的关系，其经济学充满着拜物教气息。

事实上，在西方经济学说发展史上，企图将经济学变成一门像自然科学那样纯粹的、科学的做法由来已久，西方主流经济学往往排斥价值判断，主张实证经济学。所以，西方主流经济学偏重的是科学主义，而忽视了人文性。

下面主要以马克思的《1844年经济学哲学手稿》为例，来重点论述这一点。在书中，马克思对资产阶级经济学进行了批判，尤其是从劳动本身出发考察了私有制的本质、起源和意义，得出了资本主义及其经济学的反人性。

马克思指出："国民经济学从私有财产的事实出发。它没有给我们说明这个事实。""国民经济学没有向我们说明劳动和资本分离以及资本和土地分离的原因。例如，当它确定工资和资本利润之间的关系时，它把资本家的利益当作最终原因；就是说，它把应当加以阐明的东西当作前提。"[①]恩格斯也指出："政治经济学没有想到提出私有制的合理性的问题。"[②]"在最近的经济学家面前却已经有了一套完整的学说；一切结论都已经做出来了，各种矛盾都表现得十分清楚，但是他们却没有去追究各个前提。"[③]"在目前的情况下应该把这种科学称为私经济学，因为在这种科学看来社会关系只是为了私有制而存在。"[④]所以，马克思对政治经济学及其辩护的资本主义进行了批判。

马克思对政治经济学的基本范畴如劳动、价值、交换和需求等进行了批判，特别是，认为古典政治经济学虽然承认劳动是国民财富的基本要素，但是它把劳动看成是没有人文关怀的要素。这就是说，它所理解的劳动不是真实的人类劳动，而是异化劳动。

马克思由劳动的自身异化理解了人类的自身异化，理解了阶级关系和私有财产的本质。具体地说，马克思借助于当时的经济学事实，得出了异化劳动思想：第一，劳动者的劳动同其产品之间的异化关系。这就是说，劳动者越是通过自己的劳动去占有外部世界，他就越是失去生活资料。他只有成为生产资料的奴隶，才能得到工作、挣得面包以维持生活。他也只是为了维持自己肉体的生存，作为生活资料的奴隶，才不得不去劳动。第二，劳动活动本身的异化。这就是说，劳动对于劳动者来说是外在的，不属于他自己的，不是肯定自己、

① 马克思. 1844年经济学哲学手稿［M］. 北京：人民出版社，2000.

② 中共中央马克思恩格斯列宁斯大林著作编译局. 马克思恩格斯全集［M］. 北京：人民出版社，1956.

③ 中共中央马克思恩格斯列宁斯大林著作编译局. 马克思恩格斯全集［M］. 北京：人民出版社，1956.

④ 中共中央马克思恩格斯列宁斯大林著作编译局. 马克思恩格斯全集［M］. 北京：人民出版社，1956.

自由地发挥自己体力和智力的活动，而是否定自己的、非自愿的强制劳动和被迫的劳动，如同瘟疫一样。劳动不是劳动者本身的需要，只是维持生存的一种迫不得已的手段。劳动本来是人的本质，现在却成了这样，他在劳动时如同畜牧一样，只有在不劳动而只是吃喝等时候，才觉得自己是在从事人的活动。这就是说，他只是在运用自己动物式的机能时才觉得自己是人，而在从事人的活动时反而觉得自己是动物。第三，人同自己“类本质”的异化关系。既然人的本质是由劳动来实现和确证的，那么，由于劳动变成了异化劳动，从人那里夺走了生产和生活的对象和自然界，从事生产的人也就不能再进行发展自身、肯定自身的劳动，人也就失去了自己的类生活与类本质。劳动作为人类发展的自由的活动，变成了个人维持生存的手段；各人都为私利、为谋生而活动，人“类”就失去了自己的目的，而异化为自私自利的个人之间的战争。第四，人与人之间相互关系的异化。在异化劳动的条件下，个人把他自己的劳动以及他人的、类的劳动和活动统统都只当作为他自己谋生谋利的手段，而不是把人类本身当作他活动、劳动的目的。所以，异化劳动造成了人同自己的类本质相异化，这种异化的直接结果就是人同人相异化。这就是说，异化劳动必然造成私有财产和阶级的对立。

由此，马克思设想了未来的共产主义是人文的共产主义。马克思认为：“共产主义是私有财产即人的自我异化的积极扬弃，因而是通过人并且为了人而对人的本质的真正占有；因此，它是人向自身、向社会的即合乎人性的人的复归，这种复归是完全的，在自觉的和以往发展的全部财富的范围内生成的。这种共产主义，作为完成了的自然主义=人道主义，而作为完成了的人道主义=自然主义，它是人与自然界之间、人与人之间矛盾的真正解决，是存在和本质、对象化和自我确证、自由和必然、个体和类之间的斗争的真正解决。它是历史之谜的解答，而且知道自己就是这种解答。”[①]这主要有以下几点：第一，共产主义是对私有财产的扬弃，即人的自我异化的积极扬弃。这是因为私有财

① 马克思. 1844年经济学哲学手稿［M］. 北京：人民出版社，2000.

产作为异化于人的对象或物质财富的东西，无非是人和人的劳动的自我异化的表现。它的本质不在物的形态本身里面，而是在主体方面的异化。第二，共产主义是通过人并且为了人而对人的本质的真正占有。所谓“通过人”，就是说，共产主义不是单纯通过物（私有财产这种异化了的物的形态）的扬弃可以获得的，而是通过对异化了的人本身所具有的异化性质的扬弃才能得到的。“为了人”，就是说，不是单纯为了占有物、占有对象形态的财富，而是为了人本身的解放。“对人的本质的真正占有”，是使人的自己的本质得到重建，这是共产主义的意义所在。这是因为在异化劳动和私有财产的统治和支配下，人不仅失去了外部世界（生产和生活的资料，乃至整个的自然界），而且失去了自由，失去了自己的本质。也正是由于自身的异化，才导致了他同物的世界相异化。第三，共产主义是人向自身、向社会的（即人的）复归。共产主义不仅是人的本质的真正占有即复归，而且强调了这种复归是“向社会的人的复归”，只有向社会的人的复归才是人自身的复归。这是因为：从根本上说人是社会的人。人的本质属性就是社会性。但是，在私有制和异化劳动的活动中，人异化了，丧失了他本来应能具有、享有的社会性质，变为孤立的、利己的个人，而同他人、同社会相隔绝相对立。人失去了社会，也就失去了整个的外部世界，也就失去了自己作为人的地位、意义、价值和本质。所以，人的异化从根本上说就是人的社会异化或社会的人的异化。第四，这种复归是完全的、自觉的而且保存了以往发展的全部财富的。这就是说，共产主义的复归不是倒退，不是对以往全部文化和文明的抽象否定，而是一种人类自身的辩证发展。离开了这种自我发展，人就不可能对人自己的本质真正占有，就不可能有向社会的人的复归。马克思认为，异化不仅是消极的、否定的，而且是必然的、有意义、有价值的人类发展阶段。共产主义不是抽象地同私有制对立的，也是异化阶段的必然的辩证进展。在私有制和人的异化中得到高度发展的生产力、工业和科学，为丰富具体的共产主义创造了现实的前提。第五，“这种共产主义，作为完成了的自然主义=人道主义，而作为完成了的人道主义=自然主义”。在这里，“完成了”的含义是“完备的”“完善的”“全部实现了的”。“自然主义”

是用自然界及其规律来解释一切的学说，在十七至十八世纪哲学上的自然主义是同唯灵论做斗争的唯物主义学说。它把自然界认作世界的唯一真正的本体和基础，人也是自然物之一，这是唯物主义观点。“人道主义”是与“自然主义”相比较的，是强调以人为中心为本位来理解和说明世界的一种哲学本体论观点。它认为人不仅是世界的真正主人，人本身具有最高的价值，而且是人类社会历史上的一切创造物的主体本质和基础。马克思认为，这两者都是重要的，并且应该统一起来，即完成了的以自然界为基础的唯物主义，应该以人为中心，而完成了的人道主义应该把人首先看作自然界的一部分，与自然主义相一致。所以，一方面，要在自然唯物主义的基础上着重强调人的作用和意义；另一方面，要把人及其活动本身主要理解为自然的物质的感性活动。人是在自然界和对象中实现自己的，而自然界也要成为人化的自然，通过人的活动使自然界自身达到更高的发展阶段。马克思所要肯定的唯物主义不是片面地强调自然或强调人的学说，而是把这两者高度统一起来的学说。共产主义扬弃了人和人、人和自然界的异化，因而实现了人和人、人和自然界的统一。这种唯物主义包括了以往自然主义和人本主义发展的全部丰富成果，且是它们的高度发展了的统一。第六，共产主义是人和自然界之间、人与人之间的矛盾的真正解决，是存在和本质、对象化和自我确证、自由和必然、个体和类之间的斗争的真正解决。在异化劳动和私有财产下，人的活动异化了，人自身异化了，因而人同自然界、同别人、同类、同自己生产的对象之间，也统统异化了，因而这一切对立的方面都处于尖锐的、无法解决的矛盾之中。共产主义既然扬弃了异化，也就必然会恢复人的社会的本质、恢复人和自然界、人和人、人和物之间的正确关系，也就使上述种种矛盾得到真正的解决。所以，马克思得出结论：“它（指共产主义）是历史之谜的解答，而且知道自己就是这种解答。”

所以，马克思对资产阶级经济学进行了批判，得出了资本主义及其经济学的反人性理论。

当然，马克思全面地评判了资本主义条件下的自然科学的二重性。在资本主义社会，马克思认为，“自然科学却通过工业日益在实践上进入人的生活，改造人的生活，并为人的解放做准备，尽管它不得不直接地使非人化充分发展”。[1]一方面，自然科学研究了自然界的秘密，为人类全面地利用、改造自然界，也为人通过劳动、活动来全面发展和占有自己的本质，提供了科学的理解。要研究自然界，就应研究同人的活动相联系的自然界，研究同整个自然界密切相关的人本身。另一方面，自然科学在私有制财产下所能做的又是不得不直接完成非人化，这是因为它的每一步发展都只能是私有财产的增强，是对人的异己统治的加强。并且，由于这种异化性质，自然科学就成了只片面研究自然界的科学，而与人的科学相分离。这就是说，私有财产下的自然科学把自己看作是同研究人无关的纯粹以自然界为对象的科学，这是它的缺陷。事实上，离开人来讲自然界，这种自然界既不能使人生存并获得自己作为人的感性存在，也不能成为自然科学的真正基础。在这种情况下，关于人的科学、历史学、哲学等就同自然科学相疏远而不能结合。这就是说，以往人文科学对人的研究，恰恰离开了人的自然界的存在和对象化活动来空谈人性，不是把人与人的发展当作自然存在和自然史过程；而只是顺便提到自然科学，正像自然科学只是顺便谈到人和人文科学一样，两者都是片面的。

总之，马克思认为，资本主义及其经济学是反人性的。而共产主义是对私有财产的积极扬弃，是对人自己本质的真正占有。马克思经济学不仅具有科学性，更主要的是它还具有人文性，这是在扬弃私有财产和异化过程中得以实现的。

---

① 马克思. 1844年经济学哲学手稿［M］. 北京：人民出版社，2000.

[2]

从科学发展观来看经济学的人文性

以人为本是科学发展观的核心内容，因此从人文角度解读以科学发展观为指导的经济学研究具有重要的现实意义。本章从科学发展观所蕴涵的人文含义入手，探讨经济学所蕴涵的人文特质，并指出对经济学研究的启示，从而提出人文经济学构建的几点设想。

2.1 科学发展观的人文意蕴

科学发展观第一要义是发展，核心是以人为本，基本要求是全面协调可持续，根本方法是统筹兼顾。具体地说，科学发展观有以下几点内容：

（一）生态文明

1.马克思关于人与自然和谐的思想

马克思指出："动物只是按照它所属的物种的尺度和需要来构造，而人懂得按照任何一个种的尺度来进行生产，并且懂得处处都把内在的尺度运用于对象；因此，人也按照美的规律来构造。"[①]这就是说，人类不仅能够按照科学的

---

① 中共中央马克思恩格斯列宁斯大林著作编译局．马克思恩格斯全集［M］．3卷．北京：人民出版社，2002．

尺度来进行生产，把整个自然界变成自己的“无机的身体”，而且能够把自己的内在的尺度——善和美运用到对象上去，实现自然的人化，创造着适合人的生存发展需要的理想世界。人之所以高于动物，是因为能够掌握这两个尺度，并在行动中把两者自觉地结合起来。所以，马克思指出，经过实践改造了的自然界，决不仅仅是单独的自然界，而是人和自然界相互作用的结果，是人自己的本质力量的体现。

自然界是人自己的本质力量的体现，自然界是唯一真正的本体和基础，人也是自然物之一。“人道主义”与之相反，是强调以人为中心来理解和说明世界的一种哲学，认为人不仅是世界的真正主人，而且是人类社会历史上的一切创造物的主体基础。马克思认为，这两者都是重要的，并且应该统一起来，即完成了的以自然界为基础的唯物主义，应该以人为中心，而完成了的人道主义应该把人首先看作自然界的一部分，与自然主义相一致。所以，一方面，要在自然唯物主义的基础上着重强调人的作用和意义，另一方面，要把人及其活动本身主要理解为自然的物质的感性活动。人是在自然界中实现和提升自己，而自然界也要成为人化的自然，通过人的活动使自然界自身达到更高的发展阶段。马克思所要肯定的唯物主义不是片面地强调自然或强调人的学说，而是把这两者高度统一起来的学说。这种唯物主义包括了以往自然主义和人本主义发展的全部丰富成果，且是它们的高度发展了的统一。所以，这种共产主义“是人和自然界之间、人与人之间的矛盾的真正解决……”在这里，马克思不仅指出了共产主义是一个“人和自然”相和谐的社会，而且预示了当今我们所说的科学发展观，这就要求我们树立生态文明。

2. 人类生态足迹、《2004年地球生态报告》显示了生态文明的重要性

人类生态足迹这个数据是用来评估人类所使用的生物圈的生产能力大小的。生态足迹的扩大原因在于人类改造自然界的本质力量的提高。人的本质力量一方面促进经济社会的发展，另一方面给生态也带来了一定的破坏作用。《2004年地球生态报告》指出，“生态足迹”不断扩大的状况在工业化国家尤其严重，西方人正在以难以维持地球可持续发展的极端水平消耗资源。在所有

国家中，阿联酋以其高水平的物质生活和近乎疯狂的石油开采“荣登榜首”——人均生态足迹达9.9公顷，是全球平均水平的4.5倍；而中国排名第75位，中国人均自然资源消耗量仅为1.5公顷，虽然低于全球平均值，但是由于我国人口太多，我国国土所能提供人均资源限度仅为0.8公顷，人均生态赤字高于全球的平均水平。

该报告指出，地球的健康状况正在急剧地衰退，起因是人们对于自然资源的消耗量日益增加，比如，全球年人均新的水资源开采量为650立方米，中国年人均新的水资源开采量为430立方米；全球年人均水资源消耗量为8 870立方米，中国年人均水资源消耗量为2 240立方米。可见，水资源的开采速度远远跟不上人们的用水量，全球的大河如尼罗河、黄河存在着过度使用水源的情况，通常在旱季难以流至海洋。

所以，《2004年地球生态报告》认为，地球得病都是人贪婪惹的祸。人与自然的和谐关键在于人的素质尤其是生态伦理的提高。

3.可持续发展战略的生态文明的意蕴

可持续发展战略，实质上既要满足当代人的基本需求，又要考虑未来的发展需要，为子孙后代着想。它要求在伦理道德的原则下约束人类自身的不正当的行为。可持续发展的判定原则包括自然科学的原则、社会科学的原则和人文学科及其人文精神。“可持续发展”就是促进人与自然的和谐，坚持走生产发展、生活富裕、生态良好的文明发展道路。

中国改革开放30多年取得了西方100多年的经济成果，而西方100多年发生的环境问题在中国30多年集中体现，30多年的成果与30多年的污染，过度消耗了我们的资源与环境。一系列事实说明，如果经济出现问题，宏观调控可以解决；社会出现问题，付出一定的代价也可以解决；但环境出了问题，是多少年都无法扭转的，那将是中华民族的灾难。所以，党的十七大提出了“生态文明”的重要性。

4.生态学社会主义理论和不丹发展模式蕴涵生态文明

生态学社会主义理论宗旨是，寻找一条既能消除生态危机，又能实现社会主义的新道路。它明确指出：统治自然的观念是生态危机的最深层的根源。必须把资源的消耗限制在既可以维持生态平衡又能有效利用的限度内，必要时不惜放慢经济增长速度，以便维持人类的长期生存和稳定的经济发展。同时，必须重新评价人的物质需求，并大大减少这种需求。

但是，当今社会出现了异化消费。所谓“异化消费”，是指人们不是出于真正的需要去追求这些商品，而是在市场机制如广告、商品装潢的刺激下去购买这些商品。人们把消费当作人生的唯一乐趣，从而，形成一种为消费而消费，而不是出于真正需要的现象。

所谓不丹模式，就是注重物质和精神的平衡发展，将环境保护和传统文化的保护置于经济发展之上。衡量发展的标准是国民幸福总值，即：政府善治、经济增长、文化发展和环境保护，而不是我们通常采用的国民经济总值。所以，不丹环保优先的发展道路，在国民收入增长的同时，将自然环境很好地保护起来，现在，其原始森林的覆盖面积在亚洲排名第一，占整个国土的74%。不丹拥有丰富的旅游资源，但是为了保护环境，一直严格限制游客入境人数，2015年获得签证进入不丹的人数不到6 000人。不丹在40年以前还处于没有货币的物物交换的经济状态之下。现在，它一直保持较高的经济增长率，已经超过印度等其他国家，在南亚各国中是国民平均收入最高的国家。在世界银行的排行榜中也大大超过了其他发展中国家而成为第一位。

所以，党的十七大指出：建设生态文明，基本形成节约能源资源和保护生态环境的产业结构、增长方式、消费模式。将“建设生态文明”作为中国实现全面建设小康社会奋斗目标的新要求之一，并明确提出“必须把建设资源节约型、环境友好型社会放在工业化、现代化发展战略的突出位置，落实到每个单位、每个家庭。”人与自然不和谐，社会就不可能和谐。这就要求经济学必须具有很强的人文性。现在的生态经济学、环境经济学等就显示了这一点。

（二）发展是第一要务

发展是硬道理，中国解决一切问题的关键在于发展。发展，对于全面建设小康社会，具有决定意义。特别是，要更好地实施科教兴国战略、人才强国战略、可持续发展战略等，实现经济社会又好又快的发展。发展，只有落实到每个人全面而自由的发展才有意义。

依我看来，“好”是人文（或价值）的标准；而“快”是科学的标准。下面简要地论述一下科学和人文的关系。

科学有自然科学和社会科学，尤其是自然科学。人文学科在我国往往被认为有“文史哲”，国际上通常被认为有宗教、哲学、文学、艺术、历史学。

科学主要偏重于求真，以及工具理性（或功利）。而人文主要偏重于求善、求美，即价值理性，或“人生活得更有价值和意义”。所以，人文不是科学，比如，文学就不是科学。“有的人死了，但还活着。有的人活着，但已经死了”、“感时花溅泪，恨别鸟惊心”、“飞流直下三千尺”，以及“朦胧诗”等都不是科学的语言。艺术也不是科学，如，音乐中歌词关于爱的内容：“爱你没商量”“糊涂的爱”“跟着感觉走”就不是科学的语言。还有歌词的大量重复，如“酒干倘卖无”、歌中“大喊大叫、怪声”的声调等，都不符合科学。在学界，历史学、宗教、哲学都被认为不是科学。

科学主义的失败、人文主义的失败都表明了：科学与人文虽然有区别，但必须结合起来。简单地说，科学主义就是以科学尤其是自然科学为标准文化模式，来改造人文尤其是哲学，最终使人文也能够变成科学。而人文主义则以人文为标准文化模式，认为科学太功利了，对提高人的精神境界没有帮助；还认为，科学所追求的“价值中立”是不可能达到的。特别是，有的人文主义者想把科学人文化，将人文变为科学。但是，科学哲学的文化转向表明了科学主义的失败。后现代主义也表明了人文主义虽然有合理之处，但毕竟是有问题的。

其实，科学与人文都是对人生的最高境界“真善美”的追求，只不过科学偏重的是“真”，人文偏重的是“善”和“美”。科学与人文是“一块硬币的两面”。依我看来，科学是基础，人文是核心。在当今时代，科学应当是人文的基础，但是，科学如果缺乏人文的“规范”，就会给人类带来灾难，比如说，罪犯通过计算机犯罪就是如此，这不能说罪犯没有科学意识，但他肯定缺乏合理的人文的“规范”。事实上，人们是通过科学来实现人文追求的。

马克思主张建立充满人性的新科学观，即科学合乎人的善和美。马克思认为，自己的理论是科学，但不仅仅是科学，更主要是为了“人的自由全面发展”，即人文。因此，“自然科学往后将包括关于人的科学，正像关于人的科学包括自然科学一样：这将是一门科学。”“人是自然科学的直接对象”。①这就是说，自然科学与人的科学是一致的。

所以，科学假如在没有人文的规范下，就会给人类带来灾难。同样，经济增长之“快”、效率之高，如果忽视了生态和道德之“好”，就会给人类带来灾难。这就要求在经济学中注入很强的人文精神，现在的伦理经济学、利他主义经济学、合作经济学、发展经济学、可持续发展经济学等都显示了这一点。

（三）坚持以人为本

这一点深刻地回答了“靠谁发展、为谁发展”的问题。

以人为本的人，是指最广大人民群众。以人为本的本，就是根本，就是出发点、落脚点。

坚持以人为本，就是要坚持发展为了人民、发展依靠人民。不断实现好、维护好、发展好最广大人民的根本利益；关注人的价值、发展潜能和幸福指数，最终实现人的全面发展。

这蕴涵着以人为本的层次性：低层次的“以人为本”，将人看成是工具、手段（或“物”），即依靠人；高层次的“以人为本”，将人看成是目的，即为了人。

在人的问题上，既可以从物的角度来理解人，将人看成是工具，也可以从人文的角度来看待人，将人看成是目的。依我看来，泰勒的科学管理仅将人看成是工具、经济人，这是从物这一层次来理解人。人群关系理论，特别是当今的企业文化的管理理论已将人看成是目的。所以，如果从“以人为本”来看，泰勒的科学管理则是低层次的，而企业文化的管理是高层次的。这实际上是

① 中共中央马克思恩格斯列宁斯大林著作编译局．马克思恩格斯全集［M］．3卷．北京：人民出版社，2002．

说，“以人为本”是分层次的。如果从马斯洛的需要层次理论：生存——安全——爱——尊重——自我实现来看，“以人为本”就应当是分层次的。越是重视低层次的人的需要，就越是低层次的“以人为本”；越是重视高层次的人的需要，就越是高层次的“以人为本”。我们崇尚的是高层次的“以人为本”，认为这才是真正的“以人为本”。所以，从高层次的“以人为本”，比如从“以人的自我实现出发”的管理来看，泰勒的科学管理就不是真正的“以人为本”。马克思在描述共产主义社会时，指出：“共产主义是私有财产即人的自我异化的积极扬弃，因而是通过人并且为了人而对人的本质的真正占有；因此，它是人向自身、向社会的即合乎人性的人的复归，这种复归是完全的，自觉的和在以往发展的全部财富的范围内生成的。”[①]所以，马克思已经道出了“以人为本”的真谛。“通过人”，这是将人看成是工具，是低层次的“以人为本”，“为了人”，这是将人看成是目的，是高层次的“以人为本”，且两者是统一的。在当今生活中，还有一种“妇女唯物主义”观念，即仅仅将妇女看成是物、工具，比如，赚钱的工具、发泄的工具。马克思在《1844年经济学哲学手稿》中就特别提到了男女之间的“情爱关系”，认为“人与人之间的直接的、自然的、必然的关系是男人对妇女的关系”。“男人对妇女的关系是人对人最自然的关系。因此，这种关系表明人的自然的行为在何种程度上成为人的行为，或者，人的本质在何种程度上对人来说成为自然的本质。”所以，马克思特别反对“把妇女当作共同淫欲的掳获物和婢女来看待”，即反对仅仅将妇女看成是工具，认为“这表明了人在对待自身方面的无限的退化”。[②]

所以，“以人为本”要求经济学是“人本经济学”。现在的快乐经济学、幸福经济学、人文经济学、休闲经济学等都显示了这一点。

（四）全面协调可持续发展

这一点系统回答了“怎样发展”的问题。

---

① 中共中央马克思恩格斯列宁斯大林著作编译局．马克思恩格斯全集［M］．3卷．北京：人民出版社，2002．

② 中共中央马克思恩格斯列宁斯大林著作编译局．马克思恩格斯全集［M］．3卷．北京：人民出版社，2002．

要全面推进经济建设、政治建设、文化建设、社会建设，就必须坚持生产发展、生活富裕、生态良好的文明发展道路，建立资源节约型、环境友好型社会，使人民在良好的生态环境中生产生活，实现经济社会永续发展。所以，必须坚持统筹兼顾。

下面以案例来重点论述“统筹区域、统筹经济社会发展”的重要性。

统筹区域发展，就要积极推进西部大开发，振兴东北地区等老工业基地，促进中部地区崛起，鼓励东部地区率先发展，逐步扭转区域发展差距拉大的趋势。国际经验表明：统筹区域发展是非常重要的。例如，在20世纪60年代，巴基斯坦的工业化进程相当迅速。但是，该国工业化大多集中在西半部，东部受益甚少。东部人民强烈不满，因为他们认为，西半部用牺牲东半部利益的办法来发展经济。结果，发生了内战，该国分裂成两个国家，出现了孟加拉国。

统筹经济社会发展，就要在大力推进经济发展的同时，更加注重社会发展，加快科技、教育、文化、卫生、体育等社会事业的发展，把加快经济发展与促进社会进步结合起来。国际经验表明：单一的经济发展指标是不行的。这里有两个案例可以说明这一点。其一是：20世纪60—70年代巴西经济增长很快，一度超过了欧共体的经济增长速度，跻身工业16国。但是，到了20世纪80年代，巴西为经济起飞付出了沉重的代价：农民极度贫困，社会两极分化严重，社会动荡不安，反对派遭到血腥清洗，巴西1.3亿人口中有7 000万居民实际生活水平下降。其二是：20世纪60—70年代，伊朗的人均国民收入增长了10多倍。但是，伊朗在经济增长后每年竟要支付178亿美元购买军火，想做军事大国。同时，大量的资金用于大项目上，导致了统治阶层中普遍腐化。结果，造成了长达一年之久的示威和暴乱。原来95%拥护巴列维“现代化”的人们反过来推翻巴列维和他的军队。伊朗的经济起飞又戛然而止。

现在的“指向协作的经济学”、合作经济学等充分显示了“全面协调可持续”的重要性。

（五）和谐社会

和谐社会是指：民主法治、公平正义、诚信友爱、充满活力、安定有序、人与自然和谐相处。以我看来，和谐社会有三项重要内容：人与自然的和谐，人与人的和谐，人的身心的和谐。当今社会之所以不和谐，主要是因为人们将“功利看得太重了”，进而人性出了问题。

人虽然必须是生命体首先存在，但是，还有其更为重要的方面——生命意义的存在。所以，人不仅要追求眼前的功利，而且更要追求超功利的理想。终极关怀（或超功利）固然表现为对功利的超越，但这种超越并非“脱离”之意，而是立足于功利又摆脱功利束缚的超越。比如说，没有一定的功利基础，就不可能学习和研究哲学、音乐等人文。终极关怀的真正意蕴不是教化人们在空洞的精神王国里生活，而是引导人们在追求功利的同时，不能陷入功利而不能自拔，其使命就在于实现从功利物欲到精神境界的升华，使人们趋向于真诚、友善、崇高。

马克思认为，人优越于其他动物的地方不仅仅在于肉体或功利，更主要在于人文或超功利。但是，在资本主义条件下，由于异化劳动把人的自主活动、自由活动贬低为手段，所以，“劳动这种生命活动、这种生产生活本身对人来说不过是一种需要即维持肉体生存需要的一种手段”，即“对人来说，它把类生活变成维持个人生活的手段”。[①]这样，工人仅仅关注功利，而不能实现“超功利”或“终极关怀”。所以，马克思不仅反对拜金主义、拜物教，而且认为，只有消灭异化劳动，工人的劳动才能是类的劳动，工人才能在肉体的基础上实现其“终极关怀”。

在当今的中国，人们应当在科学给人类带来功利的基础上来实现人文的追求，在日常生活——衣、食、住、行等基础上，来实现人文境界。可是，当今一定程度的拜金主义、拜物教的兴起，为了钱而不择手段如骗人、坑人、甚至杀人，结果导致了人性的丧失。一些农民在有了很多钱之后，把钱主要用于盖

① 中共中央马克思恩格斯列宁斯大林著作编译局．马克思恩格斯全集［M］．3卷．北京：人民出版社，2002．

房子、娶媳妇等，却很少用于旅游、打球、跳舞、学文学和哲学等，结果，成为单向度的人，而没有达到自由全面发展。在当今，人文的一个作用就在于引导人们怎么样去正确地对待“钱”，应当在“钱”的基础上实现人的精神价值，而不应当使人变为“钱”的奴隶。与此联系的是“休闲”。“休闲”就其本质来说，是在功利的基础上实现人文，提高人生境界。可是，当今的一些休闲方式，如“二人转”“打扑克”“打麻将”等，以及一些通俗甚至一些庸俗的文化非常流行，在一定程度上就说明了当今某些中国人的休闲出了问题，即违反了休闲的本性，而使某些人正在降为“动物”，远离了人文。我们好不容易有了“五一”长假、“十一”长假，有了提高人文境界的机会，我们却称之为“黄金周”，而不是“旅游周”“人文周”。马克思指出，“休闲”就是“非劳动时间”“不被生产劳动所吸收的时间”，[①]包括“个人受教育时间、发展智力的时间、履行社会职能的时间、进行社交活动的时间、自由运用体力和智力的时间”。[②]马克思说：“我们的目的是要建立社会主义制度，这种制度将给所有的人提供健康而有益的工作，给所有的人提供充裕的物质生活和闲暇时间，给所有的人提供真正的充分的自由。”[③]

所以，和谐社会要求我们处理好经济与生态、功利与超功利等关系，这就要求经济学不仅要注重经济发展，而且要高度重视人性的发展。生态经济学、合作经济学、指向协作经济学、幸福经济学、人文经济学等就显示了这一点。

（六）完整的发展指标

这是科学发展观所蕴涵的，这是因为全面推进经济建设、政治建设、文化建设、社会建设，必然要求发展指标是完整的。

下面简要地论述一下国际上所强调的发展指标：

1.环境的发展指标。（1）环境核算。如，森林资源核算、水资源核算、野

① 中共中央马克思恩格斯列宁斯大林著作编译局．马克思恩格斯全集［M］．26卷．北京：人民出版社，1975．

② 中共中央马克思恩格斯列宁斯大林著作编译局．马克思恩格斯全集［M］．23卷．北京：人民出版社，1974．

③ 中共中央马克思恩格斯列宁斯大林著作编译局．马克思恩格斯全集［M］．21卷．北京：人民出版社，1972．

生动物资源核算、土地核算。(2) 生态占有。这是指能够为一个特定生活标准的人群提供所需要的资源、吸纳其废弃物的那一片生物面积，包括陆地、水域。(3) 生态需求指标。人类对环境所需一切的总和，即从环境中开采资源的需要及各类废弃物返回环境的需要之总和。(4) 环境的可持续性、稳定性、迅速恢复的功能和生物多样性。

2.人类发展目标。(1) 生活质量板块。偏重物质的物质生活质量指标，这由婴儿死亡率、预期寿命和识字率三个指标构成；偏重社会的ASHA指标，这包括就业率、识字率、平均预期寿命、人均GNP增长率、人口出生率、婴儿死亡率六个指标；偏重社会低层的贫困指标；偏重居住的联合国可持续发展委员会居住指标；偏重教育的人力资本指标。(2) 社会秩序板块。比如，社会进步指数，它是由教育、健康状况、妇女地位、国防、经济、人口、地理、政治参与、文化、福利成就组成的。

国际上还有快乐指数、幸福指数、人文指数。快乐源主要有健康、亲情、工作、环境、宗教信仰、收入、人际关系、地位、自由。影响幸福指数的因子有性别、年龄、人格、教育、婚姻、职业、收入、财富、地区、城市规模等。人文发展是一个扩大人们选择的过程。人有三个基本的选择，即：人们过上长寿而健康的生活、获得知识、得到体面生活所必需的资源。所以，通常有三个核心指标：健康水平、教育程度、生活水平，这些分别用出生时预期寿命、成人识字率以及小学、中学和大学综合毛入学率、人均GDP（以购买力平价计算而不是按汇率计算的人均GDP的对数）来表示。其公式是：人文指数(HDI) =1/3（预期寿命）+1/3（教育指数）+1/3（GDP对数）。据此，中国的人文指数处于中等，《2004年人类发展报告》显示处于第94位，2005年处于第85位。

3.最高指标——人的寿命。这是阿马蒂亚·森的观点。预期寿命或实际人均寿命，是国家和社会发展的最重要的衡量指标。

2.2 经济学所蕴涵的人文特质

依我看来，从科学层次来看，经济学是科学，这是对经济学的低层次的理解。从人文层次来看，经济学是人文，这是对经济学的高层次的理解。

如果对经济学的研究对象进行反思的话，就会发现：人力资源稀缺是一切经济问题的总根源；解决资源稀缺的根本点在于人类自身。事实上，自然科学等已证明：潜在的自然资源是无限的。所以，自然资源“稀缺”实际上反映了人还没有充分利用无限的自然资源和缺乏节制欲望的能力。

经济学是关于人的学问。从逻辑角度来看，这主要有三个理由：第一，人的欲望是经济学的逻辑起点。没有人的欲望，经济活动就无从发生。第二，人是经济活动的主体。人的欲望只有通过人的经济活动，才能得到满足。第三，人是经济活动的目的。从历史事实角度来看，至少有以下三个理由：第一，西方经济学的研究对象由人和物的关系，转向人与人利益关系的研究。这主要体现在产权理论、制度变迁理论、博弈论、信息经济学。第二，新自由主义经济学思潮。它强调以法治国、以德治国，强调政治自由与经济秩序。第三，发展经济学。“可持续发展”就表现出了很强的人文精神。

经济学具有道德特质。这主要还表现在：西方经济学伦理道德观的发展；利他主义经济学的发展。

西方经济学伦理道德观的发展经历了古典经济学伦理道德观、新古典经济学伦理道德观、当代新自由主义经济伦理道德观。古典经济学伦理道德观集中体现在亚当·斯密的《道德情操论》和《国富论》上。在《道德情操论》中，斯密从人的同情心出发来探讨伦理学问题。在《国富论》中，他在其伦理学的基础上探讨了经济发展的问题。他认为，富有同情心的人的自利行为将促进社会的最大利益。斯密认为，自利和利他统一的基础是“看不见的手”。斯密还认为，“自私”和“自利”是两个不同的概念。自私是一种损人利己的行为，是不符合社会道德的。而自利则是一种自爱的行为，个人在追求自身利益的时候，也促进了别人的利益，因而，自利是符合社会道德的。新古典经济学的经济伦理道德观是以福利经济学的面貌出现的。福利经济学本质上是规范经济学，它认为，使福利增加的就是“好的”，使福利减少的就是“坏的”。由于在均衡状况下，交换双方得到最大的满足，而均衡状况又是以完全自由竞争为条件，所以，自由竞争符合社会利益，也最具有道德属性。

如果利他主义经济学排斥了道德，则肯定是不对的，这是因为个人内在的偏好毕竟会受到道德等的影响。道德与偏好交织在一起，理应被纳入到效用函数之中，因此，利他主义经济学也可纳入到正式的经济学之中。对利他主义机制的解释，一是生物遗传和文化继承之解释；二是社会行为互动之解释。其中，无不包含有道德、价值因素。

在人的发展问题上，西方经济学把人的自由发展当作手段，其目的是为了追求利润最大化。而马克思主义经济学则把人的全面发展当作目的，而不是手段。自由竞争、追求效益乃至市场经济，只是手段，人的自由全面发展才是目的。

2.3 人文经济学如何可能?

2.3.1 “经济人”和“道德人”框架

1.从人类的动机——利己和利他的角度出发，结合外部环境，来解释微观主体的行为。[①]

图1-1中横坐标表示行为主体所处的外部环境及其对行为主体影响的自由

① 王玉珍：道德秩序的经济学分析——对利他行为的一个分析角度［M］. 北京：经济科学出版社，2005.

程度。右半轴表示自愿性，也就是主体从自身的动机出发，其行为选择不受外力影响。左半轴表示强制性，也就是主体的行为是受外力制约或约束的。

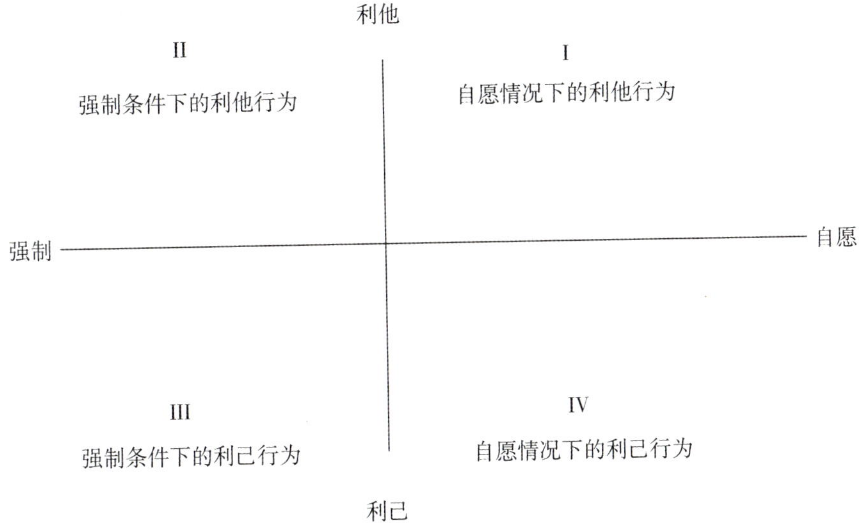

图 1-1　主体行为的四种情况

纵坐标表示微观主体动机以及由此而产生的行为。上半轴代表“道德人”的行为，上限为损己利他（无私利他）、下限为利己利他。下半轴代表“经济人”的行为，上限为利人利己、下限为损人利己。

下面分别来解释主体行为的四种情况：

第一象限：在现实中，一些微观主体往往会在自愿的情况下选择一些利他行为，这些利他行为同样是一种理性选择。比如，不论慈善家选择捐款的动机如何，其利他行为都是为了整个社会福利的改善；不论家庭中父母对孩子、孩子对父母以及夫妻之间出于何种动机采取利他行为，最终目的都是为了家庭团体利益的最大化；特别是，社会中见义勇为所实施的利他行为也是为了被救助者处境的改善，放弃救助对于“道德人”来说，将产生更大的道德成本。因此，选择救助对于“道德人”来说，同样是一种理性选择。

第二象限：对于不完善的市场经济的补充，政府会通过制度性规定对微观行为主体的行为提出强制性的要求，使其做出利他的行为。这种利他行为可称为制度性利他。比如，在计划经济条件下，主体的任何行为都处于制度设计中，不仅包括生产，而且包括消费、分配。这就是说，主体的基本经济权利没有一个实现的自由空间，只能囿于制度设计的框架内。所以，计划经济制度设计的理想模式对主体提出了单面的“义务人”的要求。

第三象限：这里的制度性的利己，并不是指运用制度设计来强制地满足微观主体的利己，而是主体运用制度设计来实现利己，这是因为任何制度的设计都不可能实现完美，即使制度的设计能够达到完美，制度在其具体的运作及其实施上也存在着委托——代理关系。尤其是在制度不完善时，一旦个人理性的选择偏离了制度理性的设计，制度性的利己行为的出现便成为必然。例如，利用自身的职务之便进行的各种贪污受贿行为就是非常典型的制度性的利己行为。

第四象限：这是非常典型的“经济人”行为。在这个象限里，微观主体是在自由的市场经济体系中进行的。当然，任何自由的市场经济背后都一定包含了与其相适应的各种制度。在各种制度中，行为主体出于利己动机的利己行为的选择完全是自愿的。

这种制度性的利己行为和“经济人”基于制度之上的利己行为是完全不同的。后者的行为在一定程度上无意识地促进了“道德人”所追求目标的实现，即促进了社会福利的增加，或团体利益的最大化。前者却恰恰相反，它往往是在追求团体利益最大化的幌子下，实际上追求着自身利益的最大化。这种行为本身就是对团体利益最大化的最大侵蚀。

其中，“损己利他”和“损人利己”都会导致无效率。

许多经济学家认为，“过度的”的利他主义反而会导致无效率，比如说“你先走的问题”。如果过分地坚持利他，每个人都让对方先走，结果就无人走过一道门。这就是说，每个人都站在完全为对方考虑的角度进行选择和决策时，根本就无法产生一个结果。“以利他为目的的谈判不存在能使双方都同意的均衡点”[①]，而是无效率的。这就是说，当人们采取“道德人”行为时反而给团体带来的总产出水平为零。这就产生了一种悖论：在市场交换中理性的“道德人”的选择行为，反而最终不能实现任何一桩交易。如何才能解决这个悖论呢？方法之一就是引入自利。比如，在一些义务为群众做好事的人面前总是会排很长的队伍。试想一下，如果每个人都持有“道德人”的态度，那么就没有人会抱一种捡便宜的态度来排队。[②]再比如，一些村官为了老百姓实现集体富裕而在别人都住进高楼时，自己仍住着破旧的房子，这从一个方面也反映了其他人的自利。如果没有经济人的参与，“道德人”的目的就无法实现。很难想象，如果没有人道义务为群众服务点排队的话，“道德人”的目标将如何实现？

同样，理性经济人在做出行为选择时，也会出现“囚徒悖论”。如果站在理性经济人自利的假设基础上，必然会得出个人理性和集体理性之间不一致的悖论。这需要引入利他。在“道德人”假设之下，“囚徒悖论”不仅不再是不可解决的问题，而且通过它的解决，可以产生效率。这就是说，当每个人都站在利他的角度，站在团体的角度进行决策时，就会走出“囚徒悖论”，实现效率，最终达到一种个人理性和集体理性的一致。事实上，“自利行为与非自利行为的结合是团队忠诚的一个重要特征”。[③]

所以，从“损己利他”和“损人利己”两个极端的解决，也可以得出：利己和利他是紧密相联的。

2.基于“经济人”与“道德人”统一基础上的合作。[④]

合作是主体从各自的利益出发，自愿进行的协作互利的关系。所以，合作虽然偏重的是利他，但是还蕴涵着利己，这就是说，合作是自利性与互利性的统一。无论人们如何去看待合作，都无法否认合作中所蕴涵的道德维度。只不过在合作中所体现的利他并不是“无私的利他”，而是一种互利，是以自利为

① 茅于轼．中国人的道德前景［M］．广州：暨南大学出版社，1997．
② 茅于轼．中国人的道德前景［M］．广州：暨南大学出版社，1997．
③ 森．伦理学与经济学［M］．王宇，王文玉，译．北京：商务印书馆，2000．
④ 王玉珍．道德秩序的经济学分析——对利他行为的一个分析角度［M］．北京：经济科学出版社，2005．

基础、利他为手段的互惠互利。这就是说，合作体现着“经济人”与“道德人”的特征。

市场经济中交换行为所蕴涵的互利是任何人都无法否认的，而互利原则实际上就是利己与利他的统一，这是因为在交换中，获取别人的东西是利己心的表现，对自己来说是获得了利益；将自己的东西让给别人则是利他的一种表现，对自己来说则是一种责任。斯密在论述“看不见的手”时，就将互利视为最基本的道德原则。他说：“不论是谁，如果他要与旁人做买卖，他首先就要这样建议。请给我以我所要的东西吧，同时，你也可以获得你所要的东西：这句话是交易的通义。我们所需要的相互帮忙，大部分是依照这个方法取得的。”[①]哈耶克说：“市场秩序并不是以共同目的，而是以互惠互利为基础的，也就是建立在对不同的目的进行协调，进而使市场秩序的参与者得以互惠互利这个基础之上的。”[②]

所以，真正意义上的合作是与竞争相伴随的，是内含于商品之中的。合作表明了主体之间是一种建立在平等自由基础上的契约关系。科斯在解释企业为什么会出现的同时，实际上也解释了市场中行为主体之间真正意义上合作的出现，这是因为企业是一个合作体。

由于合作的最基本的特性就是自利性与互利性的统一，即互惠互利，所以，人类既不是完全的利他主义者，也不是完全的利己主义者。

这样，基于“经济人”假设基础上对合作行为的解释，就不是一个接近现实的合理的解释。行为经济学及实验经济学的研究表明：对主体完全自利的行为假设在现实中已经受到了很大的挑战。行为经济学不承认经济人理性，一方面不承认经济人假定，认为人的本性中有利他的一面，不承认利他是从利己派生的，人可以从利他中直接得到快乐；另一方面不承认理性作为绝对前提，不管它是完全理性，还是有限理性，都不是无条件承认。行为经济学认为人可以依据非理性直接行事，而按理性原则行事反而可能是派生的。实验经济学利用

① 斯密．国民财富的性质和原因的研究（上）［M］．北京：商务印书馆，1972．
② 哈耶克．哈耶克论文集［M］．邓正来，译．北京：首都经济贸易大学出版社，2001．

自然科学的实验方法也证明了人的经济非理性行为的真实性。

下面简要地针对“经济人”假设对合作行为解释的“贫困性”进行剖析。根据亚当·斯密对“看不见的手”原理的所述可知，虽然每个追求自利的“经济人”会促进社会利益，但是这种利他行为完全是一种无意识的行为。这就是说，“经济人”在追逐自身利益最大化时，并没有一种主观上想去促进社会的公共利益，只不过在追求自身利益最大化的同时，无意识地促进了公共利益。这说明了“经济人”假设无法对有意识的利他动机和行为进行解释。特别是，当合作的利益大于竞争的利益时，单纯的自利性假设并不能保证合作行为的必然产生，“囚徒困境”就说明了这个问题，此时的囚徒在追求利益最大化时必然会选择不合作。在对“囚徒困境”的博弈论的解释中，“经济人”在有限重复博弈中的理性选择总是不合作，尽管合作的利益要远远大于不合作的利益。但是，在现实中广泛存在着类似的“囚徒困境”情境，人们却选择了合作。阿马蒂亚·森明确指出：“最近几年，有关研究表明，在有限重复的‘囚徒的困境’博弈中，合作行为是普遍存在的。”[①]“实际上，不仅在无重复的博弈中，而且在无重复的现实生活中，合作行为都是经常可见的。对于这一现象，一种可能的解释是，一个人的真正目标并非其正在努力最大化的那一目标。同时，下面的这种情况也有可能存在，即人们清楚地理解他们的目标所在，并希望实现自己目标的最大化，但是，由于认识到了成功的相互依赖性，从而关心他人的目标。”[②]所以，对于互惠互利这种体现于合作中的结果来说，单纯地从“经济人”追求自身利益最大化的角度来解释是远远不够的。

对于“经济人”假设对合作行为解释的“贫困性”，阿马蒂亚·森认为其主要原因是经济学与伦理学之间的分离。“随着现代经济学与伦理学之间隔阂不断加深，现代经济学已经出现了严重的贫困性现象。”[③]事实上，越来越多的经济学家已经意识到了这个问题的存在，并对经济学与伦理学之间的融合与重构做出了很大的贡献，如施蒂格勒、布坎南、黄有光等。

① 森. 伦理学与经济学［M］. 王宇，王文玉，译. 北京：商务印书馆，2000.
② 森. 伦理学与经济学［M］. 王宇，王文玉，译. 北京：商务印书馆，2000.
③ 森. 伦理学与经济学［M］. 王宇，王文玉，译. 北京：商务印书馆，2000.

总之，西方经济学运用“经济人”的假设来分析合作是有问题的。对合作，还需要用“伦理人”（或道德人）来解释。

对于合作所包含的互惠互利的行为，即使被解释为站在利己基础上的利他，这种利他行为在主体行动之前也就可以预料到，它是一种有意识的行动。对于合作的主体来说，即使采取合作，其目的也是为了实现个人利益的最大化，即“经济人”的动机，但是，为了实现其目的，其不得不采取对他人也有利的行为，即“道德人”行为。

所以，互惠互利既可以从利己的角度，也可以从利他的角度来进行解释。当人们选择合作时，既不是基于单纯的“经济人”假设基础，也不意味着基于自利最大化基础上的选择就一定是理性的。“为什么一个人只有追求自己的个人利益并拒绝除此之外的其他任何东西才是唯一的、有理性的呢？当然，如果说自利最大化不是非理性的行为可能还有一定的合理之处，至少不是完全荒谬的；但是，如果说除了自利最大化以外的其他任何行为都一定是非理性的，恐怕就很少有人能够接受了。”[①]所以，除了自利最大化的选择是一种理性选择之外，“道德人”在利他基础上所追求的团体利益最大化也是一种理性的选择。

2.3.2 “理性人”和“非理性人”框架

在经济学中“理性经济人”是最基本的假设。但是，经济学不需要研究“非理性”吗？或者说经济学不需要从“非理性”进行构建吗？答案是否定的。

近、现代西方一些赫赫有名的经济学家都探讨了非理性在市场经济中的作用，且提出了一些有价值的研究成果，有的甚至从非理性出发构建了自己的经济学。

英国庸俗政治经济学的创始人马尔萨斯指出人不是理性的动物，而是情欲

① 森．伦理学与经济学［M］．王宇，王文玉，译．北京：商务印书馆，2000．

冲动和愚蠢的动物，其所作所为完全和理性的劝导相反，否则，就不会有人口过剩、困苦、战争。由此他认为研究经济学尤其是研究人口理论必须从现实的、非理性的人出发。

约翰·穆勒虽然提出了理性经济人假设，把理性摆放在政治经济学最为核心、最为基本的方法论坐标上，但是，他提出了“趋势定律”或“趋势法则”。他认为，任何理论都是在干扰因素条件下对某一现象达到的不完善、近似的正确认识。由于干扰因素不可能被排除掉，所以，任何理论不可能永真，总有错的地方。干扰因素包括情感、习俗、意志、动机等，这实际上就是非理性因素。

威尔弗雷多·帕累托虽然坚信经济学所研究的人的行为大部分是理性行为，但是，他也认为，在实际生活中，逻辑行为和非逻辑行为几乎是混杂在一起的。“非逻辑行为”是指“非理性”，指的是手段与给定目标没有逻辑关系的行为。它包括价值观念、信仰、情感等领域。

美国经济学家索尔斯坦·本德·凡勃伦是第一个从非理性的方法角度来构建其经济理论体系的人。他认为，制度可对经济最大化产生偏离的影响。制度是社会习惯，而习惯又产生于本能。本能可分为三类：父母的天性、工作的本能和随意的好奇心。所以，制度因素对经济发展的制约，归根到底是受本能支配的。

1962年，贝克尔发表了《非理性行为和经济理论》论文，他指出经济生活不仅有理性行为，而且有非理性行为。他不仅指出广义的非理性行为包括处于极端情形的怠惰行为和冲动行为，而且提出了怠惰和冲动两个非理性行为的模型。

西蒙把其讲的“有限理性”直接解释为“非理性”。他认为在20世纪50年代中期，经济学界已经提出了一种有限理性，以代替古典的全面理性观。他对非理性决策发生的认识论原因还作了深刻的揭示，他认为市场非理性决策有三个重要的认识论方面的原因：其一是在需求函数、成本函数中客观存在着市场的风险性和不确定性。其二是市场行为者所具有的有关备选方案只能达到不完全信息状态。其三是成本函数或其他环境的约束极其复杂，致使活动者无力计算出其最佳行为方案。

英国著名的经济学家G.M.霍奇逊认为市场信息的撷取、加工过程需要非理性的参与，市场行为者决策行为本身有时是经过深思熟虑的行为，有时则是无意识、潜意识状态所激发出的非理性行为。

美国经济学家哈维·莱宾斯坦把其经济非理性“X——低效率”理论摆放在与新古典学派分庭抗礼的位置，他认为新古典理论描述的企业运行方式与现实完全相违：一是企业内部不是有效率的。二是企业利润不是最大化的，厂商并不是按边际分析原理经营的。三是市场中普遍存在着偏离最大化原则的非配置型低效率现象。

身为斯特拉斯堡路易·巴斯德大学的经济学教授，皮埃尔·路易·雷诺一直对非理性问题十分关注。他把经济可变因素和心理可变因素互相结合起来，十分强调人的心理对经济运行的影响。他所强调的心理可变因素更多的是指非理性因素。他发现“人的行为并不是严格合乎逻辑的，而往往是一半合乎理性的或非理性的”，他认为这种“非理性的人”是由一些“外部刺激”或自己的“内部冲动”所决定的，他希望能创立出一种有关这种“非理性的人”的经济理论。

奥地利经济学家欧内斯特·迪希特从大量的市场调查中得出如此重要的结论：市场行为者的行为是“一种假象”。人的各种购买动机“一般是无意识的”，是与“里比多冲动”有关的。在大多数时间里，消费者的“选择”往往是由偶然性或当时的环境所决定的。

总之，在西方经济学界，一些西方经济学家早已在其理论中探讨了非理性因素在市场经济中的作用。[①]在一定程度上可以说，西方经济学已从全知全能的理性经济人模式向“理性——非理性”经济人模式转变。

---

① 张雄．市场经济中的非理性世界［M］．上海：立信会计出版社，1995．

2.3.3 人文经济学的中国传统文化渊源

和谐社会有其中国传统文化的根源。所谓和谐，就是和睦协调。中华民族历来崇尚和谐，追求天人和谐、人人和谐，“以和为贵”的价值观千古传承。民间素有“家和万事兴”，凡事讲求“天时、地利、人和”。所以，中国传统文化是人文经济学构建的文化渊源之一。

依据中国传统文化，冯友兰先生认为，人生有“四大境界”——自然境界、功利境界、道德境界和天地境界。处于自然境界，人对自己的行为缺乏清楚的认识，对自我存在的独立性还相当模糊，行为往往顺乎习俗。此时的社会处于原始社会到封建社会。处于功利境界，人有自觉意识，且以“自我”“求利”为中心展开活动。此时的社会处于资本主义社会之后。处于道德境界，人已摆脱功利境界，意识到“人是社会的一员”。人已把利己和利人、个人的快乐与大多数人的幸福统一起来。处于天地境界，人不仅自觉到其是社会的一员，而且是宇宙的一员。人由自然境界、功利境界、道德境界到天地境界，即：由“顺天”“利己”“利人”到“事天”。与人的境界相对应，经济学也有这四大境界，即自然境界、功利境界、道德境界、天人境界。处于自然境界，经济学主要研究如何减轻饥荒、对付灾荒、增加赋税收入等与稀缺经济相关的问题。这是封建社会的短缺经济时期的经济学。处于功利境界，经济学主要研究功利、效用最大化问题。西方主流经济学就是研究微观、宏观层次效用最大化的经济学。处于道德境界，经济学主要研究利己和利人、个人的快乐与大多数人的幸福统一起来的问题。当今的伦理经济学、利他主义经济学、合作经济学等就是此类经济学。处于天人境界，经济学主要研究人与天的关系问题，特别是人与自然界如何协调、“人如何侍奉天”的问题。当今的环境经济学、生态经济学、可持续发展经济学、佛教经济学等就是此类经济学。所以，当今的西方主流经济学还处于功利境界，必须上升到道德境界和天人境界。经济学的最高境界是天人合一境界。因此，人文经济学应该是顺天、利己、利他、事天的统一。

黄少安教授的《经济学研究重心的转移与“合作”经济学构想》一文，读后颇受启发。首先，他认为，中国传统文化能够成为经济学的哲学基础。谈敏博士在其博士论文《法国重农学派学说的中国渊源》中，系统而充分地揭示了法国古典经济学渊源于中国古代哲学及其经济思想，其“自然秩序”观源于中国古代的道家和儒家文化。斯密奠定了西方古典经济学的理论体系，而斯密十分崇拜法国重农学派代表魁奈，“斯密体系”深受魁奈经济学的影响。所以，足以见得中国古代哲学和经济思想对西方经济学的影响之大。其次，他比较了西方文化与中国传统文化，指出：前者偏重竞争，后者偏重合作。因此，西方经济学主要是竞争的经济学，只要人类经济行为的竞争性还存在，它就将继续存在。由于人类经济行为及整个经济运行，就像一枚硬币，一面是竞争，一面是合作，特别是在现实经济生活中，人们仍然在不断竞争的同时，随着理性程度的提高，“合作”的倾向越来越强烈。许多过去通过竞争解决的问题现在通过合作来加以解决。个人与个人之间是如此，企业与企业之间是如此，国家与国家之间也是如此。所以，经济学应该由竞争经济学转向以合作为主线的经济学。中国传统文化可以有助于这种经济学的形成。

2.3.4 经济学的最高指标：人文指标

探索寿命指标的意义，可以使人的自由全面发展成为一个可以测量的东西。

1.人的自由全面发展、精神快乐与寿命

根据社会关系的历史发展和人的发展的内在联系，马克思把人的发展过程概括为三个基本的历史阶段：“人的依赖关系”的历史阶段、“以物的依赖性为基础的人的独立性”的历史阶段、“自由个性”的历史阶段。在第一个阶段，个人没有独立性，直接依附于一定的社会共同体。人们之间的社会联系只限于共同体内部，只是在孤立的地点和狭窄的范围内发生的地方性联系。在第二个阶段，社会形成了普遍的物质变换的全面关系。社会关系以异己的物的关系的形式同个人相对立，即人被物化的社会关系支配。在第三个阶段，社会关系不再作为异己的力量支配人，而是置于人的支配之下，即人支配物。人们将在自觉、丰富、全面的社会关系中获得全面自由的发展，成为具有自由个性的人。显然，当今市场经济中人的发展仍然处于马克思所说的第二个历史阶段。虽然人的发展无法逾越对物的依赖性这一阶段，即无法跨越市场经济这一环节，但是，关键在于如何利用人对物的依赖性以大力发展生产力，创造出人的全面发展的物质条件。最后消灭物对人的统治，把人从物的奴役中解放出来，从而实现人的自由全面发展。

人从物的奴役中解放出来主要表现在：自然环境、社会环境，即恩格斯所说的“两个提升”，这就是说，人从自然界、人类社会中解放出来，成为真正的主人，使人与自然、人与人达到和谐。进而，人的身心状况发生了变化，人能够达到身心和谐、精神快乐。最后，人的寿命得以提高。这就是说，人的全面而自由的发展程度是人的寿命长短的充分条件。可见：人的寿命是人的全面而自由发展的天然的客观尺度。人的寿命长，就反映了这个社会中人的全面而自由的发展程度高。人的寿命短，就反映了这个社会中人的全面而自由的发展程度低。

事实上，一个和谐的生活环境和人际关系、一个竞争向上的工作环境等都会有利于人的健康；而一个差的环境只会使人的身心受到损害，寿命受到减损。这就是说，社会一切方面的发展变化最后都会引起人的身心状况的变化，并最终表现为人的寿命的变化。人类自身寿命的变化是唯一可以确切地反映社会、经济、政治、文化、自然环境总体发展水平的最高综合指标。

探索寿命指标的意义，可以使人的自由全面发展成为一个可以测量的东西，这是非常重要的。传统经济学所讲的效用是不可测量的，快乐是不可测量的，帕累托最优也是难以测量的。但是，效用的多少、快乐满足程度、帕累托最优等最终可以反映为人的寿命。只有有利于人类健康长寿的经济生活方式，才是值得追求的。以人类自身寿命变化来衡量社会经济发展水平，是人类发展的一个全新的含义。现在的高能耗的生活消费，实际上造成了人与自然关系的破坏、人与人关系的紧张。所以，如何以少的资源损耗，来达到人的寿命的提高，是中国目前最值得研究的课题，这才是经济发展的真正目标与各种制度安排的根本出发点。

因此，依我看来，经济学是关于生命成本最小化和寿命最大化（或快乐满足最大化，或人的全面而自由的发展）的学问。所谓生命成本，就是在经济社会活动中所付出的以“新陈代谢”为基础的体力、脑力、时间等。人类经济活动中的所有成本，归根到底，都是人的生命成本的支出。经济学与人类发展需要解决一个人的生命成本最小化问题，使有限的生命成本能够得到最大限度的利用，在生命成本的约束下得到寿命的最大化。应当以这条原则来检验经济发展、检验经济增长模式。

2.科学、人文与广义的人文指标

既然人文以科学为基础，人文因素也就包含着科学因素，当然也包含着经济因素。而社会发展是以人为目的的，人决非仅仅是手段。其实，人文体现的是以人为本，这当然包含了满足人的经济利益以及精神追求。所以，可以将包含经济等在内的人文因素视为广义的人文因素。

20世纪80年代中期以后，国际学术界一直在开展“国际人文因素项目”研究。这涉及人文发展的社会、经济、文化和政治诸多方面。所以，“人文因素”涉及个人、国家和全人类层面上的生活、社会、政治、经济、文化等方面。1992年，Dasgupta和Weale采用包括人均收入、期望寿命、婴儿死亡率、受教育水平、政治与民事权益等5项指标，对48个发展中国家的发展状况进行了综合评价。由于政治与民事权益的政治敏感性较强，所以，1990年，联合国开发计划署去掉政治指标，取收入、期望寿命和受教育水平3项指标，得到综合性的人文发展指数，进而，对各国国民的生活质量进行了评价比较。1993年，Dasgupta将人文权益分为两类需求：基本性需求和享受性需求。前者指维持基本生存所需的生物性需求，包括营养、住房、环境卫生、医疗保健、基础教育和基本劳动技能等内容。后者主要指政治和民事权利，多属政治、社会、法律、文化艺术等非物质性服务内容，例如，选举权与被选举权、结社与言论自由、人身安全、财产保障等。可见，货币收入或经济增长不能充分体现人文发展的内涵。

人文发展的实现，需要一定的资源消费作保障。随着社会的巨大发展，对自然资源的需求不断增加。工业革命之后，社会对资源的消耗使大气中的二氧化碳浓度不断增加，逐渐破坏了大气中的炭平衡，引起了温室效应，加剧了全球气候的变化。于是，大气中炭排放容量便成了一种经济上的稀缺资源。一般说来，人文发展水平低，对炭排放的需求就低；人文发展水平高，对环境质量的需求高，对炭排放的需求反而下降了。这就是说，人均炭排放需求随着人文发展潜力的实现而趋向于一个较低的水平。人文发展所需要的物质基础还有一定数量的营养、医疗、住房、衣物等，而最根本的则是人类所赖以生存的地球。由此可得，人文发展不可能是无限的，一方面，不同的个体、社区、国家或国家集团使人文发展的基本权益能够得到保障；另一方面，一旦人文发展的潜力得到基本实现，生物学上的物理扩张，不仅是不可能的，而且是没有意义的。营养需要应该是一定的，营养过剩对身体反而有害。住房也并非越大越好。这就是说，奢侈性或浪费性消费不属于基本的物质需求。当然，非物质性的政治和民事权益，对于作为社会群体中的个人来说，同样受到义务的约束。所以，如何以较少的物质资源牺牲来使人类获得一种更加合理的生活方式，达到天人、人际、亲情、劳逸之间的和谐，即达到人文要求，有利于人的长寿，这才是人类所要真正研究的。只有有利于人类自身健康长寿的经济增长与生活方式，才是人类经济发展之唯一合理的生活方式。社会发展的最终目的是人的寿命的提高。福利供给的丰富、完善仅仅是实现人长寿的手段，绝非经济发展的终极目标。

[3]

当代社会发展理论视野中的发展经济学

本章首先概述了社会发展理论研究的基本状况及其趋势，然后论述了基于自由发展观的人类发展指数的演进脉络及拓展，从而，深刻理解了经济学所强调的发展指标。

3.1 社会发展理论研究的基本概况及其趋势

3.1.1 社会、发展的本意

社会是人作为人的类本质的实存方式，具体地说，它必然是、也只能是以人为主体，以实现和发展人的本性为目的，且适应人性内容的日益丰富化而不断展开自己的形式。

这就是说：社会的产生是人们相互作用的产物。人为了生存下去，就组成了社会。因此，社会理应是人的本质或人性的集中表现，也是人的生存方式。没有社会，人就无法体现人的本性，也就无法达到人生的最高境界；社会的目的就在于实现、发展人的本质或本性，为了人们更好地生存和发展下去。

马克思认为：未来的社会是“自由人格的联合体”“以社会生产能力为基础的个人的全面发展”。进而认为，社会发展追求的是人的解放，即人的自由全面发展。

广义的发展是指运动、进化。狭义的发展是指发展应当被看成人的本质属性和存在方式。发展是人的特有的存在方式。

所以，应当从人的角度理解发展。经济、社会、人、自然的可持续发展，归根到底是为了人的发展。人的发展是一切发展的核心和最终目的。人的发展是指在满足人的基本需要的前提下，提高人的素质，发挥人的潜力和能力。联合国《发展权利宣言》指出：发展权是一项不可剥夺的人权。每个人均有权参与、促进并享受经济、社会、文化和政治的发展。在这种发展中所有人权和基本自由都能获得充分实现。

法国经济学家弗郎索瓦·佩鲁在《新发展观》中提出了以人为本、为目的的一种发展观，主张以实现人的全面发展和社会的全面进步为目的。其指出：经济增长不过是实现人的发展的手段，经济、政治等社会各项制度的演进和改变都是为了给人的发展创造一种更好的社会环境。

由此，便可以深入理解“以人为本”的含义了。依笔者看来，“以人为本”的价值观有两层最基本的含义：一是最低层次的含义——将人视为手段、工具乃至机器。具体地说，将人视为“经济人”“科学人”等。通俗地说，通过科学等手段，提高人的技能以获得更大的利益。这种观念是有合理性的，这是因为只有人才能自己满足自己，人也只有在功利的基础上才能生存。否则，单纯的物（比如说自然界）不会主动地满足人，人也不可能得到发展。这实际上就是古典管理理论阶段、管理丛林阶段所说的管理的主要目的。但是，人生的目的决非仅仅是功利，人还有非功利（或超功利）的追求，比如，人的自由全面发展的实现。人实际上是在功利基础上来满足自己的其他追求，进而提高、发展自己。所以，这一层次的“以人为本”忽视了“人是最终的目的”。二是最高层次的含义——将人视为目的。具体地说，将人视为“社会人”“文化人”等。通俗地说，通过人文这一主要途径来提高人的精神追求，发展人。

这实际上就是行为科学管理理论阶段，尤其是企业文化阶段所说的管理的主要目的。

如果按照马斯洛的“人类需要层次论”来理解“以人为本”的价值观，那么，可以这样说，“以人为本”的价值观最低层次的含义就是要满足人的生理需要、安全需要，“以人为本”的价值观的最高层次的含义就是要满足人的感情和归属上的需要、地位和受人尊重的需要、自我实现的需要。所以，“以人为本”的价值观是有层次的。

由此：泰勒的科学管理、韦伯的“科层制”等仅仅是低层次的“以人为本”，实际上是违反人性的。高层次的“以人为本”是尊重人、实现人全面自由发展。

由“从人的角度理解发展”可以深入思考以下几个问题：第一，自然界有发展吗？是不是与人有关？自然界的发展是客观的吗？自然界的发展标准是不是人提出的？当今的自然界在退化，是不是说明自然界的发展是人赋予的？比如，长沙的马王堆表明：人的身体自古以来，没有很大的区别。由此，可以设想：生物发展了吗？自然界发展了吗？如果自然界有发展，那么，我们的身体发育为何没有被称为身体发展？生物进化论为何没有被称为生物发展论？天地演化论为何没有被称为天体发展论？第二，退一步讲，自然界如果有发展，则：在当今，自然界的发展就与人的价值观有关联。所以，要从人的价值观、目的来理解自然界的发展。比如说，“人定胜天”“人是自然界的主人”就是如此。第三，由上：自然界的发展在一定程度上折射着人的本质、本性、观念、目的等。比如，如何对待害虫？如何对待野生动物？如何对待张家界等自然生态保护区？如何对待公共生态等自然环境，如长江、黄河、淮河？事实上，环境污染反映了人们环保意识低下。如果一国生态出了问题，则这个国家安全也就出了问题。第四，如何实现社会、人、自然界、经济等发展的协调统一？这不仅需要科学，而且更要靠人的素质的提高，尤其是人文的提高。

3.1.2 关于社会发展理论研究的基本概况

（一）经典社会发展理论

这又称为社会进化论，产生于19世纪上半叶。此理论是由达尔文的进化论催生的，在社会学理论中最先出现了“社会变迁”“社会进化”等概念，这以孔德、斯宾塞为代表。

（二）当代社会发展理论

此理论产生于19世纪上半叶之后。这主要有：

1.现代化理论

其代表人物有马克思、韦伯、狄尔凯姆、英格尔斯等。

马克思重视对工业化的研究，强调科技现代化、制度现代化、人的解放等社会的全面发展。在一定程度上被人强调为：现代化就是工业化，工业化就是机械化、世界化、全球化。后来列宁将现代化理解为电器化。我国将工业化理解为机械化、科学技术现代化等。

狄尔凯姆强调制度的现代化。他认为，传统社会靠道德来调节，而现代社会靠法律来调节。

马克斯·韦伯强调社会管理体制的现代化，即“科层制”，又称组织理论、官僚组织。这有以下几点：第一，进行劳动分工；第二，确定职权等级；第三，建立规章制度；第四，人际关系非人格化，即法制化；第五，工作程序系统化；第六，雇佣、提升能力化。通常所说的“科层权力”或“官僚”的意思是分职务、分部门、分层次的管理方式。韦伯认为，官僚组织是“已知的对人类进行必要的管理的最合理的方式”。

英格尔斯偏重人的现代化。人的现代化的特征有：第一，准备和乐于接受他未经历过的新的生活经验、新的思想观念和新的行为方式；第二，准备接受社会的改革和变化；第三，思路广阔、头脑开放、尊重并愿意思考各方面的不同意见和看法；第四，注重现在与未来，守时、惜时；第五，强烈的个人效率感，对人和社会的能力充满信心，办事讲求效率；第六，计划；第七，知识；

第八，可依赖性和信任感；第九，重视专门技术，有愿意根据技术水平高低来领取不同报酬的心理基础；第十，乐于让自己和后代选择离开传统所尊敬的职业，敢于对教育的内容和传统智慧挑战；第十一，相互尊重和自尊；第十二，了解生产及过程。

由上，从社会学角度来看，现代化的内容主要有：第一，工业化——从经济角度来看。第二，都市化、城市化。第三，理性化。科学技术化、利益最大化、科层制管理等工具理性。第四，政治上的民主化、法制化——从政治学角度来看。第五，社会成员具有较高的文化水平（平均每人要受12年教育）。第六，人的现代化，主要指人的思想、观念、行动的现代化。

现代化理论的问题主要有：第一，西方文化中心论。第二，传统与现代的对立。第三，发展的内因论。现代化理论认为，以一定社会文化为基础的价值观念和行为取向对于社会变革起着决定性的作用。社会能否实现现代化发展的关键在于社会的内部，因为一定的社会文化特征决定着一个社会对环境的适应能力，在一定的环境中，适者生存。因此，对于非西方社会的现代化而言，从外部输入西方文化和新的价值观念，激发起人们追求现代化的热情和意志，对于现代化的启动和成功至关重要。第四，发展道路的同一论。现代化理论认为，非西方不发达国家和西方发达国家的发展道路是一致的。目前非西方不发达国家只要积极输入和引进西方文明，努力施行“全盘西化”，就一定能实现西方式的现代化。

2.后发展理论

其重点研究发展中国家如何现代化问题，即：由农业社会转化为工业社会的问题，主要有：

（1）依附理论

其核心思想是：不发达国家对发达国家的经济依附，是造成不发达国家经济落后的根本原因。不发达国家要想摆脱这种依附，就必须走社会主义道路。由此所构建的模型是：“中心–外围”（或核心–边陲）二维模型。“中心部分的资本主义组成体”是西欧、北美和日本等发达资本主义国家。“外围部分的资本主义组成体”是广大第三世界国家。西欧和美国等为“宗主国”，拉丁美洲及其他国家或地区的不发达国家为“卫星国”。宗主国通过不断地从卫星国攫取经济剩余而限制了卫星国依靠自己的资源来发展本国经济。

依附理论和现代化理论的分歧如下：①分析角度不同。现代化理论侧重分析非西方不发达国家的社会文化传统对现代化的负面影响。依附理论则侧重于分析非西方不发达国家与西方发达国家之间的联系，特别是经济联系。②对不发达国家的解释不同。现代化理论将不发达国家落后的原因归结为社会内部的制度结构与文化传统，即社会内部的传统性。而依附理论将非西方不发达国家落后的原因归纳为西方发达国家的剥削和掠夺，即外部的剥夺。③对发展途径的分析不同。现代化理论认为非西方不发达国家只有依靠西方文明的渗透，只有“西化”或“照抄照搬西方模式”，才有可能实现现代化发展。而依附理论则认为，非西方不发达国家与西方国家的联系越紧密越不能实现现代化，唯有与西方发达国家脱离关系，摆脱它们的剥削与控制才有可能取得发展。④对现代化认识的差异。现代化理论认为非西方不发达国家的现代化就是西方化，西方化和现代化是同一概念。而依附理论则认为西方化是与依附化交织在一起的，西方发达国家正是在西方化过程中将非西方不发达国家纳入其主导的不平等的世界政治经济格局中而使它们依附于自己，并为自己的发展提供各种条件的，因此，西方化绝不可能带来现代化。⑤对发展道路的认识不同。现代化理论认为，非西方不发达国家与西方发达国家的发展道路是相同的，都是从传统社会发展到现代社会。而依附理论则认为，它们的发展道路是不同的，西方国家是从未发展进入发达阶段，而广大非西方不发达国家则是从未发展进入了欠发达阶段。现代化理论认为非西方不发达国家在实现现代化发展时要走向西方化的道路，而依附理论则认为非西方不发达国家要实现发展，首先要打破与西方发展国家的联系，摆脱其剥削和掠夺。⑥对发展前景的认识不同。现代化理论持乐观态度，认为非西方发达国家会步西方发达国家的后尘，实现西方式的现代化。而依附理论则持悲观态度，认为如果不打破与西方不发达国家的联系，非西方不发达国家只会依附于西方发达国家，最后导致自身欠发达状态的持续。

依附理论的局限主要有：①依附理论批判了现代化理论在价值观念即文化方面的内因决定论，同时又陷入了在政治经济方面的外因决定论。将非西方不发达国家欠发达的原因完全归咎于西方发达国家的剥削和掠夺，单纯地从“核心-边陲”的关系中寻求欠发达的根源。②依附理论认为发展与依附是不相容的。非西方不发达国家如果要发展，就必须打破对西方发达国家的依附。③依附理论批判了现代化理论的“传统”与“现代”的二分法，自己却又陷入了简单的“发达”与“欠发达”、“核心”与“边陲”或“都市”与“卫星”的二分法之中。

（2）世界体系理论

世界体系理论模型是：中心-中间带（或半外围区域）-外围。中间带（或半外围区域）是缓冲地带，起平衡经济的作用。这一模型又称为：核心-半边陲-边陲三维。核心国家是那些在世界体系中占据主导地位，可以控制和支配其他国家的国家；边陲国家指那些受核心国家控制和支配的国家；半边陲国家则指那些介于二者之间，既可以某种程度上控制边陲国家，又在某种程度上受控于核心国家的国家。

世界体系理论主张用整体研究的方法解释它们之间的关系，在探究世界体系发展规律的同时，探讨单个国家和社会的未来发展的机会和前途。

世界体系理论与依附理论的区别：①分析的单位有异。依附理论的分析单位是国家，侧重于单个的国家和社会，认为这些国家和社会置身于一种不平等的世界经济格局中，因发达国家的剥削和掠夺而造成了欠发达。世界体系理论的分析单位是整个世界，它通过对体系整体的分析，探求作为其组成部分的单个国家的发展，它认为现代世界只有一个体系，任何国家都只能在这一体系中发展，而不能脱离这一体系。②分析的维度不同。依附理论的分析是二维的，而世界体系理论的分析是三维的。依附理论的结构是核心-边陲的二维模式，它认为非西方不发达国家的落后是因为核心国家对这些边陲国家的剥削和掠夺。而世界体系理论的模式则是核心-半边陲-边陲的三维模式，这使动态的研究成为可能。它能分析从边陲到半边陲或到核心的升迁，也能分析从核心到半边陲、边陲的下降，三维理论结构也避免了依附理论的外部决定论特征，半边陲的提出和应用对发展理论研究有重要意义。③分析模式不同。依附理论是一种静态的分析模式，它认为核心国家和边陲国之间的剥夺与被剥夺关系是在历史上形成的，而且一旦形成，核心国家不会自动放弃对边陲国家的剥夺；而边陲国家则因种种原因也只能在这种不平等关系中无所作为。世界体系发展是一种动态的分析模式。沃勒斯坦认为，在世界体系发展的周期性节律和长期性趋势中，世界经济的停滞期或上升期一旦到来，便为边陲和半边陲国家的发展提供了契机，它们能够在体系允许的范围内发生向上流动。而核心国也不是一成不变的，也有可能沦为半边陲或边陲国家。这种动态的理论模式更符合社会发展的现实。④研究的侧重点不同。依附理论侧重于研究边陲国家，它仅仅致力于解释核心国和边陲国之间的不平等关系。依附理论所研究的与其说是发展，不如说是不发达或欠发展的原因，即什么造成了边陲国家的欠发达状况。世界体系理论则研究世界整体的发展状况，它用整体研究的方法来解释核心、半边陲和边陲国家之间的关系，在探究世界体系整体发展规律的同时，探讨单个国家和社会的未来发展机会和前途。⑤产生的理论和现实背景不同。依附理论受到马克思、新马克思主义发展经济学等影响，特别是马克思、新马克思主义对资本剥削、帝国主义的分析为依附理论的产生提供了直接的理论前提。而世界体系论除受到新马克思主义的影响外，还更多地受到当时的结构主义、系统论、法国年鉴派的影响，它受当时知识氛围的影响，具有鲜明的结构、系统特征。在现实背景中，依附理论的产生更多地是与现代化理论所带来的一系列不良后果相关；而世界体系理论则与东亚、拉美新兴国家和地区的发展、美国在资本主义世界霸主地位受到挑战有关。

世界体系理论的局限主要有：①它倾向于“结构决定论”。它认为，世界体系本身有其整体的发展规律，即周期性节律和长期性趋势，这决定着组成世界体系的单个国家的发展，一个国家或地区在世界体系中的地位升降以及何时升降等，并非仅由其本身的努力所决定，而是由世界体系的结构状况与运动规律所决定的。核心国家的升降只有在世界体系整体允许的情况下才有可能发生，而不仅仅是单个社会内部努力的结果。边陲国家在经济停滞与上升阶段到来时有发展的机会，但能否发展仍然由体系结构整体决定。②它将世界视为整体，研究总体的发展规律，并力图从中探究作为其组成部分的国家发展之路。但是，作为整体构成部分的国家和社会都失去了其存在的合理性，个别的国家和社会及其发展成为被决定的东西。这种整体性研究在重视整体的同时，没有给个别的国家留下多少发挥作用的余地。这种整体研究法忽视了具体国家不同历史时期的特殊性发展过程，忽视了对具体国家发展道路的探讨，缺乏实际应用性。

（3）人文、生态理论——西方生态学马克思主义理论

其宗旨是：寻找一条既能消除生态危机，又能实现社会主义的新道路。明确指出：统治自然的观念是生态危机的最深层的根源。

解决生态问题的关键是要建立一种“稳态”经济，采用一种较分散的、放慢增长速度的社会组织形式。所以，需要缩减资本主义的生产能力，并扩大国家的调节作用，以便控制对稀有资源的消耗；同时，必须重新评价人的物质需求，并大大减少这种需求，甚至面对能源短缺还需要实行一种新的禁欲主义，使人的满足最终体现在生产活动中而不是消费活动中。所以，它强调欲望的节制，认为在生态和经济矛盾中应当以生态为中心。

所谓“异化消费”，就是人们试图通过获得大量的商品来弥补单调乏味的劳动生活之不足。人们不是出于真正的需要而追求这些商品的，而是在市场机制如广告、商品装潢的刺激下而去购买的。人们把消费作为一种自我满足的手段，把消费当作人生的唯一乐趣，从而，形成一种为消费而消费、而不是出于真正的需要而消费的趋势。当代异化消费的特征是：只根据疯狂的消费活动来确定人的幸福，仅仅根据消费来衡量满足，从而导致现代社会所固有的混乱现象。这种“异化消费”的前提是异化劳动。

所以，要在全面的计划性和市场的无政府状态之间找一种中间的组织形式，合理地确定生产和消费。资本主义的经济危机不在于经济危机，而在于生

态危机。消费中出现了异化，需求变成了一种炫耀。异化消费的放大导致欲望的增强。建立社会主义的稳定经济，必须把资源的消耗限制在既可以维持生态平衡又能有效利用的限度内，必要时不惜放慢经济增长速度，以便维持人类的长期生存和稳定的经济发展。

（4）后工业社会理论

这是发达国家以后的发展趋势。现在发达国家现代化过程虽然已经结束，但仍处于继续发展之中，正在由现代社会（工业社会）向后现代社会（后工业社会）迈进。

《第三次浪潮》的作者托夫勒认为，新科技革命能够解决当今工业社会发展中所出现的各种问题，如人口膨胀、经济增长过快、粮食短缺、资源破坏和浪费、环境污染等问题。这通常被称为乐观主义的观点。与此相反，以罗马俱乐部为代表的未来学派认为，当今人类无法解决当今社会发展中所出现的各种问题，人类唯一可做的是维持现状，保持“0”增长速度。这通常被称为悲观主义的观点。

3.1.3 当代社会发展理论研究的趋势

这里简要概述当代社会发展理论研究的趋势：第一，从单一的经济发展到综合的社会发展。第二，从以物为中心的发展到以人为中心的发展。亚洲“四小龙”等发展就表明了这一点。可是，在现实中，在货币资本与人力资本关系上，人们往往重视前者；在商品价值与人的价值比较中，往往重视商品价值；在发展内容上，往往只重视经济物的发展，而忽视人的发展。第三，从追求一时繁荣到可持续繁荣发展。第四，从被动依附性发展到开放促进内源性发展。这就是说，发展中国家在开放中要保持经济的自主性、价值的自主性、文化自主性、生活方式的自主性等。第五，从发展中国家的发展到全世界的发展。特别是，我们只有一个地球，地球是我们的“家园”，人类要树立“全球意识”。

3.2 基于自由发展观的人类发展指数的演进脉络及拓展

人类发展指数自1990年创立以来，一直倍受关注。人类发展指数把发展的视角转移到了除了经济部门以外的其他部门，所以许多国家公共政策的制定与实施都与人类发展指数息息相关，因此，把人类发展指数作为联合国《人类发展报告》的旗舰。但是一些专家、学者在肯定人类发展指数优势的同时，认为人类发展指数也存在着不足，并进行了改进与修正。本节以避免人类发展指数存在的不足为出发点，试图对人类发展指数进行拓展研究，并拓展人类发展指数的评价体系。

3.2.1 人类发展指数的提出

人类发展指数是对于发展的内涵不断探讨、研究、反思的结果。发展是长久以来各国学者都高度重视的问题，而对发展问题的关注也促使学者们不断地寻找测度发展的指标和方法。在不同的发展阶段，人们对“发展”这一概念有着不同的理解，衡量人类发展的指标和方法也有着不同。

（一）发展观的演进

由于“无发展的增长”带来了一些社会问题，如人与资源矛盾的加剧、生态问题的严峻、社会不平等现象严重、人的异化问题明显等。所以，第二次世界大战以后，关于发展的观点经历了一系列的变化，从五六十年代的以经济增长为中心的发展观，逐渐发展到以社会综合发展为中心的发展观，最后是以人的全面发展为中心的人类发展观。发展观的趋势越来越人性化，把人的发展作为最终目标，经济发展只是实现人的自由全面发展的手段。

1.以经济增长为中心的发展观

第二次世界大战后，一大批亚非拉国家获得独立，并开始探索本国的发展道路，发达国家也面临着医治战争创伤、恢复国力的现实问题。以经济增长为核心的发展观在20世纪五六十年代盛行全球，这种发展观指导下的发展战略以联合国规定的GNP（国民生产总值）增长为目的，忽视社会其他领域的发展。在这种发展观看来，经济增长是国家实力和国民生活幸福的象征，是解决贫困、不平等和不民主的灵丹妙药。

这种以经济发展观相对应的经济理论可以追溯到古典经济学家亚当·斯密、大卫·李嘉图，他们提出了国民财富增长理论、国际分工和贸易理论，开创了研究经济增长理论的先河。此后，刘易斯的经济增长理论、华尔特·惠特曼·罗斯托的经济成长阶段论、熊彼特的经济增长理论、罗森斯坦·罗丹等人提出的大推进平衡理论、谬达尔达提出的经济发展理论、库兹涅茨的经济发展理论、艾伯特·O.赫希曼提出的不平衡增长理论等，都是这种发展观的完善与发展。

在这种发展观的指导下，资本主义发展一度繁荣，特别是第二次世界大战后，发达国家一度进入经济发展的黄金时期。但同时也带来了资源耗竭、生态破坏、社会不公平、人的异化严重等一系列的社会问题，造成了“没有发展的增长”，甚至造成“恶的增长”，使经济难以持续发展。

2.以社会综合发展为中心的发展观

在反思以经济发展为中心的发展观所带来的种种问题之后，人们逐渐认识到发展是各种社会因素的综合发展，除了经济增长之外，还包括教育、人的寿命、就业、社会公正、环境等的问题。

1972年罗马俱乐部的《增长的极限》这一报告，谴责了经济发展给人类造成的灾难，警告了经济增长的极限。1981年美国世界观察所所长莱斯特·R.布朗出版专著论证：建立一个“可持续发展的社会”是解决世界性难题的出路。1987年世界环境与发展委员会发表了《我们共同的未来》，首次提出了“可持续发展”概念。随后通过了两个国际性文件，一个是《保护地球：可持续生存战略》（Caring for the Earth: A strategy for Sustainable Living）（ICUN，1991）。另一个是《21世纪议程》（Agenda 21），对社会的可持续发展作了详细的说明。

以社会综合发展为中心的发展观，把人们关注的视野引向经济领域以外的教育、医疗、社会公正、环境等领域，但是这种发展观忽视了人在发展中的中心地位，忽视了发展的最终目的应该是人的发展。

3.以人为中心的自由全面发展观

佩鲁的"以人为中心"的新发展观，是战后发展理论演变的里程碑式的结果。1983年法国学者弗朗索瓦·佩鲁的《新发展观》提出了以人为中心的、内生的、整体的、综合的新发展观。这种发展观认为经济增长只不过是实现人的发展的手段，经济、政治、社会的各种制度的演变和改进是为了人的发展创造一个更好的社会环境。佩鲁的新发展观是以解放人的个性能力为根本目标的社会发展观，"人的个性"的发挥必须有一定的"文化价值"基础，且在经济增长中起着根本性的作用。佩鲁的发展观与马克思的"人的自由全面发展"的发展观有了重合。

马克思的"人的自由全面发展"的观点一直贯穿于马克思的学说的始末。不管是在《1844年经济学哲学手稿》，还是《共产党宣言》以及《资本论》等的论著中，马克思始终坚持着"为解放全人类而奋斗"的理想和信念。马克思的这种发展观对今天仍有指导意义。

阿马蒂亚·森的《以自由看待发展》是对马克思的以人为本发展观的一种现代性解读。森的自由观主要是服务于他的发展观，他认为发展的最终目的就是人的自由的扩展。人的自由是基于实质生活的自由，是与人的生活息息相关的自由。他的自由定义可以概括为：自由是人们享受有理由珍视的那种生活的可行能力，包括免受困苦——诸如饥饿、营养不良、可避免的疾病、过早死亡之类——基本的可行能力，以及能够识字算数、享受政治参与等的自由。在这种人文理念的指导下，联合国在《1990年人类发展报告》中将人类发展的内涵界定如下："人类发展是一个扩大人们选择的过程，在发展的各个层面上，有三个最基本的选择：人们过上长寿而健康的生活，获得知识和得到体面生活所必需的资源。如果这些最基本的选择不能得到，很多别的机会也就得不到。”同时指出：“人类发展还不止这些，还有一些受到人们高度珍视的选择，包括政治、经济、社会自由，创造和生产的机会，都享有自尊和保障人权。”联合国开发计划署还制定了人类发展指数（Human Development Index）。

（二）发展尺度的演进

与发展观的演变相对应，社会发展的评价尺度也经历了变化过程：从以物为标准的评价尺度到社会综合评价尺度，再到以人为本的发展评价尺度。评价尺度的变化体现了发展观的变化，同时因为发展评价尺度变化所带来的经济文化的发展也促使人对发展内涵的理解在不断深化。

1.以物为标准的评价尺度

古典经济学把追求经济在量上的增长或追求转化为资本和商品的物质资料的增加认定为社会的发展。这种“物”的评价尺度在一定程度上促进了资本主义经济的繁荣和发展，提高了人们的物质生活水平，通过对自然的无限索取，使人们从物质匮乏的贫困窘境中摆脱出来；另外也改变了人与人之间的关系，使得个人不再消极被动地屈从于抽象的社会共同体，而从对物的依赖性中获得了自己的独立性，人与人之间的关系向“平等”和“自由”的方向发展，政治日益民主化，文化出现多样化，道德、宗教信仰展现出宽容取向，这些都使人与人之间的关系与人的依赖性相比更加文明。

在肯定这种“物”的评价尺度的同时，我们也应该看到它的消极作用：第一，这种“物”的评价尺度必然导致对物的崇拜，物欲的满足成为幸福的前提，金钱至上的价值观念也随之而来。第二，现代社会的另一个目标是膨胀人的物质欲求，刺激大规模的物质消费。这样人们不是去创造，而是想方设法去享乐、去消费，享乐主义理所应当地充斥整个社会。第三，必然导致“社会危机”和“生态危机”。按马克思的观点，生产无限扩大的趋势与消费有限性之间必然会出现矛盾，进而导致经济危机。同时，对大自然的无限索取也必然导致环境恶化、资源耗竭、物种濒临灭亡的生态危机。

2.社会综合评价体系

在反思以经济增长为中心的发展观，批评“物”的评价尺度之后，确立了以社会综合发展为中心的发展观，同时，制定出了包括经济、政治、文化、社会、生态在内的社会综合评价体系。

社会综合评价体系涉及人口、经济、社会、科技、环境、生态、资源等因素，而且涉及政治制度、经济体制、文化教育、宗教信仰等方面，包括环境、教育、卫生、消除贫困、失业、不平等等一系列社会综合指标。因此，一些学者认为：一个没有包括减少贫困、失业和不平等现象等目标的计划，就难以被认为是发展计划；一个在道德、美学、政治、环境等方面日趋没落的社会，不论它多么富有和技术高超，都难以被认为是一个进步的社会。

在探索社会综合评价体系过程中，可持续发展的动力评估、监测理论体系和方法体系，是国内外发展研究的热点之一。如世界银行的新国家财富指标，1995年，世界银行公布了用“扩展的财富”来衡量全球或区域发展的新指标，“扩展的财富”包括“自然资本”“人造资本”“社会资本”“人力资本”四组要素，它们共同构成了评价各国或地区的真实“财富”的标尺和随时间动态变化的发展标尺。“财富”的概念由此超越了传统的范式。另外，还有联合国的环境经济综合核算体系。这两个指标体系在试行过程中存在许多难点，所以，没有被广泛地应用。

3.以人为本的评价尺度

联合国开发计划署根据阿马蒂亚·森的思想，即发展水平的度量应根据人们获得的能力及功用的程度，而不是根据所获得的商品及其效用来确定，在1990年提出了人类发展的概念，指出：发展是为人们创造一种使他们能够独立或集体地发展全部潜能的环境，并有恰当的机会实现与他们的需要和兴趣相吻合的有价值的和富于创造性的生活。人类发展指标包括预期寿命、教育水准和生活质量三个方面，它综合反映了卫生和健康水平、教育水平、经济和生活水平，能够全面地反映社会和经济的发展。

（三）人类发展报告

联合国开发计划署自1990年以来，每年都发布一份《人类发展报告》（其中不包括地区和国家的人类发展报告），其宗旨是对人类发展的现状进行评估。《人类发展报告》的重要意义在于：不仅提出了关于“人类发展”的定义，而且提出了超越GDP核算标准的发展评价尺度，即人类发展指数。其中，每年的“人类发展指数”排名，成为比较国与国之间人民生活真实状况的重要指标，因此成为国家间展开良性竞争的媒介。1990年以来，世界上的许多社会公共政策都是在人类发展指数的原则指导下思考、执行和衡量的。每一年的《人类发展报告》都是针对人类发展的某些问题进行探究，包括选择人们参与度（1993）、性别（1995）、贫困（1997）、人权（2000）、新技术（2001）等热点问题，从而使得每个议题都能够得到较为深入的讨论，参见表3-1。

表3-1 **历年人类发展报告的主题**

年份	主题
1990	人类发展的概念和衡量（Defining and Measuring Human Development ）
1991	资助人类发展（Financing Human Development）
1992	全球范围的人类发展（Global Dimensions of Human Development）
1993	民众参与（People's Participation）
1994	人类安全新的方面（New Dimensions of Human Security）
1995	性别与人类发展（Gender and Human Development）
1996	经济增长与人类发展（Economic Growth and Human Development）
1997	通过人类发展消除贫困（Human Development to Eradicate Poverty）
1998	消费促进人类发展（Changing Today's Consumption Patterns for Tomorrow's Human Development）
1999	富于人性的全球化（Globalization with a Human Face）

续表

年份	主题
2000	人权与人类发展（Human Development and Human Rights）
2001	让新技术为人类发展服务（Make New Technologies Work for Human Development）
2002	在破碎的世界中深化民主（Deepening Democracy in a Fragmented World）
2003	千年发展目标：消除人类贫困的全球公约（Millennium Development Goals：A Compact Among Nations to End Human Poverty）
2004	当今多样化世界中的文化自由（Cultural Liberty in Today's Diverse World）
2005	处于十字路口的国际合作：不均衡世界中的援助、贸易与安全（International Cooperation at a Crossroads：Aid，Trade and Security in an Unequal World）
2006	透视贫水：权力、贫穷与全球水危机（Beyond Scarcity：Power，Poverty and the Global Water Crisis）
2007—2008	应对气候变化：分化世界中的人类团结（Fighting Climate Change：Human Solidarity in a Divided world）
2009	跨越障碍：人员流动与发展（Overcoming Barriers：Human Mobility and Development）
2010	国家的真正财富：人类发展进程（The Real Wealth of Nations：Pathways to Human Development）
2011	可持续性与平等：共享美好未来（Sustainability and Equity：a Better Future for all）
2013	南方的崛起：多元化世界中的人类进步（The Rise of The South：Human Progress in a Diverse World）
2014	促进人类持续进步：降低脆弱性，增强抗逆力（Sustaining Human Progress：Reducing Vulnerabilities and Building Resilience）
2015	各国应为所有人提供公平和体面工作（Work for Human Development）

中国从1997年以来，先后出版了多期《中国人类发展报告》，为我国关于社会发展的政策的制定和实施提供了重要的参考依据，参见表3-2。

表3-2 历年中国人类发展报告的主题

年份	主题
1997	人类发展与扶贫
1999	过渡时期的国家角色
2002	绿色发展，必选之路
2005	追求公平的人类发展
2007—2008	惠及13亿人的基本服务
2009—2010	迈向低碳经济和社会的可持续未来（China and a Sustainable Future: Towards a Low Carbon Economy & Society）
2013	可持续与宜居城市—迈向生态文明（Sustainable and Liveable Cities: Toward Ecological Civilization）

（四）人类发展指数的内涵、测量及优势

1.人类发展指数的内涵

经济社会的发展应该首先是人的全面自由的发展，即人能免除饥饿、营养不良、可避免的疾病、过早死亡的困扰，享受能够识字和政治参与等的自由。国家应该设置相应的公共政策，使公民的自由得以实现。所以以往以GDP为标准的衡量方法不足以展示一个国家经济社会的发展。为了避免以往以经济指标为衡量国家发展标准的缺憾，提出了以人为本的测量方法，即人类发展指数。它体现了人对于自身发展的全面关注。关于人类发展的内涵，联合国在《1990年人类发展报告》中界定如下："人类发展是一个扩大人们选择的过程，在发展的各个层面上，有三个最基本的选择：人们过上长寿而健康的生活，获得知识和得到体面生活所必需的资源。如果这些最基本的选择不能得到，很多别的机会也就得不到。"同时指出，"人类发展还不止这些，还有一些受到人们高度珍视的选择，包括政治、经济、社会自由，创造和生产的机会，享有自尊和保障人权。"不仅如此，人类发展还包括其他丰富的内容。

鉴于以上的理念，联合国开发计划署1990年创立了人类发展指数(HDI)，它是衡量包括生活质量在内的社会发展的核心指标，由预期寿命指数、教育指数和人均GDP指数三个分项指数构成，用这三个方面成就来衡量人类的发展：健康长寿的生命，用出生时期望寿命来表示；受教育程度用成人识字率和大中小学综合入学率来表示；人们的生活水平，用人均GDP计算。为便于国家比较，把各国的人均GDP核算成美元购买力平价（Purchasing Power Parity，简称PPP）来衡量实际人均收入。

2.人类发展指数的测量方法

关于人类发展指数的测量方法从1990年以来有过变动，现在的具体的测量方法是：想要计算某个国家或地区人类发展指数，首先要计算出预期寿命、教育和GDP指数的数值。要想计算出这三个方面的指数，先选定每个基本指标的最小和最大值，即“阈值”，然后通过以下公式计算出每个分项指标的指数，结果表示为0~1的数值：

$$分项指标=\frac{实际值-最小值}{最大值-最小值}$$

其中教育指数（EI）计算公式为：

$$EI=成人识字率指数\times\frac{2}{3}+综合入学指数\times\frac{1}{3}$$

GDP指数计算公式为：

$$GDP\ index=\frac{\ln(实际值)-\ln 100}{\ln 40\,000-\ln 100}$$

最后，计算HDI：

$$HDI=\frac{1}{3}(预期寿命指数)+\frac{1}{3}(EI)+\frac{1}{3}(GDP\ Index)$$

各项指标的最大值或最小值（阈值）有的有客观的域值，有的是人为的规定。三方面的阈值是：出生时的预期寿命，最大为85岁，最小为25岁；成人识字率，最大值为100%，最小值为0%；综合入学率，最大值为100%，最小值为0%；人均GDP（PPP美元），最大值为40 000美元，最小值为100

美元（人均GDP100美元为国际贫困线）。HDI的最终数值就是这三个方面指数的简单平均值。①

根据以上方法计算出人类发展指数后，给各国排出先后次序。苏迪尔·阿南德和阿马蒂亚·森于1993年建议把所有国家按人类发展水平的高低分三组。现在采用的划分标准为：指数值为0.800及其以上是高人类发展水平，指数值为0.500～0.799的为中等人类发展水平，低于0.500是低人类发展水平。在2004年报告中，中国在世界所有国家和地区中排位第94位。2005年报告公布的中国人类发展指数为0.755，排名上升至第85位。

3. 人类发展指数的优势

人类发展指数是衡量以人为中心的综合发展的发展指标，同以往以经济指标衡量社会发展相比，具有不可比拟的优势和广阔的发展空间。HDI计算方法和指标的演化见表3-3。

（1）以人为中心的视角来评价发展

以往的发展评价指的是以“物”为中心的经济实绩指标和经济福利指标，可以说是经济发展指标或社会发展指标，但与人的发展没有直接的联系。人类发展指数认为，一切发展都应该围绕人的发展才有意义。人类发展就是“属于人民，为了人民，并由人民实现的发展（Of the People，For the People，By the People）。属于人民，意味着通过就业并获得基本收入，进而达到使人民有充分的收入；为了人民，意味着给那些需要帮助和辅助收入的人提供社会服务；由人民实现，意味着参与。这三个方面也可以解释为发展的经济、社会和政治维度。”这是对人类发展本质的深刻理解。人的自由才是发展的最终目的，经济的、政治的和社会的发展只是手段，为人的发展服务。人类发展指数正是从其特定的内涵出发，以人的自由的实现程度来评估发展，具体为人的选择范围的扩大和人的各方面能力的实现。

① 徐家林．人类发展指数：构成、争论与超越［J］．人文杂志，2006（5）．

表3-3　　HDI计算方法和指标的演化

年份	健康	教育	人均GDP
1990	预期寿命（年）：最大值（78.4）和最小值（41.8）取自数据集	成人识字率（%）：最大值=100%；最小值取自数据集	人均GDP的对数：最大值=3.68（购买力平价的4 786美元）；最小值取自数据集
1991	预期寿命（年）：最大值（78.6）和最小值（42.0）取自数据集	成人识字率（%）和受教育年限权重分别为2/3和1/3	Atkinson公式调整的人均GDP。公式的最小值设为人均4 829美元：最大值和最小值取自观察调整的人均GDP
1992	同1991	同1991	同1991
1993	同1991	同1991	同1991
1994	预期寿命（年） 最大值=85 最小值=25	成人识字率（%）和受教育年限权重分别为2/3和1/3。识字率：最大值=100%，最小值=0；教育年限：最大值=15，最小值=0	同1991；公式的最小值设为人均5 120美元：最大值=40 000美元，最小值=200美元
1995	同1994	成人识字率（%）和综合入学率权重分别为2/3和1/3。综合入学率：最大值=100%，最小值=0	同1991；公式的最小值设为人均5 120美元：最大值=40 000美元，最小值=100美元
1996	同1994	同1995	同1991；公式的最小值设为人均5 711美元：最大值=40 000美元，最小值=100美元
1997	同1994	同1995	同1991；公式的最小值设为人均5 835美元：最大值=40 000美元，最小值=100美元
1998	同1994	同1995	同1991；公式的最小值设为人均5 990美元：最大值=40 000美元，最小值=100美元
1999	同1994	同1995	人均GDP的对数：最大值=40 000美元，最小值=100元
2000	同1994	同1995（成人识字率取自15岁以上人群）	同1999
2001	同1994	同1995	同1999
2002	同1994	同1995	同1999
2003	同1994	同1995	同1999
2004	同1994	同1995	同1999
2005	同1994	同1995	同1999
2006	同1994	同1995	同1999

人类发展指数紧紧围绕扩大人的选择范围这一目标，选取能反映人的能力实现的三个最基本方面的指标：健康、知识和生活水平。以出生时的预期寿命指标来代表健康，以受教育年限来代表知识，以购买力平价计算的人均GDP来代表人们实际的物质生活水平。而三个方面的权重在人类发展指数构成中是相同的，即各占1/3，意在表明任何一个方面都不比另一个方面更重要或更次要。

（2）用丰富的内容来评价发展

人类发展指数的设计者就是要把人们关注发展的眼光引向经济增长之外的维度，关注更广泛的人类生活。人类发展指数选取了分别代表健康、知识和生活水平的三个方面指标，但并不局限于这三个方面，它实际上包含更丰富的内容。三个最基本方面的指标实际上还隐含着许多没有直接考虑的因素，比如，医疗卫生、健康的饮用水、环境污染等都能间接地在健康指标中反映出来。同时，通过指标校正还可以反映收入分配不公形成的两极分化对发展的负面影响，以及财富的“破坏性”影响，如富裕导致的营养过剩与贫困导致的营养不良一样可以在人类发展指数中的寿命变量中得以反映，这样就使人类发展指数既可以用来衡量发展中国家的发展不足，也可以衡量发达国家的“发展过剩”。尽管人类发展指数只是选取反映人的能力和选择的三个基本方面的指标，但它所反映的内容远远不止这些，而是经济与社会综合情况的反映。

（3）通过整合的综合指标评价发展.

人类发展指数把经济和社会指标综合在一起，突破了以往单一经济指标或社会指标在评价经济社会发展中的指标单一性和评价复杂性，克服了不利于人们辩明其中主要的因素的缺点。人类发展指数则通过自由和选择能力的视角看待经济社会指标，并把各项指标按照一定权重整合在一起，形成单一指数。联合国通过这一指数来衡量评价世界各国、各地区的发展水平，使人们对世界各国各地区的发展程度与水平一目了然，为决策者提供信息。

（4）聚焦人类生活最基本方面入手评价发展

尽管人类发展的内涵十分丰富，人类发展的现实复杂多样，但从一开始设计者就把人类发展的最主要方面的指标按照一定的权重综合成人类发展指数，通过一个简单明了的数量指标，给人们以强有力的冲击。这个关键性指数应该选取人类生活哪些方面的指标，如何选取？阿马蒂亚·森曾经指出："人们不可能通过在一个数据性指数中包含更多因素来改变问题，因为包含很多变量将会降低任何其他变量的重要性。"[①]因此，1990年《人类发展报告》建议，在对世界人类发展进行评价时，"应该暂时聚焦人类生活的三个基本要素——寿命、知识和体面的生活水平。"该报告认为每个要素指标都不是孤立的，都包含着一系列间接的要素指标，实际上是一个综合要素。比如，人的寿命就与营养和医疗卫生密切相关；识字率只是接受教育情况的粗略反映，但它实际上强调的是在现代社会中人的创造性生活所必需的知识方面的基本能力；体面的生活水平是通过人均GDP来反映的，但它所反映的是人的生存能力与物质资源获得的情况，反映的是人的自由与能力的一个重要方面，所以说人类发展指数是经过整合的综合指标。

3.2.2 人类发展指数的改进修正

（一）人类发展指数的局限性

人类发展指数自问世以来，就成为联合国开发计划署历年发表的《人类发展报告》中最引人注目的一项，被称为《人类发展报告》中的"旗舰"。同时，也是最具有争议的一个项目。马克·麦吉里夫雷认为：人类发展指数是一个"多余的复合指标"。阿马蒂亚·森也对其合理性产生怀疑，"我希望自己不是'反对人类发展指数'的。"[②]尽管有充分的理由说明主要原因是受制于统计数字的缺乏或难得而无法操作，但人类发展指数只考虑寿命、知识和生活水平这三方面的指标，难以反映人类发展的全部内容。另外，测量中的简单化、缺乏不同地域的考虑、阈值的确定和权重的确定等问题也有待商榷，所以说人类发展指数仍然具有它的局限性和不完美性。

---

① 森. 简论人类发展的分析路径［J］. 马克思主义与现实，2002（6）.
② 森. 简论人类发展的分析路经［J］. 马克思主义与现实，2002（6）.

1.缺乏影响人类发展因素的多样性的考虑

人类发展的概念说明了人类发展是一个内容丰富、具有多种因素的发展。1990年《人类发展报告》指出：人类发展的基本目标就是创造一种环境，使人民在这种环境下能安享长寿、健康和创造性的生活。人类发展是一个扩大人类选择的过程。除了三个最基本的选择外，即人们过上健康而长寿的生活，获得知识和得到体面生活所必需的资源，还有一些受到人们高度珍视的选择，包括政治、经济、社会自由、创造和生产的机会，享有自尊和保障人权。在人类发展指数中还欠缺对有些因素的考虑。第一，缺乏自由指标的制定。人的发展的终极目标就是人的自由全面地发展。第二，政治参与与人权也是人类发展的重要内容，也需要制定相应的指标。第三，关于自由文化的指标也没有涉及。第四，国家内部的不平等和性别间的不平等并未考虑在指数内。第五，自然资源的耗损和对环境状况影响的考虑的缺乏。虽然制定这些指标存在许多问题：政治自由数据的缺乏；自由文化指数变化大，使人类发展指数存在不稳定性；评价的主观性较强等。但是根据人类发展指数的内涵，这些都是不可忽视的要素。

2.评估实践简单化

人类发展指数包含着丰富的内容，但由于某些因素的影响，只关注其中的某些因素，而忽视了其他因素，必然会导致评估实践的简单化、片面化。但是人类发展指数又不可能包含太多的变量，因此阿马蒂亚·森曾经说过：包含很多变量会降低任何其他变量的重要性，在复杂现实中被转化成一个简单数字的过程中，信息灵敏度的丧失必然很大。所以说变量的简单既是人类发展指数的优点，同时也是缺陷和不足。

3.忽视了不同地区人类发展的差异性

不同的国家和地区，因其经济、政治和文化等发展水平的差异，在衡量过程中的数据也有差异。有些国家，特别是欠发达国家，数据不是通过测算而是通过估计得出的。另外，简单的数据指标容易掩盖国家内部的不平等问题。如在人均GDP计算中，基尼系数较高的国家，虽然同基尼系数较低国家的人均

GDP处于同一水平线，但是由于存在较严重的不公平，导致人类发展水平难以处于同一发展水平。所以不同的国家和地区的三个变量体系应有所补充和完善。另外三个分项指标的权重也可以因地制宜，不必完全相同。

4.各成分的权重分配具有主观性

人类发展指数中的等权重假设未能充分考虑三个分项指标之间可能存在的高度相关性，而且人类发展指数认为三个分项指标对人类发展水平的贡献和影响总是恒定不变的，此举可能掩盖人类发展中存在的不协调现象。所以权重的确定具有很强的主观性。

5.确定各指标阀值的缺憾

在人类发展指数中，三个指标体系的每个指数的上下限都是给定的，即有人为固定数值。这种方法用于测量单个国家的固定发展状况比较准确，但不利于将单个国家的发展状况放在不断变化的国际形势下进行国别比较。这种阀值测出的结果明显受到阀值大小的影响，而这种阀值的确定又带有很强的主观性，所以这样的方法有着不可避免的缺陷。

尽管人类发展指数存在着诸多的不完善与遗憾，但是它的政治意义却是非常重大的。它把政府决策的视角从原来的单纯地追求GDP的增长而转向关注教育、医疗以及相关的领域和部门。目前的争议需要我们在实际的测量中去超越、补充和完善，联合国开发计划署也在不断地作相应的修正和补充。

（二）人类发展指数的修正实践

鉴于人类发展指数的不完善，专家、学者一直在对人类发展指数进行反思与修正，希望通过修正使人类发展指数更能反映人类发展的基本理念。有的修正已经被联合国《人类发展报告》采用，有的正在思考和定夺之中，有的因为地区以及文化的差异，难以具体实施。

1.联合国开发署的部分修正

因为人类发展考虑的不仅是人们的基本需求，所关心的也不仅是发展中国家，它关心的是所有国家（地区）所有人的选择能力的提高。为了反映不同发展阶段国家（地区）的情况，从1991年起，联合国开发计划署HDI主要从两个方面作了部分修正。一是将人均GNP改为人均GNP的对数；二是将HDI分别乘以性别敏感系数和收入敏感系数，将性别歧视和收入分配不公在HDI中部分体现出来。

2.艾迪尔·阿南德和阿马蒂亚·森建议增加的补充指标

艾迪尔·阿南德和阿马蒂亚·森认为，处于不同发展阶段的国家在促进人类发展中所面临的问题是不同的，一般而言，发展阶段越高，需求层次也越高，因此，不同阶段的国家在计算HDI时使用的代表性指标也应有所不同。后来，联合国开发计划署又对HDI作了部分修正。主要有两条：一是根据人均GNP对于人类发展的边际贡献率递减的特点，将经济变量的代表指标人均GNP改为人均GNP的对数；二是将HDI分别乘以性别敏感系数和收入敏感系数，将性别歧视和收入分配不公的负面作用在HDI中体现出来。根据艾迪尔·阿南德和阿马蒂亚·森的建议，对于不同人类发展水平的国家，在三个基本指标变量的基础上，再增加一定的补充指标，即对于低人类发展水平的国家，就采用基本人类发展指标；对于中等人类发展水平的国家，在原有基本指标的基础上，在寿命范畴中增加5岁以下幼儿死亡率指标，在教育范畴中增加中学入学率指标，在收入范畴中增加贫困发生率指标；对于高人类发展水平国家，在寿命范畴中再增加产妇死亡率指标，在教育范畴中再增加大学入学率指标，在收入范畴中再增加经基尼系数校正后的人均国民收入指标。这样使得衡量人类发展的指标能较好地反映不同发展水平国家人们的实际情况。

3.人类发展指标体系的完善

人类发展指标体系在不断地完善，即从最初反映人类发展水平成就的人类发展指数，发展到经过性别校正和基尼系数校正的指标，如性别发展指数（Gender Related Development Measure，GDI）、性别赋权尺度（the Gender Empowerment Measure，GEM），以及1997年提出的人文贫困指数（Human Poverty Index，HPI）。

（1）性别发展指数

性别发展指数是对平均成就进行调整以反映人类发展指数三个基本方面的性别不平等，通过给出女性和男性指数的调和平均值，将三个平均分布指数不加权平均综合得到的。

GDI的计算分三步进行。首先，根据下面的一般公式计算女性和男性在每一方面的指数（GDI各指标的阈值见表3-4）。

表3-4 GDI各个指标的阈值

指标	最大值	最小值
女性出生时预期寿命（年）	87.5	27.5
男性出生时预期寿命（年）	82.5	22.5
成人识字率（%）	100	0
综合毛入学率	100	0
所得收入的估计值（PPP美元）	40 000	100

注：考虑到女性的预期寿命比男性长，女性预期寿命的最大和最小值多加了5年。

$$分项指数=\frac{实际值-最小值}{最大值-最小值}$$

其次，通过体现男女之间成就差距的方式，将每一分项女性和男性指数综合在一起，就得到平均分布指数。其一般公式如下：

$$平均分布指数=\{[女性人口比例（女性指数^{1-\varepsilon}）]+[男性人口比例（男性指数^{1-\varepsilon}）]\}^{1/1-\varepsilon}$$

ε衡量的是对不平等的厌恶程度。在GDI的计算中，$\varepsilon=2$①。这样一般公式就变为：

$$平均分布指数=\{[女性人口比例（女性指数^{-1}）]+[男性人口比例（男性指数^{-1}）]\}$$

该公式给出了女性和男性指数的调和平均值。

最后，将三个平均分布指数通过平均综合得到GDI的值。

① ε的值表示对性别不平等的惩罚程度的大小。该值越大，具有不平等的社会受到的惩罚越重。如果$\varepsilon=0$，性别歧视未被惩罚（在这种情形下，GDI的值与HDI的值相同）。ε值越大，成就较少的组别的权重就越大。UNDP在计算GDI时使用了数值2（计算GEM时也是如此）。这个值给发展成就中的性别歧视施加了合适的惩罚。对GDI数学计算公式的更详尽的分析参见Anand和Sen合著的《人类发展的性别歧视：理论与计算》、Kalpana Bardhan和Stephan Klasen合著的《UNDP性别指数：批评分析》以及《人类发展报告1995》和《人类发展报告1999》的技术注释。

（2）性别赋权尺度

性别赋权尺度着重于妇女的机会而不是能力。它从三个关键领域关注：用女性和男性占议会席位的百分比表示政治参与和决策权力的性别歧视；用女性和男性占立法议员、高级官员和管理层职位的百分比，以及女性和男性占专业技术岗位的百分比两个指标表示经济参与和决策权力的性别歧视；用女性和男性估计所得收入表示对经济资源支配权的性别歧视。

GEM计算的一般公式如下：

$$EDEP=\{[女性人口比例(女性指数^{1-\varepsilon})]+[男性人口比例(男性指数^{1-\varepsilon})]\}^{1/1-\varepsilon}$$

ε衡量的是对不平等的厌恶程度。在GEM的计算中（如同计算GDI一样），$\varepsilon=2$，对性别歧视施加了合适的惩罚。这样，一般公式就变成：

$$平均分布指数=\{[女性人口比例(女性指数^{-1})]+[男性人口比列(男性指数^{-1})]\}^{-1}$$

政治和经济参与及决策指数用其对应的EDEP除以50得到。这种指数化方法的理由是：在一个理想社会中，性别具有相等的赋权，GEM中的几个变量应等于50%，也就是对每个变量，女性和男性的比例应相等。

当男性和女性指数为零时，根据上述公式计算，则EDEP没有定义。但是，当指数趋于零时，EDEP的极限为零。因此，在这些情况下，EDEP的值被设定为零。

最后，对三个指数化的EDEP作简单平均得到GEM。

（3）人文贫困指数

人文贫困指数分两类：一类是发展中国家的人文贫困指数（HPI-1），关注人类发展三个基本方面的被剥夺情况：用出生后不能活到40岁的概率表示在相对低龄时易死亡的人类健康与长寿生活的被剥夺情况；用成人文盲率表示被排除在阅读和交流的世界之外的知识与教育的被剥夺情况；用不能持续获得改善后的水源的人口百分比和相对年龄、体重不足的儿童的百分比两个指标（应包括获得卫生服务的指标，但因无法获得可靠的卫生服务方面的数据而采用上述两个指标）的不加权平均表示不能全面享受到经济发展所带来的各种利益，即体面的生活水平被剥夺的情况。

HPI-1的计算公式如下：

$$HPI-1=\left[\frac{1}{3}(P_1^{\alpha}+P_2^{\alpha}+P_3^{\alpha})\right]^{1/\alpha}$$

式中：P_1代表出生后不能活到40岁的概率（乘以100）；P_2代表成人文盲率；P_3代表不能持续获得改善后水源的人口百分比和相对年龄体重不足的儿童的百分比的不加权平均；$\alpha=3$①。

另一类是部分OECD（经合组织）国家的人类发展贫困指数（HPI-2），它不仅关注HPI-1所关注的三个方面的被剥夺情况，还关注社会排斥情况，因此体现四个方面被剥夺的情况：用出生后不能活到60岁的概率表示在相对低龄时易死亡的健康长寿的人类生活被剥夺的情况；用功能性识字障碍的成人（16岁～65岁）所占百分比表示知识和教育的被剥夺情况；用生活在收入贫困以下（调整后的中等可支配家庭收入的50%）的人口所占百分比表示体面的生活被剥夺的情况；用长期（12个月或更长）失业率表示社会排斥情况。表3-5为HDI、HPI-1、HPI-2、GDI不同的衡量指标。

HPI-2的计算公式如下：

$$HPI-2=\left[\frac{1}{4}(P_1^{\alpha}+P_2^{\alpha}+P_3^{\alpha})\right]^{1/\alpha}$$

式中：P_1代表出生后不能活到60岁的概率（乘以100）；P_2表示功能性识字障碍的成人百分比；P_3代表在收入贫困线（调整后中等可支配家庭收入的50%）以下的人口百分比；P_4表示长期失业率（12个月或更长时间）；$\alpha=3$。

① α的取值对计算HPI的值有很大影响。如果α=1，则HPI为其分项指数的平均值。当α增大时，被剥夺情况最严重的分项指数的权重就加大。因此，当α增加趋于无穷时，HPI的值将被剥夺情况最严重的分项指数代替（如在计算HPI时使用的柬埔寨一例中，其值将为57.5%，等于不能持续获得改善后水源的人口百分比和相对年龄、体重不足的儿童的百分比的不加权平均）。α=3意味着被剥夺情况较严重的方面给予额外的但不是决定性的权重。对HPI数学公式的更详尽分析可参见Sudhir Anand和阿马蒂亚·森著的《有关人类发展和贫困的概念：多维视角》以及《1997年人类发展报告》的技术注释部分。

表3-5　HDI、HPI-1、HPI-2、GDI不同的衡量指标

指数	长寿	知识	体面的生活水平	参与或被排斥
HDI	出生时预期寿命	成人识字率；综合毛入学率	人均GDP（PPP美元）	—
HPI-1	出生后不能活到40岁的概率	成人识字率	不能持续获得经改善的水源的人口百分比；五岁以下体重不足儿童的百分比	—
HPI-2	出生后不能活到60岁的概率	功能性识字障碍的成人百分比	生活在贫困线（调整后的家庭可支配收入的中位数的50%）以下的人口百分比	长期失业率（12个月或更长）
GDI	女性和男性出生时预期寿命	女性和男性成人识字率；女性和男性综合毛入学率	估算女性和男性劳动收入	

4.政治自由指标的实践困惑

除了这些改进之外，人类发展理论家们也试图增加政治与自由方面的指标。1990年度《人类发展报告》的人类发展指数引起人们对各国取得了什么样的社会与经济成果的关注，但也有人质疑为什么其中漏掉了政治和公民自由方面的成就指标。哈克十分关注自由指标的设计与应用，他认为，人类发展的目的就是扩大人们选择的范围，而最基本的选择就是进行选择的自由，而不是让他人代替选择。因此，自由与人类发展不可分割，而且是人类发展的终极价值所在。考虑到没有任何指标能够涵盖政治自由的所有维度，这样在设计自由指标时，就有必要对衡量政治自由的指标进行挑选。哈克认为只有那些能够量化的方面才可以包括在指标中，他特别关注四个方面：政治参与（Political Participation）、法治（Rule of Law）、言论自由（Freedom of Expression）、非歧

视（Non-Discrimination）。政治参与指在国家和地方层面上参与和影响政治决策；法治指通过正当的法律程序保护个人的生存、自由与安全的权利；言论自由指没有任何国家强制限制的通过口头、书面或任何媒介寻找、接收和传播信息和观念的个人自由，除非出于保护国家安全、公共秩序、公共卫生或者保证对他人的权利或名誉的尊重的需要；非歧视指所有人，不管性别、宗教信仰、种族、民族、社会出身、语言和财富如何，都享有平等的机会。他还提出计算自由指数的具体方法。

1991年《人类发展报告》引入了人类自由指数，该指数并未直接引用哈克的方法，而是借用Charles Humana教授《世界人权指南》一书中所列的40项标准。报告发表后，随之而来的是对这种数据来源与统计方法的批评争论。1992年的《人类发展报告》增加了政治自由指数，该指数给每个国家按1至10分打分。但这些指数终究没有坚持下来，这是因为：首先，人类自由指数与政治自由指数都是以定性判断为基础的，而不是基于定量的实证性数据分析，所以作为评价指数有不准确性。其次，两种指数都指在用简洁的答案来分析复杂的问题，即“是”或“否”，或1至10分的等级。由于缺乏量化数据和实际事例，这些数据并不能使读者信服，也不能使人们理解报告所做出的判断。再次，人类发展指数通过数据构成清楚地表明什么地方需要改善。但是无论人类自由指数或政治自由指数，都不能揭示凭什么对一个国家做出肯定或否定以及程度的判断。这种评价无法转化为制定政策的依据。这就更需要使这些方法清楚明白，使他人可以重复这些方法，将各种不同的意见引导到争鸣而不是争端。在制定人权指数方面一定要汲取自由指数所带给我们的教训。

5.可持续HDI的探索

一些学者研究发现，经济方面福利较好的国家往往环境绩效方面较差，有人提出按照绿色GDP的思路来构建绿色人类发展指数。鉴于国际社会的呼吁，“可持续发展”等相关概念出现在了《人类发展报告》中（1992、1994）并且UNDP承诺要对环境敏感的HDI进行研究，但至今没有比较成熟的指数出现。

1996年亚美尼亚的《人类发展报告》中曾提出过可持续HDI的想法，并建议修正HDI，修正后的HDI加入“环境指标（P_e）”：

$$SHDI = HDI + P_e$$

$$P_e = \frac{A + B}{2}$$

式中：A是一个国家或地区的环境状态指标；B是人类行为的环境评价指标。

1996年亚美尼亚的人类发展报告中，P_e的值为－0.4278，HDI值为0.831，则SHDI变为0.831－0.4278=0.4032，SHDI计算的结果使HDI值变小。这种方法的优点是HDI的计算不发生变化，缺点是方法复杂，对数据要求较高，涉及资源的货币评价。

6.Alkire关于人类发展（完满生活）的概念综述

鉴于以往的修正和改进，人们希望能够扩展人类发展的内涵，建立一个更能全面反映人类发展的尺度，这个尺度将政治自由、保障人权、自尊和生态环境等都包含在内。利用这个尺度来反映人类发展的进度，为决策者提供政策选择。Alkire在森的能力方法的基础上，综述了39种方式以找到实现人类发展（完满生活）的途径。这里列出了几种（见表3-6）。

3.2.3 人类发展指数的拓展研究

（一）人类发展指数拓展研究的理论基础

1.马克思关于发展问题的论述

人的自由全面发展作为研究的起点和目标，具有丰富的内涵。马克思关于人的概念，摆脱了“人本主义”以个体为中心的局限，把人定位于现实的人，存在于一定社会关系的人，使人的自然属性与社会属性完整地统一起来。这里的人既是个体的人，同时又是类的概念的人；既有现实的属性，又有历史的承继性，即现实的人与历史有着无法割舍的联系。1845—1846年的《德意志意识形态》这样写道：“一个人的发展取决于和他直接或间接进行交往的其他一

表 3-6　　关于人类发展（完满生活）的概念综述

作者	Rawls (1972)	Finnis、Grisez & Boyle (1987)	Doyal & Gough (1993)	Nussbaum (2000)	Narayan-Parker (2000)	Camfield (2005)
概念定义	主要物质	基本人类价值	基本需求和中间需求	人类主要能力	福利维度	生活质量
身体福利		身体健康、精力充沛和安全	体格健康、营养(水和食物)、对健康的照料、婴儿出生安全和照料、物质环境安全	生活、身体健康、身体完整	健康方面的福利、获得健康的途径、服务、健康的体格、环境	
物质福利	收入和财富		受保护的住宅经济安全		物质福利、食物资产	食物和住所
智力发展		知识、实践经验	基本教育	理解力、想象力、思想、情绪、经验、理智、行动		教育
工作	选择职业的自由	工作和活动中的技能性绩效	工作		工作	
安全			物质安全		国内和平、物质安全、法制环境、个人生命安全、长寿保障	
社会关系	自我尊重的社会基础	友谊	重要的关系	自我尊重的基本社会关系	社会福利、家庭、自我尊重、社区关系	家庭
精神福利		同现实的自我协调和融合				宗教（特别是孟加拉和泰国）
权力和政治自由	权力、自由、获得特权的机会、自由运动、职场的责任		自治机构、民事和政治权力、政治参与	环境以外的控制能力	选择和行动的自由	
对其他物种的尊重				其他物种		

切人的发展；彼此发生关系的个人世世代代是相互联系的，后代的肉体的存在是由他们的前代决定的，后代继承着前代累积起来的生产力和交往形式，这就决定了他们这一代的相互关系。总之，我们可以看到，发展不断地进行着，单个人的历史决不能脱离他以前的或同时代的个人的历史。”①人的自由全面发展就是建立在这样的基础之上。

人的全面发展，就是“人以一种全面的方式，也就是说，作为完整的人，占有自己的全面本质”。②这种本质既包括大自然长期进化使人具有“自然力、生命力，是能动的自然存在物；这些力量作为天赋和才能、作为欲望存在于人身上”③的生理能力，也包括人在通过劳动改变身外的自然“也就同时改变他自身的自然。他使自身的自然沉睡的潜力发挥出来”。④由于人的社会属性，所以“个人的全面性不是想象的或设想的全面性，而是他的现实关系和观念关系的全面性”。⑤进而，马克思从人的社会关系发展角度说明了人的发展的三个阶段：人的依赖关系；以物的依赖性为基础的人的独立性；建立在个人全面发展和他们共同的社会生产能力成为他们的社会财富这一基础上的自由个性。因此，“人的全面发展，只有到了外部世界对个人才能的实际发展所起的推动作用为个人本身所驾驭的时候，才不再是理想、职责等，这也正是共产主义者所向往的。”⑥所以说，人的全面发展指人的需要、个性、能力、社会关系等充分、平等而完善的发展。人的自由发展是指人可以不受外在环境的束缚，按照自己的愿望、兴趣和爱好，自觉、自愿、自主的发展，并且能够充分展示自己的个性的发展。1894年的《资本论》：“自由王国只是在由必需和外在目的规定要做的劳动终止的地方才开始；因而按照事物的本性来说，它存在于真正物

① 中共中央马克思恩格斯列宁斯大林著作编译局．马克思恩格斯全集［M］．3卷．北京：人民出版社，1960．

② 中共中央马克思恩格斯列宁斯大林著作编译局．马克思恩格斯全集［M］．42卷．北京：人民出版社，1979．

③ 中共中央马克思恩格斯列宁斯大林著作编译局．马克思恩格斯全集［M］．42卷．北京：人民出版社，1979．

④ 中共中央马克思恩格斯列宁斯大林著作编译局．马克思恩格斯全集［M］．23卷．北京：人民出版社，1979．

⑤ 中共中央马克思恩格斯列宁斯大林著作编译局．马克思恩格斯全集［M］．46卷下．北京：人民出版社，1980．

⑥ 中共中央马克思恩格斯列宁斯大林著作编译局．马克思恩格斯全集［M］．3卷．北京：人民出版社，1960．

质生产领域的彼岸。”“在这个必然王国的彼岸，作为目的本身的人类能力发展了，真正的自由王国，就开始了。”[①]能够实现人的自由全面发展的理想社会就是马克思所构想的共产主义社会。

同时，马克思对实现人的自由全面发展途径与条件又作了相应的论述。第一，实现个人的全面发展，必须要有相应的物质条件。“个人是什么样的，这取决于他们进行生产的物质条件。”[②]第二，在人的社会关系方面，“个人的幸福和大家的幸福是不可分割的”，[③]“每个人的自由发展是一切人的自由发展的条件”，这样和谐的人与人之间的关系。第三，教育是实现人的全面发展的重要条件。“只有在机器和其他发明有可能向全体社会成员展示出获得全面教育和幸福生活的前景时，共产主义才会实现。”[④]教育“不仅是提高社会生产的一种方法，而且是造就全面发展的人的唯一方法。”[⑤]第四，实现人与自然、人与社会之间的和谐发展。

2.阿马蒂亚·森关于发展问题的论述

同马克思的人的自由全面发展观点是研究的起点和目标一样，阿马蒂亚·森的自由的观点既是发展的目的也是发展的手段，自由既是价值取向，同时也是工具手段。森认为，“发展可以看作是扩展人们享有的真实自由的一个过程”。[⑥]“发展要求消除那些限制人们自由的主要因素，即贫困以及暴政，经济机会的缺乏以及系统化的政治剥夺，忽视公共设施以及压迫性政权的不宽容和过度干预。”[⑦]为人们的自由提供必要的社会环境，以实现自由，即享受人们有理由珍视的那种生活的可行能力。

自由工具性的作用包括五个方面的内容：第一，政治自由。它是人们作为

① 中共中央马克思恩格斯列宁斯大林著作编译局．马克思恩格斯全集［M］．25卷．北京：人民出版社，1974．
② 中共中央马克思恩格斯列宁斯大林著作编译局．马克思恩格斯全集［M］．3卷．北京：人民出版社，1960．
③ 中共中央马克思恩格斯列宁斯大林著作编译局．马克思恩格斯全集［M］．42卷．北京：人民出版社，1979．
④ 中共中央马克思恩格斯列宁斯大林著作编译局．马克思恩格斯全集［M］．42卷．北京：人民出版社，1979．
⑤ 中共中央马克思恩格斯列宁斯大林著作编译局．马克思恩格斯全集［M］．23卷．北京：人民出版社，1972．
⑥ 森．以自由看待发展［M］．北京:中国人民大学出版社，2002．
⑦ 森．以自由看待发展［M］．北京:中国人民大学出版社，2002．

现代的公民应有的权利，也是提出经济需求、满足经济需求的重要手段和途径。第二，经济条件。通过市场机制的作用，打破原来对劳动者的人身自由的束缚，利用市场资源配置的优势充分实现经济的发展。在市场经济发展的过程中，通过公众的活动，即公共交流和公共讨论，以制定相应的公共政策，调解市场经济过程中所出现的否定因素，包括“对市场交易的准备不足，毫无约束的信息藏匿和缺乏法制管制，使得强势者能够利用非对称的优势来牟利。”即市场机制在带来效率的同时，也导致了分配的不公，这些都需要社会机会来加以补充。第三，社会机会。教育、保健制度的完善是影响人的实质性自由，也是日本、印度等国家得以快速发展的重要保障。第四，透明性担保。信用以及信息的准确度方面的保证既与市场经济密切相关，也与政治民主密切相连。它既是个人自由的重要组成部分，也是为发展做出贡献的手段性自由的重要组成部分。第五，防护性保障。这种保障是弱势群体的社会安全保护网，是构成贫困、疾病、年老和残疾等弱势群体的自由的重要部分。这是与民主制度密切相关的问题。这五项自由既是国家、社会实现发展的重要手段，也是国家和社会发展的最终目标，即达到实质性的自由。

就社会选择和社会价值的形成，阿马蒂亚·森采取了一条积极的自由主义路线。社会公共政策的制定要以实质自由的实现为最终目的，在这个过程中，恰当的评价框架、机构和制度以及行为规范和理性思考具有重要的作用。自由的基础是自由和民主。经济体制上要建立市场经济体制，在政治体制上建立民主的制度，无论政治还是经济领域都要发挥公共讨论的重要作用。

3.“纽约共识”的五项议程①

由于人类发展评估是由联合国开发计划署这样的国际机构做出的，所以它就不仅仅是一般的学术性的社会发展理论，它具有很强的政治实践指导意义。每年一度的人类发展测量无疑对各个国家和地区的决策者和政策执行者都产生影响。同时，《人类发展报告》依托联合国，积极介入世界发展的一系列活动，并根据

① 徐家林. 人类发展指数：构成、争论与超越［J］. 人文杂志，2006（5）.

当前大多数国家面临的挑战，提炼出人类共同发展进程中的五项政策优先议程，这五项议程体现在多项联合国条约中，因而也被称为“纽约共识”。这五项议程是：

（1）以扩大受教育面和改善健康状况为目的的“社会发展”优先。

（2）经济增长从多方面为人类发展提供资源。

（3）政治、社会改革以实现民主治理为目的，保障人权、增强集体力量、扩大参与权与自主权。

（4）经济、社会、政治决策以公正为目标。

（5）全球范围内的体制改革，为欠发达国家参与全球市场、全球科技、全球信息提供更有利的经济国际环境。

“社会发展”优先针对当前许多不发达国家文盲率很高，很多人基本的健康、生存需求得不到保障的现实，旨在扩大贫困人口的受教育率，改善其健康状况。人类发展议程中应该优先考虑创造的是基本的教育、医疗卫生条件。《人类发展报告》曾提出分配公共开支应优先考虑人类基本需求，倡导“20：20原则”，即政府拿出财政的20%、慈善机构捐献20%用于满足基本需求方面的开支。类似的优先政策给许多国家和地区的政府带来了挑战，改变了人们观察与思考发展问题的视角，使许多政府开始关注经济以外的、以人的基本需求的满足与选择能力的塑造为取向的发展。

人类发展不会因为把自己看作为GDP的对立物而无视经济增长的重要性。特别是当今的许多发展中国家的经济欠发展已经成为人类发展的巨大障碍，人类发展强调的人们基本生活的满足、教育机会的获得、健康生活的保障都要依赖于一定的经济增长。正是基于从多方面为发展提供资源这样的认识，人类发展提出促进经济增长政策。但经济增长的成果如何转化为人民的福利仍然是一个需要解决的问题。

实现民主治理，扩大公民参与是人类发展理论一开始就持有的重要目标。人类发展所强调的“赋权”实际上就是要求建立一套政治和社会体制，以保障公民享有基本的政治与公民自由，保障自己的权益。人类发展重视制度对发展的重要性，强调民主制度不仅有消除社会与政治压迫的作用，也同样能够促进经济发展与社会进步，更有利于公众，特别是生活在社会底层的广大民众满足基本生活需要和教育、医疗卫生等基本权益的实现。由于民主参与指标的难以测量，无法从人类发展指数中直接反映出来，但民主参与一直是人类发展报告关注的目标，理所当然成为重要的公共政策议程之一。

对经济、社会、政治政策的公正目标的关注，实际上是对人民的自由、能力及选择权利的关注，也是对政治制度的民主化、社会政策和经济政策的穷人优先、政府对公众利益负责的要求。

“纽约共识”通过对经济发展与社会发展、公民参与与社会公正、一国范围与全球范围的体制改革等的重视与倡导，直接推动了更多以人类发展为目标、关注人类福利的政策讨论与实施，体现了深厚的人文伦理关怀。这是超越人类发展指数的又一重要意义所在。

纽约共识为我们评价发展的工作提供了一个可以遵循的原则，但是同人类发展指数一样，忽视了环境问题给人类发展带来的羁绊，于是人们开始质疑这种做法的合理性。联合国开发计划署也意识到了环境的重要意义，曾承诺进行“环境敏感的人类发展指数”的研究，但由于数据来源及运算的复杂性，一直未能真正的实施。

（二）人类发展指数内涵的拓展

鉴于以上拓展的实践，以及马克思、阿马蒂亚·森和“纽约共识”关于发展的论述，拓展的人类发展理念，应从四个方面即物质生活、精神生活、政治生活和生态环境来提高人们的生活水平，提升人们相应的能力。

物质生活水平的提高是人类发展的基石，它主要表现为物质生产方式和经济生活的进步，是类似于金钱等的实物，物质生活具体包括人均GDP、经济发展情况和人们的生活状态等；精神生活水平的提高以教育、科学、文化和思想道德方面进步为标志，包括社会的文化、知识、智慧的状况，教育、科学、文化、艺术、卫生、体育等事业的发展；政治生活包括司法、行政和社会的公正与和谐，实现传统臣民社会的不自主的臣民到现代法治社会的享受平等、自由等权利的公民的转变；环境问题也影响人们的日常生活，关系人们日常生活的质量，人与自然的和谐也涉及经济社会的可持续发展问题。这以人为本的科学发展观的内涵，与完成构建和谐社会的任务，以及与我国所倡导的四个文明有着本质的相同。提升人类发展指数，扩大人们选择的自由与能力，我们可以在科学发展观和社会主义和谐社会思想的指导下，从“四个文明”所涉及的论域即从物质生活、精神生活、政治生活和生态环境四个方面来拓展人类发展的指数。

1.环境指标的选取

为了测算人类发展的可持续性，需要把环境影响的新指标加入到HDI中，这个指标可能是水和空气污染、森林采伐、大城市人口增长率、能源指数和物质资源消耗等，而且这些数据便于计算和评估。

在所有的环境问题中，二氧化硫的削减量问题一直是备受关注的，人类生存环境遭到破坏和威胁的今天，有毒气体的排放日益受到关注。另外需要考虑的一项就是城市的绿化面积，该指标用于反映城市环境质量，是表明居民居住质量改善的重要指标，是改善环境、防止环境问题的有效途径。还有一项就是环保投资问题，该指标反映环境保护的投资力度，是生态环境及可持续发展的重要内容。

2.政治参与、政治自由指标的确立

这一直是森和哈克的目标，但是由于政治方面的复杂性，以及测量方面的多变性，很难确立一个真正能说明人的政治权利的指标。另外，不同的国家风俗习惯不同，政治参与的自觉性有所差异。以我国为例，在两千多年君主专制制度的统治下，人们对明君和清官有了某种程度的依赖性，从而缺少制度完善性的要求以及政治参与的要求，所以在中国政治指标的确立又会不同于古希腊和古罗马等那些有着城邦共和制传统的国家，因此如何确立政治指标是当今的难点之一。

在上面所列出的各项指数中，由于我国人口众多，所以在计算权力分配公平系数等指数过程中，由于基数大，所以与人口较少的国家和地区缺乏可比性。另外由于我国法制化的过程较短，立法存在不成熟和不完善，所以在制定法律法规上，一定存在许多的漏洞和不足需要去完善和补充，这点也缺乏可比性，所以政治指标的确立要避开这些问题，去寻找具有相同点的问题。万人刑事案件发生数是衡量社会秩序的状况的重要标志，其数值越低表明社会秩序越稳定，所以作为其中的一项指标。另外权利赋予指数GEM可以说明男女的平等问题，男女的平等问题是1995年《人类发展报告》中所关注的问题之一，“在每一个社会中，妇女的解放程度，是一般解放的天然尺度。”[①]另外就是社会的公正与和谐指标的选取：失业率，社会保险覆盖率，贫困发生率，农村城镇居民人均收入之比以及企业职工最低工资标准上浮率。失业率的有效控制，反映政府在增加就业方面所取得的成绩，人人享有平等的就业机会，是社会和谐安定的必要保障；社会保险反映一定时期内一国或地区社会成员享有的社会保障的程度，是公民最低生活标准的保障，反映了社会的发展和进步；贫困问题一直是世界人类发展报告中研究的重要课题之一，在中国，贫困问题解决得很好，但也有需要完善的地方，例如，城乡、地区差异的扩大，收入的差距都会带来贫困问题，影响人类的发展。农村城镇居民人均收入之比则反映经济社会的和谐程度。企业职工最低工资标准上浮率是对职工最低生活标准的保障，反映政府对公民生活特别是弱势群体的关注。所以政治生活方面选取了每万人口刑事犯罪数量、权利赋予指数GEM、失业率、社会保险覆盖率、贫困发生率、农村城镇居民人均收入之比和企业职工最低工资标准上浮率七项指标。

3.经济指数的选取

虽然人类发展指数弥补以往单纯GDP的不足，但是经济增长仍然是人类发展中必不可少的前提条件。无论是教育、卫生、医疗还是政治等许多方面都与经济息息相关。但是人类发展指数中的人均GDP指标衡量过于单一、简单，缺乏对其中不平等等问题的考虑，所以有必要进行修正和弥补。

在经济指标中，除了保留人均GDP外，还应该选择居民消费指数作为人类发展指数的一项指标，因为消费水平以及消费结构同样能够反映国家和地区的发展水平。年城市居民家庭恩格尔系数能够体现经济发展的稳定与否，所以

---

① 恩格斯. 社会主义从空想到科学的发展［M］. 北京：人民出版社，1956.

应加以保留。现代社会是信息容量与流量都较大的社会，所以信息的交流必不可少，因此把本地电话和移动电话的拥有量作为衡量指标。卫生指标的选择如下：人均预期寿命，婴儿死亡率，产妇死亡率和医疗保险覆盖率，用这四个指标来代表卫生事业的发展。这样在经济方面选取了8项指标：人均GDP，居民消费指数，城市居民家庭恩格尔系数，本地电话和移动电话的拥有量，人均预期寿命，婴儿死亡率，产妇死亡率和医疗保险覆盖率。

4.精神指数的选取

精神生活是人的高品质生活的重要内容。人不同于动物就在于除了衣食住行的需要外，人有精神活动，有精神方面的需求，所以这一项指标更能体现以人为本发展观的精神内涵。

这项指标可以分为两大类：教育和文化。我们先来确定教育指标，这一指标我们选择人类发展指数的原有的指标，即成人识字率和综合入学率。文化指标则选取艺术表演、电影观众指数，每万人专利申请授权数和人均公共图书馆藏量这三项指标。综合入学率体现了该地区的教育水平，随着社会对人才的需求，教育越来越显示无可比拟的重要性。选取艺术表演、电影观众指数则反映了人们的业余休闲生活状况。每万人专利申请授权数反映了科学技术的发展水平。人均公共图书馆藏量反映了公民的文化生活状况。

新人类发展指标体系框架见表3-7：

（三）计算评估方法的选择

在构建人类发展的评价体系和获取相关的数据之后，还需要对数据进行标准化处理，然后选择计算方法确定权重，合成指数进行定量研究。

1.数据标准化处理

由于以上指标量纲的不一致，需要对数据进行无量纲化的标准化处理。在此，我们运用级差公式对指标进行转换：

正指标：$y_i = \frac{x_i - \min(x_i)}{\max(x_i) - \min(x_i)}$

负指标：$y_i=\frac{\max(x_i)-x_i}{\max(x_i)-\min(x_i)}$

表 3-7　新人类发展指标体系框架

目标层	领域层	指标层
拓展的人类发展指数	物质	人均 GDP
		居民消费指数
		城市居民家庭恩格尔系数
		本地电话和移动电话拥有量
		人均预期寿命
		婴儿死亡率
		产妇死亡率
		医疗保险覆盖率
	精神	成人识字率
		综合入学率
		艺术表演、电影观众指数
		每万人专利申请授权数
		人均公共图书馆藏量
	政治	每万人口刑事犯罪数量
		权利赋予指数 GEM
		失业率
		社会保险覆盖率
		贫困发生率
		农村城镇居民人均收入之比
		企业职工最低工资标准上浮率
	生态	二氧化硫的削减量
		城市的绿化面积
		环保投资

2.指标权重的确定

本文采取层次分析法（Analytic Hierarchy Process，简称 AHP）进行指标权重的确定。利用 AHP 确定权重，灵活性与客观性相结合，较科学地确定权重，突出评价分数较大者的作用，容易诱导评价者抓住那些权数较大的评价指标，因而在评价指标中主次分明。运用AHP分析问题时，大体可分为5个步骤：

（1）明确问题，建立层次结构模型。

（2）对同一层次的各元素相对于上一层中某准则的重要性进行两两比较，运用1～9标度法构造两两比较判断矩阵。

（3）对判断矩阵进行一致性检验。

（4）由判断矩阵计算被比较元素对于该准则的相对权重。

（5）计算各层元素对各系统目标的合成权重，并进行排序。

我们利用和积法进行权重的计算，公式为：

$$w_i = \frac{1}{n}\sum_{j=1}^{n}\frac{b_{ij}}{\sum_{k=1}^{n} b_{kj}} \quad (i, j, k = 1, 2, \cdots, n)$$

然后利用公式进行一致性检验：

判断矩阵一致性指标C.I.（Consistency Index）：

$$C.I. = \frac{\lambda_{MAX} - n}{n - 1}$$

一致性指标C.I.的值越大，表明判断矩阵偏离完全一致性的程度越大，C.I.的值越小，表明判断矩阵越接近于完全一致性。一般判断矩阵的阶数n越大，人为造成的偏离完全一致性指标C.I.的值越大；n越小，人为造成的偏离完全一致性指标C.I.的值便越小。

对于多阶判断矩阵，引入平均随机一致性指标R.I.（Random Index），表3-8给出了1～15阶正互反矩阵计算1 000次得到的平均随机一致性指标。

表3-8 平均随机一致性指标

N	1	2	3	4	5	6	7	8	9
R.I.	0	0	0.58	0.90	1.12	1.32	1.32	1.41	1.46
N	10	11	12	13	14	15			
R.I.	1.49	1.52	1.54	1.56	1.58	1.59			

当$n < 3$时，判断矩阵永远具有完全一致性。判断矩阵一致性指标C.I.与同

阶平均随机一致性指标R.I.之比称为随机一致性比率C.R.（Consistency Ratio）。

$$C.R.=\frac{C.I.}{R.I.}$$

当C.R.<0.10时，便认为判断矩阵具有可以接受的一致性。当C.R.≥0.10时，就需要调整和修正判断矩阵，使其满足C.R.<0.10，从而具有满意的一致性。

拓展后的人类发展指数的权重见表3-9。

表3-9　**拓展的人类发展指数的权重**

目标层	领域层	权重	指标层	权重
拓展的人类发展指数	物质	0.5198	人均GDP	0.1522
			居民消费指数	0.0310
			城市居民家庭恩格尔系数	0.0633
			本地电话和移动电话拥有量	0.0465
			人均预期寿命	0.1522
			婴儿死亡率	0.0310
			产妇死亡率	0.0310
			医疗保险覆盖率	0.0126
	精神	0.2006	成人识字率	0.0118
			综合入学率	0.0702
			艺术表演、电影观众指数	0.0702
			每万人专利申请授权数	0.0325
			人均公共图书馆藏量	0.0210
	政治	0.0786	每万人口刑事犯罪数量	0.0071
			权利赋予指数GEM	0.0177
			失业率	0.0186
			社会保险覆盖率	0.0188
			贫困发生率	0.0070
			农村城镇居民人均收入之比	0.0091
			企业职工最低工资标准上浮率	0.0043
	生态	0.2006	二氧化硫的削减量	0.0147
			城市的绿化面积	0.0566
			环保投资	0.1293

3.指数的合成

在多指标综合评价中，合成是通过一定的算式将多个指标对事物不同方面的评价值综合在一起，以得到一个整体性的评价。可用的数学方法很多，其中线性加权和合成法是多指标综合评价指数合成最常用的方法，计算公式为：

$$y=\sum_{i=1}^{n} w_i\ y_i$$

式中，y为合成指数，y_i为指标标准值，w_i为指标权重。也就是说，线性加权和合成法就是指标体系中各项指标标准值与其权重的乘积之和。

[4]

当代西方政治思潮视野中的经济学

本章第一节简要地介绍了当代西方政治思潮，第二节论述了布坎南的公共选择理论。进而，说明了经济和政治是紧密相联的，甚至可以说“政治是经济的生命线”。

4.1 当代西方政治思潮简介

当代西方政治思潮主要是指第二次世界大战以来西方主要资本主义国家占主流地位的资产阶级政治思潮与学说。

它是17—18世纪西方资产阶级革命时期产生的资产阶级政治思想在当代的新发展。主要有：新自由主义、新保守主义、民主社会主义、人权理论与思潮、法西斯主义、多元主义、精英主义、社团主义以及政治学中的行为主义思潮等。

本节主要概述新自由主义、新保守主义、“第三条道路”思潮、当代西方国家的人权理论与思潮。

4.1.1 新自由主义

1.其思想来源是古典自由主义

古典自由主义经历了两个阶段：

（1）17—18世纪的古典自由主义。

主要代表人物：英国的洛克、法国的孟德斯鸠、美国的潘恩和杰斐逊。古典主义是17—18世纪新兴的资产阶级反对封建专制斗争的产物，它是以天赋人权学说（或自然权利学说）为基础的、关于政府和国家的理论。其主要内容有：第一，人的自由、生命和财产等是与生俱来的、不可转让的、不可剥夺的权力，任何人不得侵犯。第二，为了保护自己的天赋权利和私有财产，人们才通过订立社会契约建立政府或国家；人民的意见，尤其是同意，是政府的基础。第三，政府的权力是有限的，人民手中的权力是最后的和最高的。第四，为了防止出现专制，必须实行法治，建立分权制衡的机制。第五，一旦政府侵犯或危及了人们的自由、生命和财产等权力，人们就有权力推翻其统治，建立能维护其权力的新政府。

在资产阶级革命中，英国的《权利法案》（1689）、美国的《独立宣言》（1776）和《联邦宪法》（1787）、法国的《人权和公民权宣言》（1789）都以根本大法和政治纲领的方式肯定了自由主义的基本精神。自由主义基本原则成为西方资本主义国家的立国之本。

（2）18世纪末19世纪初的古典自由主义。

主要代表人物：英国的边沁、穆勒、李嘉图等。

主要观点有：第一，把功利主义作为自由主义的理论基础。第二，个人自由是社会进步的源泉。这种自由包括思想言论自由、信仰自由、志趣自由、贸易和经营自由、个性发展和追求幸福的自由等。第三，在处理个人自由与国家的关系上，只要不妨碍他人，国家对个人的自由不可加以干涉；任何对自由的干涉都会造成社会停滞的后果。国家或政府对经济生活和社会生活应采取放任主义或“不干涉原则”。“安静些”“管得最少的政府是最好的政府”成为当时人们的格言。

2.新自由主义的发展阶段及其内容

新自由主义的发展也经历了3个阶段。

（1）第一阶段从19世纪末到20世纪初。主要代表是格林和霍布豪斯。

格林的主要贡献是论证了共同利益的存在，论证了“积极国家和积极自由”。第一，论证了社会公共利益的存在，并力图把个人利益与社会利益统一起来。个人与他人是相互依存的，离开他人和社会，个人不可能有幸福。在追求共同的善的过程中，每个人之间都应该相互帮助。第二，国家是公共利益的体现者，国家的目的就是为了帮助人们实现共同的善，实现共同的利益。因此，国家不应当是“消极的”“放任的”国家，而应该是“积极的国家”，应该干预经济生活和社会生活，从而为个人的发展提供好的环境和条件，使所有人都能分享文明的成果。第三，对自由的新的解释。对个人来说，自由并不仅仅意味着不受拘束、不受压抑，喜欢干什么就干什么，牺牲别人的自由而自己享受自由，而是“积极的力量或能力”。这就是要积极主动地发挥自由的能力，为共同的善，为他人和社会做贡献，自由不仅仅是为自己，还要为他人。第四，论证了国家干预的合理性，调和了追逐个人利益与自由同他人的利益与自由的矛盾，劝告资产阶级不要只为了个人利益而不顾社会的稳定与发展。

霍布豪斯的观点：第一，批判了古典自由主义把个人自由与社会割裂开来的观念，指出“追求个人利益必然带来全社会的繁荣”的假定是“过分乐观”了。第二，自由主义的核心就在于，自由与其说是个人的权利，不如说是社会的必需，自由“主要是个社会利益的问题”。第三，21世纪的国家是积极国家，应积极干预经济、政治、教育等活动，提供广泛的成人选举权，扩大公共教育，在经济上制订充分的就业计划，规定一切公民的最低收入标准，推行失业、疾病等各类保险等。

（2）第二阶段是20世纪30年代到60年代。主要代表思想是美国的罗斯福“新政”自由主义、英国的凯恩斯主义。

美国总统罗斯福上台时，面临的是1929—1933年的世界性的经济危机和大萧条。美国经济遭到了严重的破坏，整个国家面临瘫痪。他发出了“我们正在为自己和全世界拯救一种伟大而珍贵的政治体制而战斗”的号召。

他认为，在美国，少数人垄断着经济权力，多数人处于贫困之中。这种垄断限制了自由竞争，威胁了机会平等，造成了经济上的不平等。“对于我们许多人来说，由于经济上的不平等，一度赢得的政治上的平等已经失去意义。少数人的手里已经几乎全面掌握着别人的财产，别人的金钱，别人的劳动，别人的生命。对于我们许多人来说，生活已不再是自由的，自由已不再是现实的，人们已不再能追求幸福。”

他认为，造成这种恶果的主要原因是一个时期以来政府所奉行的放任的集团的利己主义。所以，必须依靠国家，通过国家强有力的干预来解决社会上出现的这些重大问题。他主张政府必须采取强有力的措施调节过分的自由竞争，控制垄断，消除特权，更为公平地分配国民收入等。于是，他提出了“新政”。如，为整顿金融，国会通过了“1933年银行法”；为整顿农业，通过了“农业调节法”；为整顿工业，通过了“工业复兴法”，并开展了以“蓝鹰”为标志的工业复兴运动；为解决失业问题，采取了“以工代赈”的办法，由国家拨款，兴办各种大规模的公共工程；为调节劳资关系，通过了“全国劳资关系法”，限制顾主干预劳工组织活动，规定工人有组织工会的权利、罢工的权利、与资本家进行集体谈判的权利等；在社会上还增加了一些政府机构，增强政府管理经济和社会事务的功能。

罗斯福还提出了人的“四大自由”和“八大权利”：

“四大自由”——①言论自由和发表意见的自由（即思想言论自由）；②每个人有以自己的方式崇拜上帝的自由（即宗教信仰自由）；③不匮乏的自由（生活富足的自由）；④不虞恐惧的自由（人身安全的自由）。

“八大权利”——①有从事工作和获得报酬的权利；②挣得足以提供充足衣食和娱乐的收入的权利；③一切农场主生产和销售产品足以保障自己和家庭在生活上过得去的权利；④一切企业主，不分大小，在自由的环境中从事贸易，不受国内外垄断集团不公正竞争和控制的权利；⑤一切家庭拥有体面住宅的权利；⑥享受充分的医疗照顾和有机会获得并保持健康身体的权利；⑦享受充分保障，不必在经济上担心老、病、事故和失业的权利；⑧获得良好的教育的权利。

（3）第三阶段是20世纪70年代。主要代表是美国罗尔斯的“自由主义”“正义主义”。

罗尔斯的《正义论》（1971年）对新自由主义进行了全面系统的论证。

社会上存在着大量的不公正和不平等的现象，这是资本主义制度遇到的最大问题，也是资产阶级思想家所力图回答的重大问题。

他认为，正义是社会制度的基础，是“社会制度的首要价值。”

那么，什么样的社会制度才是正义的呢？所应遵循的原则：

一是平等自由的原则。每个人都拥有与他人相同的最广泛的基本自由。它要求确保公民的平等与自由，使每个公民都享有平等的政治权利。

二是差异原则（要对每个人有利，并使以往收益最少者享有最大利益）和机会公平平等原则（在社会的公平平等条件下，地位和职位要向所有人开放）。第二条原则承认了社会和经济的不平等现象存在的现实性，并在此基础上提出，要注意调节利益分配上的差别，使收益最少者的状况得到一些改善。

“两个优先原则”——在两个原则中第一原则优先，这表明：自由是最重要的社会价值，是第一性的，社会的和经济制度方面的安排要服从于自由原则；在第二原则中后者优先，首先应保证机会均等，对不平等的状况的调节，不能伤及机会均等原则。

罗尔斯认为，要实现分配方面的公平正义，需要国家干预。为了保证机会的公平平等，政府可以补贴私立学校或建立一种公立学校体系来保证每个人都有平等地接受教育的机会；政府还应当加强对公司和私人社团的管理，避免某些人垄断某些好的社会地位和机会。为了保护收益最少者，政府应采取家庭津贴、生病和失业特别补助等福利政策。

4.1.2 新保守主义

20世纪70年代末以后新保守主义取代新自由主义，占据主导地位，成为近20年西方国家政策的主要思想理论基础。

新保守主义对当代资本主义的发展产生了重要的影响。20世纪60年代末—70年代初，西方“福利国家”政策陷入了困境，经济出现滞胀，爆发了严重的经济萧条，同时，政府机构膨胀。这引发了大量的社会问题。

1.新保守主义的思想来源——古典保守主义

（1）保守主义通常是指要求维护社会现状和历史传统，反对一切激进的革命和革新，主张节制政治，以妥协的手段调和各种社会力量的利益冲突的理论和思潮。

其基本特征：第一，其哲学基础是承认人的本性是恶的，是有缺陷的，必须通过法律和宗教对人性加以限制，否则，人的邪恶本质就会通过战争、暴力和掠夺等表现出来。第二，在处理个人与国家和社会的关系问题上，强调国家和社会对个人的重要性，认为一个人只有成为家庭、集体、国家和社会的一部分，才有存在的意义。第三，在对待社会变革的问题上，认为社会是一个长期发展而形成的有机体，它所依赖的是传统、习惯、法律和秩序，对社会变革必须采取非常审慎的态度。如带小孩、讲卫生、家长制、“退让”。第四，主张社会应由素质优秀的贤人来领导。

（2）其创始人——英国的埃德蒙·伯克。

第一，遵从社会的习惯和传统，这是人的本性。法国大革命通过的《人权和公民权宣言》不过是一派既无价值又含糊其词的具文。

第二，崇尚国家。他认为，同国家相比，个人是渺小和短暂的，而国家或公共生活是伟大的、永久的；文明不是个人的财富，而是社会的财富。国家是最高财富的化身，一个人只有成为社会成员才能摆脱野蛮，一个人所有的精神财富都来自有组织的社会成员的身份；个人必须承担自己的责任和义务。

第三，不仅反对革命，而且反对改革。一个国家的政治制度是由该国特定的自然条件、历史传统、民族性格、宗教信仰、伦理道德、社会习惯等决定的，是经过若干世纪、若干代人慎重选择的结果，是约定俗成的产物。社会政治制度的基础是习惯和传统，要创造什么新的政体是极其可笑而可悲的。他反对革命和改革，主张审慎的“改善”。伟大的政治传统一向包含有自身发展的提示，社会政治制度可以改进，但必须遵照人民的习惯，符合历史传统；改进的目的是为了维护这种传统，如同修缮房屋一样，要使修缮尽可能地符合房屋的格局。

2.20世纪保守主义的发展分为三大阶段

（1）第一阶段——20世纪初到第二次世界大战前后，代表人物有休·塞西尔。

这时期的保守主义思潮主要是对消逝的旧传统的悲叹，对国家干预的新自由主义思潮的抵触和对强有力的杰出人物的呼唤。

塞西尔认为：

第一，人类天生的守旧倾向，即对新事物的怀疑、对已有的东西的熟悉和习惯是保守主义产生的重要原因。天生的守旧思想是人们心灵的一种倾向。那是一种厌恶变化的心情；它部分地产生于对未知事物的怀疑以及相应地对经验而不是理论的信赖；一部分产生于人们所具有的适应环境的能力，因此，人们熟悉的事物仅仅因为习以为常就比不熟悉的事物容易被接受和容忍。“看清楚以后再挑”“手中的一只鸟抵得上林中的两只鸟”“一盎司事实抵得上一磅理论”这些都是表示一种几乎普遍存在的守旧情绪的谚语。

第二，审慎、守旧的思想和心理并不完全是有害的，而对于进步和创新来说是有好处的，可以使之更为明智和有效。“一个人只有强烈地意识到在探索陌生事物时所遭受的危险并抱着这样的观念控制他前进的愿望，他才可能做出明智而有效的进步。”

第三，在处理社会或国家同个人的关系问题上，国家使人有了文明，有了幸福。国家关心公共福利，把“社会的幸福放在任何个人或少数人的幸福之上，”但是，国家并不伤害无辜的个人。

第四，在国家干预问题上，保守主义并非同国家干预政策“格格不入”。

比如，保守主义历来主张救济穷人。但问题是，国家干预时，要坚持正义和公道，采取的措施要十分审慎和明智。为了解决贫困现象，不能用把富人的财产转移给穷人的办法。国家对穷人，应是基于宗教感情和信念的救济。

第五，在社会改革上，保守主义不反对，但只是比某些派别较为审慎罢了。“不能使改革超出其必要的限度”“我也不想排除变革；但甚至当我进行变革时，其目的还是为了保存原有的优点。”

这是针对新自由主义者所要求加强国家干预和社会改革，甚至要从根本上否定一切制度的要求。

（2）第二阶段——第二次世界大战前后到20世纪60年代末70年代初。这一时期，是新自由主义的盛行时期。与此相应，正是新保守主义者潜心研究，构造理论体系的时期。

（3）第三阶段——20世纪70年代末至今，代表人物有：哈耶克、弗里德曼、布坎南等。

哈耶克的自由保守主义认为：

第一，对社会主义计划经济的批判。

其认为，社会主义是一种新的奴役主义。社会主义会导致法西斯主义。经济上的集中，必然导致政治上的极权。社会主义拒绝承认个人目的的至高无上性，是极权主义。社会主义所讲的公共利益、集体利益都是不存在的。集体主义类型的计划经济必然与法治社会背道而驰。因为在这种体制下，在进行决策时，计划当局必然对各种人和各个集团的利害进行比较，总由某个人来决定哪些人的利益比较重要。计划管理几乎涉及人们生活的各个方面，这使个人的自由丧失，引起权力的集中和滥用。

第二，通过对个人与社会的关系的研究进一步论证了自由市场理论。

普遍存在于社会和人类的思想之中的习俗或习惯是人类文明的真正来源。社会的秩序或规则是自生自发的，而不是人的理性制定的。人的理性对这些规则是不能完全理解的，但是人类在生活中要服从这些规则。

社会和人类文明的发展有其自身的惯性，所以，作为社会的整体是不可能由理性来设计的。但在作为个体的意义上，人可以运用理性。人的知识是不完全的，人处于相对无知的状态；人想把握关于社会的全部知识是不可能的。但是，作为个人，由于无知，便去探索、去求知，以知道在一定情况下，可以干什么，或不干什么；同时，要遵守一定的规则。人正是因为无知的本性，才去探索；人的无知，又使人要遵守社会中的规则。只有遵守规则，才能达到一定的目的。例如，农民依据风俗习惯生活，“移风易俗”到目前为止也没有彻底完成。足球等的改革需要顶层设计，但是也需要“摸着石头过河”。

第三，对自由和平等的看法。

自由主要是指个人自由；自由是一切价值的根源；自由和进步是一致的；自由是以私有制为基础的。

平等是“机会平等”；机会平等和自由竞争是一回事；平等不是指收入或财产的平等。如果自由竞争使收入分配不公正、不平等的话，那么国家干预的结果只会造成更大的不公平。自由竞争造成不平等是必然的。国家和法律应以使人人都有平等的机会去从事各种活动为目标。

第四，对法治的论证。

认为要维护个人自由，防止极权，只有实行法治。

法治的意思是：政府在一切行动中都受到事前规定并宣布的规则的约束——这种规则使得一个人有可能十分肯定地预见到当局在某一情况中会怎样使用它的权力，和根据对此的了解来计划他自己的个人事务。

法治的基本点在于：留给执掌强制权力的执行机构的行动自由，应该减少到最低限度，以防止政府采取特别的行动来破坏个人的自由。

特别是，“合法”“依法办事”并不一定是法治。问题在于这种法律是根据什么来制定的，是在什么条件下制定的，因为，极权主义者也可以立法，也可以让独裁或专制合法化。

第五，对国际秩序的看法。

在国内实行计划经济，必然会产生国际间的摩擦和不和。要搞国际经济计划，这会闹出更大的问题。这要依靠强力和强迫。即使是一个以民主的方式建立起来的国际机构或计划也不行，也只能是强力的统治。

国际范围内的法治必须保证国家不对个人、同时保障这种新的超级国家不对各民族国家施暴政。其目标既不是具有无限权力的超级国家，也不是那种“自由国家”的散漫联合体，而必须是自由人的国家的共同体。

弗里德曼的自由保守主义主要有：

第一，对经济自由的解释。一是企业是私有的，签订合同双方最终还是个人。二是个人的确有自由来参与任何具体的交换，每件交易完全是自愿的。第二，经济自由和政治自由的关系。经济自由是政治自由的基础。经济自由是自由的一个组成部分。第三，关于政府的性质和作用。作为一个自由人，“他会问的是，‘我和我的同胞能通过政府做些什么？’以便尽到我们的责任，达到我们各自的目标和理想，其中最重要的是：保护我们的自由。”政府的性质是我们可以行使自由，保护自由的工具。政府的作用是必要的，是有效的。政府的作用主要在于维护法律和秩序，保证私人契约的履行，扶植竞争市场。政府的必要性是：政府是竞赛规则的制定者，又是解释和强制执行这些已被决定的规则的裁判者。第四，关于自由和平等。真正的平等是机会平等、人人生而平等，是与自由一致的，而不是结果平等。有些人天生就具有一定的生理或智力上的优势，社会可以从他们那里获得好处。使结果均等的措施对天资差些的人是公平的，但对那些天资好的人则就是不公平的了。凡是容许自由市场存在的地方，凡是实施机会均等的地方，老百姓的生活都达到了极高的水平。

总之，新自由主义与新保守主义的区别主要表现在：①新自由主义强调“国家干预主义”，而新保守主义反对“国家干预主义”（即国家全面干预社会经济生活）。新保守主义对新自由主义的国家干预理论和政策，以及社会主义的计划经济进行了猛烈的批判，认为现在的政府已经超载，主张政府不要干预社会经济生活，让市场经济自己在那里运行。实际上，他们是在新的历史条件下，重新阐发了古典主义的一些原则。②在公正与自由、结果平等与机会平等、公平与效率、义务与权利、政府与市场、社会与个人上，新自由主义强调公正、结果平等、公平、责任与义务、政府、社会——偏“左”；而新保守主义强调自由、机会平等、效率、权利、市场、个人——偏“右”。

新自由主义与新保守主义的相同点主要表现在：如果说新自由主义是对古典自由主义的自由放任的纠正，强调国家对市场的调节，主张扩大政府的权力，实行社会福利政策的话，那么，新保守主义的主要特点则在于对古典自由主义的基本主张的重新论证与复归。在这个意义上说，新自由主义与新保守主义的区别只有相对的意义。正因为如此，许多人把哈耶克、弗里德曼称为自由主义者。

新自由主义与新保守主义在本质上是一致的，都要维护资本主义的私有制，即使新自由主义主张的国有化，实际上是私有制的一种变种而已；无论新自由主义主张国家干预，还是新保守主义主张自由竞争，最终都是为了维护个人自由。此外，在维护资本主义的长治久安、反对社会主义和共产主义学说等上，两者没有根本利益的冲突，是“难兄难弟”。

4.1.3 “第三条道路”思潮

其根本点是：要走一条既超越国家干预的老左派理论，又超越自由放任主义的“新右派”（布莱尔语），寻找一种介于自由放任主义和福利国家之间的中间道路（克林顿语），也就是说，要在新自由主义与新保守主义之间走出一条新的中间道路来。主要“中左”或“中偏左”：更强调责任、社会、义务。

其主要观点：第一，在经济方面，主张克服新自由主义和新保守主义的不足，建立政府和市场之间的“新的伙伴关系”或“新契约”——要发展经济，“不能通过国家控制也不能通过市场教条来实现。它只能通过政府和产业界、雇主与雇员以及公营和私营部分之间的伙伴关系基础上的充满活力的市场经济来实现。”第二，高度重视对教育与培训的投入。第三，非常重视环境问题，把保护环境作为基本的政策。第四，在政治方面，主张革新、下放权力，使权力接近人民。政府的作用在于制定国家发展战略。第五，在国际政策方面，谋求和维护在国际事务中的领导地位，推行霸权主义。

4.1.4 当代西方国家的人权理论与思潮

1.人权的含义

一是认为人权是一种道德权利，这是大多数人的观点。二是认为人权既是一种道德权利，也是一种法律权利。三是认为人权正是因为人本身的缘故，人之所以拥有人权，就在于他是人。

2.人权的内容

一般认为，人权可以分为两大类：（1）公民权利和政治权利，主要是指自由权；平等权；生命和人身安全权；公平审判的权利；无罪推定权；隐私权；人格权；法律平等保护权；禁止歧视；禁止奴隶制；禁止酷刑和不人道待遇；禁止任意逮捕；自由牵涉和居住权；寻找庇护权；国籍权；婚姻自由平等权；财产权；言论自由权；信仰自由权；集会和结社权；自由选举和担任公职的权利；宗教自由权等。（2）经济、社会和文化权利，主要是指工作权；同工同酬权；适当的生活水平权；参加工会权；休息权；社会保障权；对妇女、儿童、老人、残疾人的特殊保护权；受教育权；参加社会文化权等。

3.在人权和国家主权的关系上争论焦点

主要观点有：第一，主张人权是无国界的观点。如果人权总是属于国内管辖的权限，从来不是任何形式的外部关心的合适的主题，那么，联合国宪章的条款、世界人权宣言、各种各样的国际人权协议和协定、联合国和其他国际组织的无数活动、解决人权问题的方案及法律都将成为越权的行动了。人权才是国家制度的目的。第二，主张人权要高于主权的观点。主张国家主权是有限的，国际法律次序应当高于国内法律次序，国家主权应当服从国际法。第三，主张人道主义干涉合法化。干涉的目的是人权，为人道主义干涉目的而使用武力是合法的。

4.2 布坎南的公共选择理论

1986年诺贝尔经济学奖获得者詹姆斯·布坎南（James M.Buchanan）是将经济学理论应用于政治领域的重要开拓者，他批评了传统的基于无私假设的政府理论，强调了“一致同意”（Consensus）的重要性（相当于政治领域的帕累托最优），一定程度上恢复了政治经济学的古典传统。在被赞为公共选择第一名著的《同意的计算——立宪民主的逻辑基础》一书中，他与合著者塔洛克创造性地奠定了公共选择理论的三块基石：“方法论个人主义”、“理性经济人”和“作为交易的政治”。

第一，方法论个人主义。基于“方法论个人主义”的分析，“代表着一种企图，要把所有政治组织问题都归纳为个人面对的种种取舍以及他在这些取舍之间做出的选择。他的‘选择逻辑’（Logic of Choice）成了这种分析的核心部分，而且无须采取任何有关终极目标或标准的指引其选择方向的立场”[①]，公共选择理论仅仅在方法论意义上是“个人主义的”。之所以采用“方法论个人主义”的理由在于，“国家有机体（即国家具有独立的‘普遍意志’，代表被设定为先验存在的集体利益）的概念本质上是与西方哲学传统背道而驰的，在该传统中，人类个体是首要的哲学实体。而且，既然我们打算建构一种与近现代西方民主有关的集体选择理论，那么在一开始我们就得拒绝对集体做任何有机体的解释”[②]，家只能被视为个人在选择集体地而非个体地实现目标时的行动的总和。

第二，理性经济人。采用“理性经济人”假设的原因在于“伦理学-经济学的论证一开始就要求接受有关人类本性的一种怀疑论和悲观主义的看法。广

① 布坎南，塔洛克. 同意的计算——立宪民主的逻辑基础［M］. 陈光金，译. 北京：中国社会科学出版社，2000.

② 布坎南，塔洛克. 同意的计算——立宪民主的逻辑基础［M］. 陈光金，译. 北京：中国社会科学出版社，2000.

义地说，私利被认为是所有人类活动的一种强大的推动力量；而人类行为如果不受伦理的或道德的约束，那么，根据更为自然的假定，将会直接以促进个人利益或私利为目标……在可能的范围内，应当制定出各种制度和法律，这些制度和法律将以这样一种（与伦理的或道德的原则相一致的）方式来安排对私利的追求，以便使得这种追求与作为一个整体的集团的目标达成一致而不是相反。有关市场或竞争性经济组织的理论，就建立在这些心理的或伦理的基础之上。由于同样的理由，如果有可能发展出一种政治秩序理论（亦即一种宪法理论），这种力量能够说明怎样进一步使得约束私人利益的过程所涉及的稀缺资源最小化，那么，社会过程的研究者就要责无旁贷地考察各种真正假定人追求私利的模型的结果”①。

第三，作为交易的政治。“作为交易的政治”的立足点在于“经济关系和政治关系两者都代表着由两个以上的个人进行的合作。市场和国家两者都是手段，合作就通过这些手段而被组织起来并成为可能。人们通过在有组织的市场上交换货物和服务进行合作，且这样的合作还意味着相互获益。个人进入一种交换的关系，在这种交换关系中，他通过提供某种直接有益于交易的另一方的产品或服务而促进其自身利益。基本上，按照个体主义的国家观，政治的或集体的行动与此非常相同。两个以上的个人会发现，合力完成某些共同的目标，对彼此都有好处。在某种非常实在的意义上，他们为获得共享的产出而‘交换’投入”②。“用更为精确的现代博弈论术语来说，这种效用或经济分析法表示，按抽象的理解，政治过程可以解释为一种正和博弈（A Positive-Sum Game）。与此相反，权力最大化分析法必定把集体抉择解释为一种零和博弈（A Zero-Sum Game）”③。

布坎南的公共选择理论并不是第二次世界大战后把经济学运用于分析政治

① 布坎南，塔洛克．同意的计算——立宪民主的逻辑基础［M］．陈光金，译．北京：中国社会科学出版社，2000．

② 布坎南，塔洛克．同意的计算——立宪民主的逻辑基础［M］．陈光金，译．北京：中国社会科学出版社，2000．

③ 布坎南，塔洛克．同意的计算——立宪民主的逻辑基础［M］．陈光金，译．北京：中国社会科学出版社，2000．

问题的唯一尝试，1972年诺贝尔经济学奖得主肯尼斯·阿罗（Kenneth Arrow）的社会选择理论是另一个独特的研究方式，其与公共选择理论既有相似之处，也有重大的理论差别。

社会选择理论和公共选择理论的区别在于：社会选择理论并没有把政治化为复杂的交易，在其模型构建中，纳入新古典经济学的传统，即在政治领域也必然存在独特和可观察的最优化结果。这种建模理论直接来源于正统经济学的配置模式，社会福利最大化只不过是把标准的效率微积分扩展到整个经济而已。另一项重要的区别是方法论上的国家有机主义和个人主义。前者把国家看作一个有机实体，该实体导致社会福利函数的确立，这一函数代表的是一国之中不同个人的总体愿望。后者把国家看作公民集体行为的总和，国家没有不同于个别成员目的的目的。对个人主义者来说，除非国家领导人感到他们代表的是公民的利益（在这种情况下，它变成一种专制政体），否则这种集体行为就不可能有社会福利函数。因此，“阿罗不可能定理”是布坎南本来要预言的一种结果。个人意愿的不可能加总反而反映了自由社会的本质和优势。

公共选择理论正确地强调了公共讨论（民主的重要组成部分）在偏好形成上的作用，布坎南的民主本质的观点在这里与阿罗的处理方式存在重大差别。阿罗采取了保守而节制的做法，将个人价值观视为数据（Data），并且不会为决策过程本身的性质所影响；布坎南则采取更具包容性的立场，将“民主”定义为“通过讨论来统治”（Government by Discussion），这意味着个人价值观能够也必将在决策过程中发生转变。但是，传统的公共选择理论坚持个人总是作为一个经济人行事，而使自己过于狭隘。这种顽固的限制大大误解了社会关怀和价值观的本质。在这方面，社会选择理论相对更加宽容，阿罗允许社会价值对人们的选择的影响，按照这种观念，在面对公共事务时个人偏好（Individual Preferences）反映了一般的“价值观”（Values），而在面对个人事务时反映的则是“趣味”（Taste）。

布坎南强调在公共选择中选择的过程必须要重于选择的结果，因为我们希望这种选择是公平（Fairness）的。所以，布坎南借鉴和发展了约翰·罗尔斯

（John Rawls）的"无知之幕"（Veil of Ignorance）理论。作为长期的朋友和学术交流对象，布坎南的契约宪政理论和罗尔斯的契约正义理论是非常相似的。在无知或不确定性之幕背后，个人在做出根本宪法选择时被假设知道的内容是："他/她无法确定其在共同体中属于哪种人，具有哪种角色，拥有什么财富，或具有什么偏好。另一方面，至少在宽泛的界限之内，这些变量在共同体全部成员之间的总体或一般分布上被假定是已知的。"[①]这样就可以就各种偏好格局之相对重要性做出某种判断，也可以就这些偏好谱系的频率分布做出某种估计。

布坎南没有试图具体地预测订约者（他们是在不确定性之幕的背后选择规则的）之间可能达成的一致意见会带来什么结果。相比之下，罗尔斯则"试图利用无知之幕架构作具体的预测"[②]。于是，布坎南的较薄的无知之幕下产生的是规则，罗尔斯的较厚的无知之幕产生的是两个正义原则。布坎南更关心在立宪层面上规则的决定问题是因为"我们可以通过改变规则而使博弈发生变化，从而改变预期的结果"[③]。

罗尔斯的"无知之幕"被Buchanan和Tullock（1962）称为"不确定性之幕"（The Veil of Uncertainty），其起作用靠的是减缓可辨识的立宪利益之间的冲突。不只是借助于不确定性之幕可以导致公平和促进人们达成一致意见。还有另外一个独立的因素也朝着相同的方向起作用，那就是对稳定性的关心。"稳定性指的是立宪安排在长时期内的生存能力"[④]。

如果这个人处于真正的立宪选择环境中，可供选择的是不同的决策规则，在这些规则之下考虑一整套特定的支出计划，他或她就会评估各种规则在整个这套支出计划上的预期运行能力。"人们就规则取得一致意见，要比在一定规

① 布坎南．宪法秩序的经济学与伦理学［M］．朱泱，毕红海，李广乾，译．北京：商务印书馆，2008．

② 布坎南．宪法秩序的经济学与伦理学［M］．朱泱，毕红海，李广乾，译．北京：商务印书馆，2008．

③ 布坎南．宪法秩序的经济学与伦理学［M］．朱泱，毕红海，李广乾，译．北京：商务印书馆，2008．

④ 布坎南．宪法秩序的经济学与伦理学［M］．朱泱，毕红海，李广乾，译．北京：商务印书馆，2008．

则之下就不同的政策选择取得一致意见容易得多，因为在前一种情况下很难确切地识别出个人的经济利益。”[①]如果总的说来，预期某项规则的运行会产生净收益，这个人就会投票赞成该项规则，即使他或她预料到个人在这场政治博弈的某些特定“比赛”中肯定会遭受损失或损害。

立宪分析表明，在不同的规则下做出决策的成本以及决策的重要程度会影响在无知之幕下选择什么规则。同时由于这两个因素都是变化不定的，在所有可能的政治活动中首选的规则也不是始终如一的。“通过把一致同意准则的应用从特定支出计划的层面提升至选择规则的层面，即提升至立宪层面而不是停留在立宪之后或之时的选择层面上，我们便能够预计到，所选定的和大家同意采用的决策规则会在很大程度上偏离一致同意准则，在一些情况下采用简单多数表决，而在另一些情况下甚至采用不足多数表决。”[②]

契约论的回答要求人们认识到，政治互动的立宪层面与宪法内层面或宪法后层面是有区别的。没有这种区别，为政治强制辩护的任何规范理由就不可能存在，至少对于规范个人主义者而言是如此。人们之间的冲突、强制、零和或负和博弈——这些关系确实是政治制度的特征，因为可以观察到它们在一套立宪规则之内，即一种给定的立宪秩序之内运行。体现政治“博弈”的许多参与者之内的一致同意的复杂的交换模式，在这里显然是不适用的。但是，如果分析和注意力转向可以选择的规则层面，我们就能够把人们对这些规则潜在和实际的一致意见当作规范合法性的标准。而这种一致意见很可能产生出这样一些规则，其运行会在特定的一系列普通政治活动中给某些参与者带来负值结果。

① 布坎南．宪法秩序的经济学与伦理学［M］．朱泱，毕红海，李广乾，译．北京：商务印书馆，2008．

② 布坎南．宪法秩序的经济学与伦理学［M］．朱泱，毕红海，李广乾，译．北京：商务印书馆，2008．

[5]

科学主义与人文主义思潮视野中的经济学

科学与人文的关系，通常是以近、现代文化中“科学主义与人文主义”的关系出现的。这一关系通常又被人们称为功利与人文、科学与哲学之间的关系。社会科学是科学特质与人文特质的统一，经济学也是如此。

5.1 科学与人文的关系

5.1.1 科学主义与人文主义

科学主义认为自然科学是人类知识的典范，通过科学家所描述的科学方法能够获得应用于任何现实的知识。在科学观上，它认为：第一，信奉科学是合乎理性的。第二，信奉科学知识是客观的。第三，确认科学是程式化的事业，如孔德的“观察-比较-实验”方法等。第四，相信科学方法可以推广到一切领域。它把科学方法直接运用于一切文化领域，使科学成为一切文化形式的基础，且以此为标准对其他文化形式进行重新建构，使其获得某种科学的形态。实证主义就是如此。第五，主张科学是价值无涉的。它将科学内容的客观性等同于与认识主体的无关性，进而认为科学和价值是完全对立的两极。

由此，科学主义认为，科学的最重要特点是实证性，即客观性、系统性、普遍性、精确性、检验性、预测性等。科学的最高价值是求真。所以它认为人文学科就不是科学。人文学科通常被认为是与自然科学相对应的，是关于人的存在价值和意义的学科，包括文学、艺术、历史学、哲学等。科学主义认为，人文学科的最重要特点是具有不可实证性，即主观性、个别性、模糊性、不可重复性、难以控制、难以量化等。于是，科学主义认为，要以其科学的标准来改造人文学科，且使之具有科学性。甚至有的科学主义者认为应该取消人文学科。当然，科学主义这一做法遭到了人文学家的坚决反对，于是，出现了人文主义思潮。

通常认为和"科学主义"相对立的"人文主义"，是指现代西方哲学中"人本主义"思潮和解释学等。总的说来，20世纪的欧洲大陆哲学，改变了主要以自然科学知识为对象的研究方式，日益显著地以人以及对其研究的人文学科为对象，从而形成了反"科学主义"思潮，比如，存在主义认为，"在人的世界，人的主体性世界之外并无其他世界"，且"人"是单纯的主观性存在，有孤独、苦闷、畏惧、焦虑，甚至面临死亡、绝境等非理性存在。显然，存在主义是与"科学主义"不相容的。再如，早期解释学者狄尔泰认为，人文学科所指向的是人自身，是在实证主义视野之外的"生命的意义"。唯有通过理解所获得的知识，在实证主义者看来，既不能被驳倒，也不能被证实，本质上不能被科学地解释。所以，早期解释学可以说属于同"科学主义"相对立的人文主义。

由于"科学技术是第一生产力""科教兴国""科学致富"的强劲形势，科学常被称为"工具理性""功利意识"。哲学、文学等人文学科由于缺乏直接的功利效率，而被人们称为"价值理性"。所以，笔者所理解的"科学"除了具有实证性之外，还具有功利性。由此，人文主义反对科学主义思潮，认为科学给人带来的仅仅是工具理性，即它使人仅停留在功利境界，从而对提高人的精神境界没有任何帮助，与此同时，人文主义也总是强调以其"规范"科学主义，即通常人们所说的"人文学科为科学启示方向"。

但是，科学主义和人文主义之间的对立最终都失败了，这表现在：两者总是要求以自己的观点来努力改造对方的做法最终都失败了。比如说，科学主义总是强调以科学的标准来改造哲学，使哲学能够科学化，这就是科学哲学这一哲学派别兴起的原因，但是，科学哲学的发展尤其从逻辑主义向历史主义发展的这段历史表明：科学也是一种文化现象，它和其他文化没有绝对的界限，因此，将科学作为唯一的、标准的文化模式，来改造其他文化是有问题的。事实上，科学哲学派别自始至终也未建立起它所要追求的、科学的哲学这一目标。与此相反，人文主义也总是强调以“人文”来改造科学，反对科学的工具理性。但是，在当今科技是第一生产力的强劲形势下，人文主义反对科学的这一观点也是有局限的。

于是，出现了两者相互融合的趋势。在人文主义思潮的影响下，科学主义思潮渗透着人文主义思潮的影响，通俗地说，将科学视为一种文化现象，视为人性的表现，因而，要从文化或人性的角度来理解科学。与此同时，在科学主义影响下，人文主义思潮渗透着科学主义的影响，通俗地说，人文主义努力将自己的观点奠定在科学事实的基础上，且以科学的标准来努力改造自己。

所以，科学主义思潮和人文主义思潮虽然就其本质来说是对立的，但又是相互影响的，即不存在两者的绝对对立。

依笔者理解，科学偏重对“真”的追求，人文偏重对“善”“美”的追求，两者都是对人或人类社会最高境界——“真、善、美”的追求。在当今世界，虽然强调“科学”的观点已深入人心，但是，没有人文，科学就会给人类社会带来问题乃至灾难，这就违反了人性。比如，“原子能”“计算机”等科技成果在没有人文的规范下，就会使人走上歧途乃至犯罪；当今的“克隆”技术更是如此。这也说明了爱因斯坦等科学家为什么会非常强调科学家应该有很高的道德水平以及奥本海默为何会拒绝“原子弹之父”这一称号。

具体地说，科学和人文的关系为：前者是后者的基础，后者是前者的“灵魂”。这就是说，人文应该以科学事实为基础，且在一定程度上遵循科学标准，而科学应以人文为价值规范，即人文应为科学提供价值规范。否则，没有科学，人文就不可能富于清晰性、准确性等，没有人文，科学就失去了价值规范和方向。

5.1.2 功利与人文、科学与哲学

功利与人文，又称为“功利”与“终极关怀”（或超功利）的关系。前者主要追求的是现实的利益，常常把满足感官的享受作为首要的选择，精神、理想并不在视野之内。后者主要追求的是人生最深刻的意义和价值，帮助人们寻找自己的精神寄托与精神归属。

由于人总是在维持自然生存的基础上努力实现自己的人生理想和人生价值，所以人的完整的生命存在并不仅仅是功利性的，同时也是“超功利”的。显然，这里的“超功利”并非“脱离功利”之意思，而是说立足于功利又摆脱功利的束缚，这是因为人不可能脱离功利物欲而过禁欲主义的生活，人生超功利的方面只能建立在功利追求的基础之上，把超功利理解为抛弃功利的“纯”精神生活只不过是一种虚构。“超功利”的真正意蕴不是教化人们在空洞的精神王国里生活，而是引导人们在追求功利的同时，不会陷入功利而不能自拔。它内含功利追求，其使命就在于实现从功利物欲到精神境界的升华，使人们趋向于崇高、真诚、友善。所以，功利和超功利的关系，就印证了上面所说的科学与人文的关系。现国际上所理解的哲学通常有以下几个定义：一为“哲学是关于存在、知识和行为的原理和真理的理性考察”。二为“哲学是关于知识的本性、存在、道德原则和美学价值的研究”。三为“哲学是对最重要问题进行理性的、批判的、思考的尝试”。其实，这三个定义大同小异，其共同特点在于强调哲学的理性分析功能。而依我看来，哲学的这一功能就是我国哲学界常说的批判、反思功能，即哲学总是对科学所包含的“前提”进行批判，这就是说，哲学的功能不在于其对科学进行概括和总结。马克思非常强调：理论不仅是为了说明世界，更主要在于改造世界。由此，马克思是非常强调哲学的批判功能的。

由于科学是人的事业，所以，对科学进行批判，就必然会揭示出科学中的人性内容及其最高的理想境界，这就是说，哲学偏重的是人文。所以，哲学不

仅仅是科学，更重要的是人文。这也是我国20世纪90年代“哲学超知识立场”的实质所在。

退一步说，即使哲学是科学、知识，但是，科学在于“求真”，偏重事实、注重客观性，而较少研究人的价值，即人的“终极关怀”。事实上，没有人的价值的规范，科学往往会走向“异化”，即给人们带来的往往是“生存”意义，乃至灾难。所以，哲学不仅仅是知识、科学，更应该关怀人的价值，即人的“终极关怀”。冯友兰先生指出，学科学的目的，是使人能够成为某种人，即能有一定职业的人，这至多是人的“生存意义”，即“工具理性”，而学哲学的目的，就在于是使人作为人能够成为人，而不是成为某种人。这就是说，使人生活得更有价值、更有意义，即“生活意义”。所以，冯友兰先生认为，中国的儒家，并不注重为知识而求知识，主要是求理想的生活。求理想的生活是怎样的？这是儒家哲学的精神所在。梁启超曾说，中国哲学以研究人类为出发点，最主要的是研究人之所以为人之道：怎样才算一个人？人与人相互有什么关系？

所以，哲学偏重的是人文，而不是科学。哲学对科学的作用在于以人文来批判、反思科学。由“科学是哲学的基础，哲学指导科学”可知：科学是人文的基础，人文规范科学。

5.1.3 科学与人文

科学主义与人文主义、功利与人文、科学与哲学之间的关系，事实上反映了科学与人文这两种文化之间的关系。所以，有必要再阐述一下科学与人文的关系。

简单地说，“科学”是人认识外物，主要是指自然科学。“人文”是指人认识自己，主要是指对人性中的价值、善、审美等进行认识的人文学科。

科学与人文分裂、对立的实质，实际上是真理与价值之间的分裂、对立。贝尔纳就曾分析了这两种截然相反的科学观：一种是肯定科学的真理追求而否认其价值追求；另一种是肯定科学的价值追求而否认其真理追求。他认为，这两者的偏颇性在于没有看到两种追求的统一性，且人为地在科学的真理、价值属性之间设置了障碍。文德尔班、李凯尔特也都将这“两种文化”的对立，看成是事实知识和价值知识的对立。李凯尔特认为，自然科学是与任何价值无关的，而历史文化科学则不是如此。石里克把自然科学视为“事实科学”，把伦理学等人文学科视为“规范科学”，他拒斥的是人文科学。

在20世纪50年代，C.P.斯诺指出：人文知识分子和科技知识分子及其所代表的文化的分裂、对立，已令西方人丧失了其整体文化观，且陷入了危险的境地。萨顿也将“两种文化”及其代表人物之间的冲突视为当代最可怕的冲突。奥本海默和汤川秀树对“两种文化”现象进行了分析和反思，指出科学与人文是一致的，进而，对科学日益脱离哲学和文学之类的文化活动深感忧虑。但是，在当今，对保持科学的人文价值必要性的认识，远未被引起足够的、普遍的重视。这就难免会产生科学的反人性化现象。比如，世界大战的残酷性、机械文明的非人性化、地球生态环境的破坏等就是如此。这同时也使有些人文学者把此归罪于科学技术，甚至作为抑制乃至禁止科学发展的托辞。于是，从20世纪70年代起，人们对功利主义的科学观发生了动摇，进而，出现了反科学主义思潮。比如，法兰克福学派认为科学技术已成为一种新的意识形态，已悲剧性地从作为人类摆脱自然强制性的武器转变为人统治人的工具，从而使个人变成了“单向度的人”，社会、文化等也变成了“单向度”的了[①]。

与此相反，后现代科学主义的代表人物在批判、反思科学的基础上，努力建构一套理论，以寻求科学与人文融合的道路。比如说，罗蒂首先消解了实证科学的客观性和理性。他认为，科学理论并非来自对客观事物的发现，并非完全由客观“材料”所决定的，而是人们用以适合感性材料、为某一特定的目的提供一种有用的世界描述方法。这些观点对非科学理论显然也是适合的。所以，要对客观性和主观性加以区分是异常困难的，更不能指望以客观性作为科学和非科学的分界标准。因此，他主张放弃客观性，而代之以主体间性作为理

① 马尔库塞. 单向度的人·导论 [M]. 重庆：重庆出版社，1988 .

论的评价标准。与其说科学有客观性，倒不如说科学有“亲和性”，即主体间具有一致性。罗蒂认为，传统意义上的“合理性”无非是指事先预定的程序及其“条理性”，是那种只要遵循就可期望成功的固定准则。由此，传统观念总是将科学和理性划上等号，自然科学成为所有领域学科“合理性”的典范，而人文学科显然不符合这种标准。罗蒂认为，这是一种“强理性”。人们也常把“强理性”和客观的“真理”“实在”相关联。既然“客观性”已为“亲和性”所取代，那么，“合理性”就该相应地弱化。“弱理性观”更多地关注主体间性。理性已经成为一种礼仪、一种德行，“两种文化”就没有什么根本区别了，人文学科因此也可称为“理性的”学科了。因此，科学家不应再被誉为比其他人更客观、更有条理或说更有逻辑性，也不能再说他们为真理而献身了。这就是说，罗蒂在消解实证科学的客观性和理性基础上，进而消解了科学的权威性，降低了科学的地位，使之与人文学平等，并进一步地把科学化归于人文学之中。费耶阿本德以“怎么都行”的“无政府主义认识论”反对“科学有独特的方法论”的传统观念，动摇了科学的权威，并进一步批判了以所谓“科学的、理性的方法”主宰一切生活方式的错误，主张科学与国家的分离，降低其凭借权力而在文化领域中取得的至尊地位，使之与人文学科，甚至与迷信、巫术等伪科学平权，其结果不是使科学与人文融合和统一，而是从根本上消解了这一问题。[①]所以，后现代科学主义者虽然寻求科学与人文相融合的道路，但是，将科学归于人文，乃至消解了这一问题，也是不妥当的。

综上所述，“科学与人文”一方面是有区别的，这主要表现在：科学不能完全归于人文，人文不能完全归于科学；另一方面又是相互联系的。

具体地说，科学与人文的相对确定性的区别表现在：第一，从对象上来看，科学多是以客观的物化的东西作为研究的对象；而人文基本上是以精神的、主观的东西作为研究的对象。由此，科学被看作是求知的学问，以认知为主导，具有外向度，用“事实”说话，而人文是体会“觉”的活动，以觉悟为

① 黄瑞雄．两种文化的冲突与融合——科学人文主义思潮研究［M］．桂林：广西师范大学出版社，2000．

主导，具有内向度，是对人的反观，依“价值”而立论。第二，从表达手段来看，科学主要以精确的语言、严谨的推导以至形式化特别是数学化的手段来描述所要表达的内容；而人文则以模糊的语言、解释性的语句、体悟的抒发来表达内心世界的认识。模糊的语言在人文领域是经常使用的手段。第三，从认识的结论或成果的公认度来看，科学的认识成果一般具有共识性；而人文的感受或解释性结论通常是个别性的。由此，科学知识是非人格化的，去除了特异性的个性；而人文知识则是个体化的、人格化的。第四，从认识结论的判别标准来看，科学往往要根据实验或实践来判别；而人文往往很难通过设计实验的方法来进行判别。所以，根据这四条标准，可以区分出典型的科学和典型的人文，前者如物理学，后者如哲学和文学；根据这四条标准，同属一个“阵营”的诸学科也有“科学性”或“人文性”的“强”“弱”之分。如生物学在科学的“阵营”中，虽然在第一、第三、第四条标准上看“很科学”，但它应用数学的程度远不如物理学，这就是说，在科学性上“弱”于物理学。历史学在人文领域里也有同样的情形。由于其对象是已经流逝的过去，是无法通过实证方式来把握的，所以，历史学必然带有主观的推断。但是，历史学在人文中是多少带有科学特征的地方，甚至可以走向专门以实证性判别为权威的考古学的研究方式，从而更加靠近科学的“阵营”，所以，相对于文学和哲学来说，历史学是一种“弱”的人文学科。由此，这四个方面也表现了科学与人文之间界限的不确定性。①

5.2 “两种文化”在经济学中的表现

综观经济学发展史，就可以发现：关于“经济学是什么”这一问题，有许许多多的回答，但基本上可以归结为以下几种观点：

① 肖峰. 论科学与人文的当代融通［M］. 南京：江苏人民出版社，2001.

（1）经济学是先验的科学。

路德维希·冯·米塞斯认为，正如逻辑学和数学一样，经济学所依赖的“先验的定理”是不可能来自实验的，它在逻辑上先于经验。人们只能借助于先验的定理来理解行动。其实，早在20世纪30年代，弗朗克·奈特就提出了这一观念。他认为，经济行为受人们的有目的的意识支配，由此，经济学不像自然科学那样能接受外界的验证。他认为，可检验的理论并非真正的经济学，不可验证并不是坏事，而是真理性的标志。

（2）经济学是类似于数理科学的。

1983年，罗森伯格发表了《经济学不是科学，那它是什么?》一文。他把经济学与欧几里得几何学、燃素说进行了对比，认为，欧几里得几何学“是一种具有重要效用的非经验论断……我们现在可以解释它的成功，因为我们已经有了另外的几何理论和狭义相对论，这说明了它局部的成功。就像燃素说一样，其局部的成功可以用氧化理论来说明。但是，它当然是未经证伪的。”进而，罗森伯格推设出：经济学是“处于纯公理系统与应用几何学的交叉点上的，类似于数学的一个分支”。

林德对经济学的性质持另一种立场，在《评经济学和物理学中的基础理论和理想化》一文中，基本上支持“经济学是社会科学中的物理学”的观点。这是因为“经济学和物理学一样，也是一门具有相同的普遍目的的科学”。不过，林德还认为，“在经济学和物理学中，基础理论和理想化的作用上存在着某些差别”。一种典型的理想化理论只关注少数重要特征，而对其他重要的因素全部忽略不计。在物理学中，这种理论常常是和更复杂的理论相关的，而这种复杂的理论至少被认为是接近真理的。但在经济学中恰好相反，只有一大堆理想化理论，没有似真的理想理论。

（3）经济学是“趋势科学”。

穆勒在《论政治经济学的定义及其适当的研究方法》一文中，明确指出：经济学既不能概括所有的事实，又不能进行自然科学式的受控实验，因而，只能去建立抽象的而不是具体的真理，即所谓的模型真理。模型真理只是在某些假定的前提下，才是真理。所以，经济学理论仅是“近似的”趋势科学。由此，豪斯曼在其名著《不精确、分离的经济学》中认为，就经济学的内容来说，真实世界远比它丰富得多，这就是说，经济学是近似的、不精确的。

（4）经济学是人文学科。

萨缪尔森就认为“经济学是一门可以把科学的精确性和人文方面的诗意集一身的科学”。澳籍华裔经济学家黄有光认为：经济学是以“快乐”为人类行为的最终目的。[①]我国经济学家厉以宁特别强调“经济学是人文科学，是以人的活动以及人与人的关系作为研究对象的科学”。[②]汪丁丁先生曾写了一篇《数学与经济学的人文精神》。陈惠雄博士在其《人本经济学原理》中，依据冯友兰先生的人生境界说，指出：当今经济学，尤其是西方经济学主要仍停留在功利境界，还没有上升到道德境界、天地境界，[③]也即“人文精神”境界。

（5）经济学不是科学。

早在1898年，经济学家凡勃伦就首次提出了这一问题：“经济学为什么还不是一门发达的科学”。经济学被一些经济学学者戏称为“裸体的皇帝”。这里特别值得一提的是：阿尔弗雷德·S.艾克纳组织了一些经济学家编写了《经济学为什么还不是一门科学》一书。[④]

（6）“经济学尚未成为一门合格的科学，但经济学正继续走向科学。”

这是大多数人的观点。[⑤]

经济学自边际转折以来，一直是朝着科学方向发展的。这主要有两个理由：一是从科学学科的要求来看，经济学日趋符合科学学科的标准。这表现在经济学有了自己的研究对象和研究方法。其研究对象自边际转折以来实现了从古典经济学的“财富”和“财富的增长”的常识性的研究对象，到把对资源稀缺性的人类行为选择这一般性问题作为研究对象。其研究方法实现了边际分析方法，从而，实现了经济学语言由基本的自然语言转向符号语言，使经济学摆

---

① 黄有光．经济与快乐［M］．大连：东北财经大学出版社，2000．
② 厉以宁．体制、目标、人——经济学面临的挑战［M］．哈尔滨：黑龙江人民出版社，1986．
③ 陈惠雄．人本经济学原理［M］．上海：上海财经大学出版社，1999．
④ 艾克纳．经济学为什么还不是一门科学［M］．北京：北京大学出版社，1990．
⑤ 狄仁昆．走向大科学的经济学——经济学的哲学［M］．上海：上海社会科学出版社，1998．

脱了传统的内省和心理分析而走上了经验和行为分析道路。二是从理论和知识性质的演变方向来看，经济学逐步地强调实证、预测等，从而逐步向经验自然科学的知识性质靠近。这依然开始于边际革命，其动力则来自科学知识所要求的可检验性和可预测性标准。

但是，经济学至今仍不是一门合格的科学。其主要理由是：第一，经济学研究难以保持“价值中立”。第二，经济学研究很难以严格的科学实验为基础。第三，部分学者认为，数学的应用，除了出于方便的需要之外，似乎并没有给出多少哪怕仅仅是可供交流的、最简单的经济学思想。

（7）科学哲学界中“经济学到底是不是科学”的争论。

一是否定论。库恩认为，由于包括经济学在内的社会科学缺少“范式”，而“范式”是一门学科成为科学的必要条件和成熟标志。所以，他认为，经济学还不能算是科学。[①]

二是肯定论。夏佩尔和达尔顿认为，科学研究对象是信息域。信息域是由观察得来的经验事实，该学科中的理论、观点、方法、原则、信念等项目相互联系所构成的有机整体。由于经济学有其自己的信息域，所以，经济学当然是科学。[②]

三是“半科学”论。拉卡托斯提出了“科学研究纲领”学说，认为“科学研究纲领”的生命力取决于：一是其能否指导实践；二是其本身是否有所创造。他认为，经济学不能完全指导实践，但确实有新创造，至少可以算是“半科学”。

当然，上面也仅仅是“关于经济学学科性质”的主要观点，还有其他的观点，如，有人认为经济学是一门介乎于自然科学和社会科学之间的“软”“硬”兼备、富有特色的科学。麦克洛斯基认为，理解经济学的性质，应避免认识论，而去研究经济学的“修辞技巧”。[③]他在《经济学的花言巧语》[④]中认

① 黄河．经济科学学［M］．北京：中国财政经济出版社，1994．
② 黄河．经济科学学［M］．北京：中国财政经济出版社，1994．
③ 迈克洛斯基．经济学的花言巧语［M］．石磊，译．北京：经济科学出版社，2000．
④ 迈克洛斯基．经济学的花言巧语［M］．石磊，译．北京：经济科学出版社，2000．

为，经济学是文学。

上面所说的观点，总的说来可分为两类：一是认为经济学是或类似于自然科学，二是认为经济学是人文学科。所以，近现代文化中“科学主义与人文主义”的文化思潮在经济学学科性质问题上也表现了出来。

实际上，这最明显地表现在经济学及其方法论中一次有名的争论——边际经济学派（以卡尔·门格尔为代表）和新历史学派（以施穆勒为代表）之间的论战。这一论战虽然被称为英国学派与德国历史学派之争，但是，准确地说，前者将经济学看成是一门实证的、抽象的和演绎的科学；而后者将经济学看成是一门伦理的、现实的和归纳的科学。就这一争论实质来说，这一争论恰恰是以“科学主义和人文主义的争论”为导向的。

亚当·斯密既采用抽象演绎法，又采用历史描述法。李嘉图则抛弃了历史的制度的描述方法，而单纯采用假说演绎模型法。在马歇尔之前，斯密的方法论对当时的主流派经济学家有很大的影响，如约翰·穆勒的《政治经济学原理》和马歇尔的《经济学原理》就采用了这一方法。在马歇尔之后，李嘉图的方法论则成了西方经济学方法论的主流。第一本专门讨论经济学方法论的著作是西尼尔的《政治经济学导言》（1827年）。西尼尔的方法论是逻辑演绎型。他指出，经济学的基础是为数不多的几个公理，用不着加以证明。其中，有一条公理是：每一个人都应用尽可能少的牺牲求取最大限度的财富。约翰·穆勒发挥了这一思想，提出了“理性经济人”概念，进而得出了“政治经济学实质上是一门抽象科学”的结论。

由于穆勒是一个实证论者，他认为，只要理论是从真实前提中推演出来的，理论就在任何场合都是正确的。因此，对理论的检验归根到底是对前提的检验。这样，就提出了经济学以事实为标准、且以假说——演绎方法为寻求真理的模式，即经济学界通常所说的逻辑实证方法论，这也是以后西方经济学研究的主流方向。凯尔恩斯是穆勒的嫡传弟子，在方法论上与穆勒一脉相承，由于他出版了一本重要著作《政治经济学特点和逻辑方法》（1875年），所以，凯尔恩斯与西尼尔、穆勒齐名，他们所主张的逻辑演绎方法论，通常被称为西尼尔-穆勒-凯尔恩斯传统。所以，逻辑实证方法论是以科学主义为导向的。

早在边际革命之前，旧历史学派的代表人物罗雪尔、希尔德布兰德等就对这种逻辑实证方法论进行了批判。他们认为，经济学不可能如英国古典经济学家所设想的那样，能够揭示出经济运动的自然规律，且适应于一切时代、一切国度。经济学应当以文化为基础，根据历史观察和统计衡量，研究社会经济的实际进程，以当时的伦理标准和文化标准去评价，且提出改进社会生活的方法。所以，经济学方法绝不是英国正统派经济学的方法，即假说——演绎方法，而是观察、归纳和类比，即历史主义方法。他们还认为，这种抽象演绎模型是对自然科学研究方法的机械模仿，但对社会科学是不适用的。由此可见：旧历史学派的方法导向显示出了鲜明的人文主义色彩。

1883年，奥地利学派的门格尔出版了《对社会科学特别是政治经济学方法的研究》一书。在此书中，门格尔继续坚持科学主义的导向，从维护边际分析和建造抽象演绎模型的研究方法的立场出发，攻击了历史学派的历史主义方法，批评了历史学派抹杀了经济学作为一门“理论科学”的本质，因为“理论经济是经济的一般性质（经济形式）和一般联系（规律）的科学，仅仅通过归纳、类比方法所提供的经济事实的描述，无法建立起一般的规律，正如这种描述不能成为理论物理学和理论化学的基础一样，所以，唯有通过抽象和演绎才能得到一般的规律。”与此相反，历史学派的后期（即新历史学派）代表人物施穆勒则站在人文主义立场上，坚持认为国民经济学“更接近于伦理学及历史哲学的研究”。

在经济学方法论问题上，对边际经济学派和新历史学派等方法论之争进行全面总结的是凯恩斯。总的说来，凯恩斯在1891年出版的《政治经济学的范围和方法》中指出：在理论和方法问题上，两者各有千秋。演绎法对经济学的重要性是毫无疑义的，但历史的归纳法也不可偏废。经济学方法当兼容并包。

综上所说：边际经济学派和新历史学派等方法论之争是以科学主义和人文

主义这一文化思潮为底蕴的。以后的经济学方法论之争仍然是以科学主义和人文主义这一文化思潮为基础的。

从19世纪和20世纪之交到20世纪20年代，是制度主义经济学崛起和盛行的年代。制度主义经济学曾受到德国历史学派的深刻影响。它的制度-结构分析方法长期以来与“主流”经济学方法论相抗衡。制度主义经济学的共同研究方法是演进的、整体的方法。经济学要研究变化、研究过程，这就是经济学研究中的演进的方法。制度主义经济学中的整体方法，实际上就是制度-结构分析方法，这包括权力分析、利益集团分析、规范分析。所谓权力分析，是指在分析社会经济活动时，要着重分析权力问题，首先是“决策的权力”问题。所谓利益集团分析，是指把社会划分为若干个利益不同的集团，考察它们的相应地位和相互关系的变化等。所谓规范分析，是指分析“价值判断”的依据、人们动机和习惯的形成、行为选择等对社会经济变化的影响，以及对社会政治和经济制度的分析。除了经济价值外，价值还应包括社会平等、生态平衡、环境舒适，以及美、尊严、生活情趣等。所以，制度主义经济学仍然主要是从人文主义角度来研究经济学的。凡勃伦就把自己的经济学理论称为“文化的经济学”。

但是，到了20世纪30年代，制度主义经济学方法论逐渐衰落，随之而起的是罗宾斯的方法论。罗宾斯在1932年发表了《论经济科学的性质和意义》一书，此书是20世纪30年代经济学大论战的产物。在此书中，罗宾斯重申和发展了西方经济学的西尼尔-穆勒-凯尔恩斯传统。他指出，经济学的重要原理都是从近于公理的假设中演绎出来的，而这些假设是众所周知的事实，是人们可以直接感知到的。他极力反对历史学派关于经济真理依时间和地点而转移的观点，同时也强烈反对制度主义经济学，认为制度主义经济学在理论上是没有任何成就的。这表明：罗宾斯仍主要是从科学主义角度来理解经济学的。

向正统派逻辑演绎方法论回复的另一表现是现代奥地利学派的方法论。其代表人物如罗思巴德、柯兹纳等，逆潮流而动，虽然坚持极端的西尼尔-穆勒-凯尔恩斯传统，但是，他们反对对经济预言作数量验证，特别是反对数理经济分析，也不赞成一味研究最终均衡状态的性质。现代奥地利学派的理论渊源是米塞斯和哈耶克。米塞斯在《人类行为论》（1949年）一书中提出了人类合理行为的一般原理。他认为，关于有目的的个人行为的假定是解释一切行为的先决条件，这实质上是主张综合演绎原理。他认为，确定特定理论正确性的最终标准不是基于经验的证实或证伪，而是不附加任何经验成分的纯粹推理。他认为，自然科学方法和社会科学方法有重大区别，且极力反对对经济理论的前提和含义做任何定量说明。哈耶克声称经济学是非科学的。他认为，将自然科学的诸原理应用于人类研究中，就是“科学主义”。试图通过数学公式和经验证明而使经济学成为一门科学是行不通的。可见：现代奥地利学派及其米塞斯、哈耶克等虽然自认为在方法论上是祖述西尼尔-穆勒-凯尔恩斯传统的，但是，实际上更偏重的是“人文主义”，甚至是反“科学主义”的。

“两个剑桥”之争是凯恩斯内部对凯恩斯《就业利息和货币通论》理解所产生的分歧，是指以美国麻省理工学院的萨缪尔森等人为主要代表与以英国剑桥大学的琼·罗宾逊夫人为主要代表的关于凯恩斯经济学方法论之争。前者坚持回到新古典经济学的均衡分析法、坚持回到新古典经济学的边际生产力分配论的主观边际分析法等。后者则坚持凯恩斯的历史分析法、坚持凯恩斯关于资本主义收入分配不合理的规范分析法等。这也显示了科学主义与人文主义的文化思潮。

5.3 作为社会科学的经济学：科学特质与人文特质的统一

5.3.1 社会科学的学科性质之争：科学抑或人文？

“社会科学”是以社会为研究对象的知识体系，通常是与以自然界为研究对象的自然科学相对立的。“社会科学”一词大约在18世纪下半叶在西方文学中出现，到了19世纪以后，才逐渐形成了庞大的群体，如经济学、社会学、政治学、法学、人类学、心理学、地理学、教育学等。社会科学最初是从道德哲学之类的人文研究中分化出来的，似乎具有典型的人文特质，但自它包括了经济学、社会学等学科之后，其对象就从人的个体的内在面转向了外在面，从精神生活世界转向了事实世界，即社会科学以社会的组织、结构和规律等客体作为研究对象，从而，与体悟和表达人的内在精神的“人文学科”形成了对比，它似乎应该归入科学而不是人文的范畴。但是，将社会科学归入科学又引起了科学阵营的反对。通常在自然科学的眼中，社会科学所研究的对象和自然科学显然是不同的，如果从“文”和“理”的角度来看，社会科学应该归入“人文”的范畴。物理学家常常批评社会科学不是科学，因为它不精确，缺乏预测性。所以，在“科学”与“人文”这两种文化中，社会科学或者被一方或双方所“排挤”而另立门户，或者被一方或双方所“争夺”而成为科学与人文联姻的中介。

科学主义要么认为社会科学根本不符合自然科学的标准而完全否认它是一种科学，要么认为应该按照自然科学的标准去改造社会科学而使之成为和自然科学一样的真正的科学，这就是实证主义者们曾经从事的“伟大事业”。孔德认为，社会现象虽然比自然现象复杂得多，但在本质上同样“服从不变的规律”，因此，可以把社会现象当作科学来研究，可以运用自然科学的实证方法，即观察法、实验法和比较法去研究社会，使社会科学成为像自然科学一样的实证科学。所以，他把真正科学的社会科学界定为“关于社会现象根本原则的实证研究”。斯宾塞则是从自然科学中选取了生物学作为社会科学的模仿对象，从而建立了“生物社会学”。他把人类社会与生物相类比，认为两者在本质上是相同的，进而，把达尔文生物学中“生存竞争”学说运用于社会领域。但是，实证主义的做法最终失败了，这是因为科学的社会科学并没有建立起来，且实际上否定了社会科学在“科学”意义上的生存权，因为它把自然科学视为唯一的知识典范。因此，将社会科学划归到自然科学的做法是不对的。

同样，将社会科学简单地归入到人文科学也是不对的。这是因为，社会科学所研究的“社会世界”不可能简单地归结为人文科学所研究的“精神世界”

或“价值世界”。或者说由于人文研究只限于“人类价值和精神表现”，因此，人文学科不可能包容和代替社会科学。

总之，社会科学在一定意义上介于科学与人文之间，它具有科学与人文的双重性质，但又很难算作是严格意义上的“科学”或“人文”。

5.3.2 经济学：科学特质与人文特质的统一

经济学是社会科学，而社会科学具有科学特质与人文特质，所以，经济学是科学特质与人文特质的统一。

斯蒂芬·科尔用六个变量——理论的成熟性、定量化、认知共识、预言能力、过时的速度和增长的速度，将科学分为不同的层级——层级的顶端和层级的底部。前者的标准有：一是高度成熟的理论，研究受范式指导，高水平的严密性。二是思想用数学语言表达。三是在理论、方法、问题的意义和个人贡献的意义上达成高水平的共识。四是具有运用理论做出可证实的预言的能力。五是当旧理论过时时，具有高比例作为目前工作的参考——表明已对知识进行有意义的积累。六是“进步”或新知识增长的速度相当快。后者的标准有：一是无理论形态或低水平的概括性，前范式阶段，低水平的严密性。二是思想用词来表达。三是在理论、方法、问题的意义和个人贡献的意义上达成低水平的共识。四是不具有运用理论做出可证实的预言的能力。五是当旧理论过时时，仅有低比例作为目前工作的参考——表明对知识缺乏有意义的积累。六是“进步”或新知识增长的速度相当慢。落实到具体学科，物理学最高，接下来是化学、生物学、经济学、心理学、社会学、政治学、历史学、哲学、宗教、文学……简言之，“层级顶端”的学科是典型的自然科学，而层级底部的学科是典型的人文学科。显然，在顶端和底部之间是可以有过渡性学科的，即它可以解决在科学与人文之间的“亦此亦彼”的问题。

可以设立一些标准来判断不同的社会科学对于自然科学的接近程度或“隶属”程度，例如：第一，看一门社会科学与自然科学所形成的交叉科学的数量，这种交叉科学的数量越多，表明其科学的色彩越浓。第二，看一门社会科学运用数学的程度如何，这种程度越多越深，这门社会科学就越像是一门真正意义上的科学。第三，看一门社会科学的对象能够物化或非精神化的程度，这种程度越高，就越接近“以不以人的意志为转移的客观事物为对象”的科学。第四，看一门社会科学能达成共识的程度如何，达成共识越多的学科，就越称其为科学，分歧纷争越多而又找不到公认判别标准的，就离科学越远。如果这些标准合理的话，就可以得出：经济学是目前诸社会科学中最接近自然科学的。这是因为：经济学与自然科学相结合而产生的交叉学科最多（据统计在经济学和自然科学之间目前已产生了284门各级交叉学科，而社会学是147门，法学是62门，政治学是39门），使用数学也最多，其对象——社会的经济现象本身就是一种物质现象而非精神现象，经济学的某些成果也较其他社会科学可更多地达成共识，其是否正确也可以通过经济活动的实践来加以检验，这些就使经济学具有了“硬科学”的特点。排在经济学后面的大概应是社会学、法学、政治学等。

总之，对待经济学，不仅可以从科学层次来进行理解，而且可以从人文层次来进行理解。

目前，大多数经济学家尤其是西方经济学家仅仅将经济学看成是科学，且使经济学仅仅停留在功利境界，这是有问题的。按照冯友兰先生的说法，人的境界依次可经历自然境界、功利境界、道德境界、天地境界。因此，经济学必须由功利境界提高到道德境界和天地境界，即应该从人文层次来理解、研究经济学。这样，就比较好理解为何西方经济学会从实证经济学转向规范经济学，也比较好理解亚当·斯密为何总是交替地修改《国富论》与《道德情操论》了。《国富论》主要强调理性经济人，强调从科学层次来理解经济学，而《道德情操论》主要强调道德情操人，强调从人文层次来理解经济学。布坎南说：“假如我们围绕所谓的‘具有自然科学性’的经济学打转……我们就会在促进人类进入衰败过程”。[①]因此，他认为，“经济学是一门‘科学’，但是它与我们

① 布坎南. 经济学家应该做什么［M］. 罗根基，雷家端，译. 成都：西南财经大学出版社，1988.

常说的物理、生物科学不一样……经济学上的问题是不能用现成的科学公式来验证的。”[①]于是，他主张，“一些‘经济学家’与一些从事非经济学研究的学者进行学术交流较之经济学家与本专业的一些学者进行的学术交流可能还更有效。”[②]

当然，也有一些经济学家明确指出：经济学是科学与人文的统一。比如，马歇尔认为，经济学既要研究财富，又要研究人。萨缪尔森明确指出，经济学介于科学与人文之间。布坎南把经济学定位在“介于预测科学和道德哲学之间”。我国也有不少学者持这样的观点。汪丁丁的专著《经济学与哲学之间》就反映了经济学与人文之间的联系。盛洪在其所著的《经济学精神》中特别强调：“在最高境界中，经济学不是一堆结论，不是一组数学公式，也不是一种逻辑，甚至不是一种分析方法，而是一种信仰、一种文化、一种精神。”[③]实际上，这包含了经济学应该是科学特质与人文特质的统一。盛洪在另一篇论文《会有一个经济学的中国学派吗》中[④]提出了这样的论断：“作为科学与超越科学的经济学。”“超越科学”一词，他本想用较为中性的“非科学”一词表达，但几位经济学同行很不赞同，认为这过于消极且容易引起误解。张宇燕博士建议他用“形而上”，但他认为不够准确。他想表达的东西（指经济学）介于“科学”与“形而上”之间，故最后采用了“超越科学”一词。后来他发现，在希腊文中，“形而上”意为“在物理学之后”。所以，他认为，“超越科学”就表达了经济学介于科学与“形而上”之间。可见盛洪所说的“超越科学”或“形而上”就是笔者所说的“人文”的意思。

① 布坎南．经济学家应该做什么［M］．罗根基，雷家端，译．成都：西南财经大学出版社，1988．
② 布坎南．经济学家应该做什么［M］．罗根基，雷家端，译．成都：西南财经大学出版社，1988．
③ 盛洪．经济学精神［M］．广州：广东经济出版社，1999．
④ 于光远，董辅礽．中国经济学向何处去［M］．北京：经济科学出版社，1997．

[6]

西方经济学的哲学基础

当今我国所强调的理论创新，归根到底是哲学创新，而哲学创新首先就在于对所有的哲学观尤其是我们的哲学观进行反思。当今我们对哲学的理解是有问题的。事实上，在哲学史上，不同时期的哲学家、同一时期的不同哲学家，乃至同一个哲学家在早期和晚期都可能对哲学的理解是不一样的。所以，要寻找出统一的、科学的哲学定义，是不可能的。由此，我们对哲学的理解，也仅是诸多理解的一种，不可能是绝对正确的。

在经济学界，大多数经济学家认为经济学的哲学基础是经验主义哲学，尤其是科学哲学。

6.1 哲学观种种

如前面所说，定义既具有确定性，又具有不确定性。所以，虽然我们对哲学下的定义总有讲不清楚的地方，但是，我们可以对哲学下定义，在一定程度上可以描述、解释哲学。

6.1.1 哲学定义的种种

概括地说，哲学的定义有以下几种：(1)“普遍规律说”。哲学以“整个世界”为对象，且提供整个世界的运动与发展的“普遍规律”。(2)“认识论说”。(3)“语言分析说”。对语言的分析，既是哲学的真正的使命，又是清洗传统哲学的可靠途径，也是现代哲学的真实的正确的出路。(4)“存在意义说”。寻找人类生存的意义。(5)“精神境界说”。为了追求理想的生活。(6)“文化批判说”。把现代哲学视为对“文化”的批判、反思。(7)“文化样式说”。哲学只是“一种”文化样式，而不是其他文化样式的“基础”。(8)“实践论说”。以实践的观点去理解和解释全部的哲学问题。①

下面重点论述哲学史中一些哲学定义。

1.哲学是智慧之学

笛卡尔认为，如果把人类的全部知识比做一棵树，则树根是形而上学，树干是物理学，树枝是分门别类的各种科学。可见：哲学或形而上学是全部知识的基础。

爱因斯坦认为，如果把哲学理解为在最普遍和最广泛的形式中对知识的追求，那么，显然，哲学就可以被认为是全部科学研究之母。

但是，智慧区别于一般的知识，尤其是常识（或经验）、科学。虽然常识（或经验）、科学是知识，退一步说，哲学也是知识，但是，哲学不仅在科学所提供的知识基础上思考问题，比如，可以质疑经验的真实性，思考经验以外的可能性，而且可以对科学研究本身进行反思，比如，像克隆人等都是现今科学能够做到的，但，是否应该做，仅仅依靠实验、观察的科学是不够的。人和自然如何相处、社会正义、自由和秩序的冲突等问题绝不是依据哪一条科学定律就可以轻易解答的。所以，智慧是在知识没有问题的地方，能够看出和发现问题并寻根问底；在知识看到一个层次的地方，能够开辟出多个层次；在知识

① 孙正聿. 哲学通论［M］. 沈阳：辽宁人民出版社，1998.

触及一点的地方，能够开辟出一个完整的世界。

2.哲学是研究“有”（实是）的一门学问

“有一门学术，它研究‘实是之所以为实是’，以及‘实是由于本性所应有的禀赋’。这与任何所谓专门学术不同，那些专门学术没有一门普遍地研究实是之所以为实是。它们把实是切下一段来，研究这一段的质性。”[①]由此，亚里士多德认为，哲学的研究范围包括实体及其属性、事物存在的根源、各门科学共同遵循的原理、范畴及其相互关系。

米利都学派是古希腊最早的哲学流派。米利都学派的哲学家不满足于传统的神话创世说对于宇宙自然问题的解释，他们对自然现象进行了许多观察和研究，开始探讨宇宙的本源问题，认为形成世界万物的最基本的、最原始的东西是一种物质性的东西。米利都学派的创始人泰勒士认为，水是自然万物的本原，自然万物是由水造成的，最后又复归于水；大地是浮在水上的。阿那克西曼德认为万物都来源于一种没有固定形状和性质的物质，他称之为“无限定”者。“无限定”者本身分出冷和热、湿和干两种对立物，形成旋涡运动，冷与湿的东西集中在中间成为地，热与干的东西分散在四周形成日月星辰等天体。阿那克西米尼认为万物的本原是一种充满整个宇宙的无限的“气”。气有稀散和凝聚两种对立的运动，气稀散而成火，它逐渐凝聚，依次变成云、水、土和石头。

古希腊哲学家德谟克利特认为，原子与虚空是万物的本原，除了永恒的原子和虚空之外，世界万物没有其他的本原。原子是一种最小的、不可见的、不能再分的物质微粒。虚空是原子运动的场所，也是实在的存在。原子在虚空中急剧而零乱地做运动。原子的大小、形状、次序和位置不同。于是，原子彼此碰撞结合成世界万物。所以，原子在虚空中彼此碰撞形成的旋涡运动是一切事物形成的原因。德谟克利特认为，人的感觉和思想是事物不断流溢出来的原子形成的“影像”作用于人的感官和心灵而产生的。感性认识是认识的最初阶

---

① 亚里士多德．形而上学［M］．吴寿彭，译．北京：商务印书馆，1959．

段，人的感官并不能感知一切事物，原子和虚空不能为感官所认识。理性认识更为精致，当感性认识在最微小的领域不能再看、再听、再嗅、再摸的时候，就需要理性认识来帮助。但是，德谟克利特认为，原子本身之间并没有什么性质的不同，人们所感知的各种事物的颜色、味道等都是习惯，是人们主观的东西。

柏拉图是整个西方哲学史上最重要、影响最大的哲学家之一。柏拉图哲学思想的核心是他的理念论。所谓理念，希腊文的原意是“可见之物”，即形象，后来引申为“灵魂”的可见形象，有了“本质”的含义。柏拉图认为，世界万物的本原是理念，理念是感觉世界的一切事物的根据和原型。与可感的事物相比，理念是多中之一，是绝对完满的、永恒不变的。所有的理念构成一个理念世界，感觉世界的一切事物是对于理念的模仿或者分有。例如，美的理念是各种各样具体的美的事物的本原，各种各样的具体事物之所以是美的，就是因为它们模仿或者分有了美的理念，是美的理念的派生物。又如，世界上有各种各样的桌子，它们之所以成为桌子，就在于它们是桌子理念的模仿者。或者说，现实中的桌子都是对于桌子理念的模仿，没有桌子的理念，就不会有现实中的桌子。由于理念是绝对的、普遍的东西，所以，人不能从具体事物中认识理念。人要认识理念就要通过回忆。柏拉图认为，人的灵魂在出生之前居住在理念世界，因而认识所有的理念。但是，人在出生时灵魂受到肉体的感染而遗忘了一切，所以，人在可感世界的学习和研究就是一个回忆的过程。感觉虽然不能提供关于理念的知识，但它可以刺激灵魂，帮助灵魂回忆起生而有之的知识。

3.哲学是神学的婢女

这是中世纪哲学观。一是教父哲学（5世纪）。保卫基督教的正统。代表人物为奥古斯丁，继承的是柏拉图的思想。二是经院哲学（10世纪）。对基督教教义进行逻辑论证与概念分析。代表人物为托马斯，继承了亚里士多德的思想。

基督教的共相问题是经院哲学重要的争论之一。“共相（一般）存在不存在?”成了唯名论与唯实论之争。前者认为“共相”仅仅是一个概念，是思维的产物，如“三位一体”的“一体”只是一个概念。圣父、圣子、圣灵的个别存在才是真实的；后者认为“共相”是真实的、永恒存在的，如“三位一体”确实存在，所以上帝只有一位。

在神学与哲学关系问题上强调：第一，神学是第一位的，哲学只是工具，是用来说明、证明上帝的，即哲学是神学的工具、注脚。第二，当它与信仰发生矛盾时，就要以信仰为准。

托马斯在《神学大全》中提出了上帝的“五个证明”。第一，每一个事物的运动都源于另一个事物的运动，这个运动系列必定需要一个最初的推动者。第二，每一个事物都有动力因，动力因的无限回溯可以发现有一个最初的动力因。第三，世界虽然变化不息，但是总有事物存在，如果有一刻所有的事物都不存在，那么这个世界就不复存在了，所以总是有事物必然存在着。第四，我们所认识到的事物或多或少都有一定的完善性，而完善性是通过比较得到的，一定有一个最为完善的存在。第五，即使无理性的存在往往也都朝着特定的目的发展，事物的发展并非偶然随意，而是有预谋的，预谋则需要一个有知识和智慧的存在指导。

4.哲学是对思想的思想

哲学是反思的批判的学问。批判性是指分析、检查、考察。康德认为，批判非指批判书籍及体系而言，乃指就理性离一切经验所努力寻求一切知识，以理性普泛所谓理性之能力而言。通俗地说，哲学就是一种打破砂锅问到底的探究精神，不只是苍白死寂的知识对象，更不是玩弄概念的知识痞。

中国现代著名哲学家、中国哲学史学家冯友兰先生认为：“哲学是人类精神的反思。所谓反思就是人类精神反过来以自己为对象而思之。人类的精神生活的主要部分是认识，所以可以说，哲学是对于认识的认识。对于认识的认识，就是认识反过来以自己为对象而认识之，这就是认识的反思。”[①]

① 董建，初景波，武剑峰. 这些个哲学常识你得知道［M］. 北京：中央广播电视大学出版社，2009.

苏格拉底曾经说过："一个未经检视的生命，是不值得活的。"2002年过世的政治哲学家罗尔斯，当有学生问他为什么要研究哲学时，他说："每个文明都应该有人去思考这些问题。而且这种研究本身就有价值，一个没有人认真去思考形而上学、知识论、道德与政治哲学的社会，其实是一个残缺不全的社会。构成文明社会的部分条件，正在于意识到上述问题及其可能的答案。这些答案会影响我们如何看待自己在世界中的位置，而哲学如果研究得好，需要提出合理的答案，让一般愿意去沉思的人知道这些答案，并成为文化的一部分。艺术和音乐也是这样，如果你是好的作曲家或画家，你的工作也会深化我们的理解。"[①]

其实，康德《纯粹理性批判》《实践理性批判》《判断力批判》就强调哲学的反思性。黑格尔认为：对现实的抽象就是对现实的毁灭。马克思特别强调：哲学家们只是用不同的方式解释世界，而问题是改变世界。

5.哲学就是哲学史

黑格尔曾经说过：哲学就是哲学史。打个比方，可以将整个哲学史想象为一部气势恢宏的交响乐，它的主题在其开端处就已经奏响了，后来只不过是它的呈示部、展开部和发展部。

6.哲学是治疗

这是维特根斯坦的观点。

维特根斯坦是一位天才的哲学家，创立了两个不同的哲学体系（《逻辑哲学论》、学生编的《哲学研究》）；他是一个号称终结了哲学的人，一个孤独的、终生未婚的人，一位终身为自杀倾向所困惑，为了"体面的自杀"而参加了一战，却被俘，在战俘营里写成了《逻辑哲学论》的人；他是希特勒的中学校友、一位乡村教师、一位工程师、一个同性恋者、一位间谍。

维特根斯坦在其哲学活动的前半期提出了一个著名的观点："全部哲学就是语言批判。"维特根斯坦认为，人在活动中必须使用语言，要使说话有意

① 李忠谦．图解哲学［M］．天津：天津教育出版社，2007．

义，使人听得懂，必须具备几个条件：一是符合逻辑句法，不符合逻辑句法，就没有意义，人们就听不懂。二是必须表述经验范围以内的事情，即表述经验事实。维特根斯坦认为，传统的哲学问题，如经验之外是否有物质或精神存在，以及物质与意识的关系等问题，都是经验范围以外的“形而上学”问题，都是没有意义的“伪问题”。对于它们，人们听不懂，因而也没有真假可言。维特根斯坦还断言，唯心主义与唯物主义都是一些讨论“伪问题”的“形而上学”，因而都是没有意义的“伪哲学”。所以，真正的哲学就是语言批判，就是对语言的使用进行分析和规范，以避免语言的妄用和无用。

维特根斯坦在其哲学活动的后半期转向日常语言分析观点，提出哲学就是治疗语言疾病。他认为，传统哲学是一种精神病症的语言。我们知道，精神病患者讲话总是语无伦次，没有意义，别人听不懂。形而上学也是这样一种病症性的语言，属于形而上学的语言人们也听不懂，没有意义。其原因在于，形而上学哲学家不按照日常语言的规则讲话，不在语言的具体用途中考察它们的意义，而是违反规则，脱离用途，盲目地、孤立地去寻找它们的绝对意义。什么是“物质”、什么是“精神”、什么是“时间”、什么是“真理”等，在人们日常语言的使用中，它们的意义是清楚的，从来不会引起争论。但是，传统哲学家们总是离开日常语言的使用去寻找它们的绝对的对应物，于是就导致了无谓的争论，产生了许许多多的形而上学问题。维特根斯坦指出：当语言休息的时候，哲学问题就产生了；“哲学的混乱”总是发生于“语言像机器那样闲着的时候，而不是在它工作着的时候”。

因此，维特根斯坦认为，传统哲学是语言疾病的产物，是语言使用不当的结果，真正的哲学任务应该是“治疗”语言的精神病，为哲学家们澄清语言的混乱提供方向。“哲学家诊治一个问题，就像诊治一种疾病。”“凡不可以说的，应当沉默。”

7.哲学介于神学与科学之间

这是罗素的观点。

它和神学一样，包含着人类对于那些迄今仍为确切的知识所不能肯定的事物的思考；但是它又像科学一样是诉之于人类的理性而不是诉之于权威的，不管是传统的权威还是启示的权威。我是这样主张的，一切确切的知识都属于科学；一切涉及超乎确切知识之外的教条都属于神学。但是介乎神学与科学之间，还有一片受到双方攻击的无人之域，这片无人之域就是哲学。

6.1.2 什么是哲学问题

一般来说，哲学问题主要有：（1）世界是由什么构成的？这有一元论与二元论等许多观点。（2）存在的真相是什么？例如，我现在是在做梦还是醒着？存在主义认为，存在总是人的存在。（3）神存在吗？如何知道上帝的存在？科学能够回答吗？宗教与迷信的区别何在？神迹和教义是信仰赖以支撑的重心，但是，神迹和骗局是如何区别的？（4）知识是可靠的吗？知识等于“确定为真”，而且有理由可以证明的信念？经验论认为，知识来自于后天的感官经验，心灵的本来状态像一张白纸，没有经验就没有知识。一切都是后天感官所得，自然科学所持的就是这种经验论。理性论认为，只有通过理性思考才能得到正确知识。感官经验常常出错。知识应该是普遍而必然的，比如说数学、逻辑学。康德面对理性论和经验论的争论，指出：没有内容的思想是空洞的，没有概念的直观是盲目的。进而，主张将理性论和经验论结合起来。（5）唯心论、唯物论是什么？（6）因果律、决定论是什么？如何判定有没有因果关系？（7）我有自由意志吗？你能够控制别人的意志吗？有没有不受因果律限制的自由意志？比如，国家以刑法处罚犯人的基础，是因为犯罪是犯人自己的决定。如果犯人不能自己决定不要犯罪，那么，国家还能处罚犯人吗？有人认为这个问题很简单，就说处罚犯人也是被决定的不就好了？但是我也可以说不要处罚犯人，因为这也是被决定的。（8）道德和幸福有什么关系？对错、善恶的判断叫做“应然判断”或道德判断，与单纯描述事实的“实然判断”相对。“不许杀生”等标准何在？义务论认为，其本身一定是对的，出于善的目的的行为都是道德的。结果论认为，要判断人的行为是否符合道德，要看行为结果的好坏。什么是善？什么是幸福的生活？现实中为什么有的人有

“德”而没有“福”呢？有的人却正好相反。“德”与“福”如何统一？在这里，简单地提一提伊壁鸠鲁、康德的观点。伊壁鸠鲁认为，幸福是快乐。真正的快乐能持续一生，而且痛苦最少。其追求的方法是：节制地追求满足、保持身心平静。康德认为，如果在道德上称赞一个人的行为，并非因该行为带来好的结果，因为如果这么做的目的是为了某些好处、兴趣或免受谴责，即使带来好处，那都称不上道德。只有仅仅为了义务本身（就是应该这么做）而无其他条件的行为，才是道德的。所以，康德认为只是遵守规定并非道德，只有遵守自己的善良意志、出于义务而做的自律，才是道德的。康德将善良意志的自律称为定言令式，因为道德的行为不应有任何条件，但是康德并没有具体指出哪些是道德的行为，他提出了一个形式的标准，就是“按照那些同时可以成为普遍规律的规则行事”。有人认为这和“己所不欲，勿施于人”意思相近。(9)正义是什么？什么情况是不正义的？什么样的惩罚才是适当的？什么是正义的矫正手段？亚里士多德将正义分为以下几点：第一，矫正正义。将不正义的情况，用惩罚等手段加以矫正。例如，将犯罪的人关起来。第二，分配正义。根据一定的标准，将利益或负担公平地分给团体的成员。例如，把一个西瓜平均分给7个人吃。第三，程序正义。一是纯粹的程序正义。在不知事物的结果时，用一个符合公平的程序来处理。例如，抽签。二是不纯粹的程序正义。在已知事物和程序的结果时，同意用公平的方式来处理。例如，把西瓜平分给7个人，由最后拿的人来切，以尽量做到公平。(10)康德指出，美感是一种无利害关系的美好体验。唯有美感能够摆脱感官和理性的主宰，纯粹为了美本身而感动。但是，美是主观的还是客观的？审美能力是天生的才能，还是后天可以培养的？“美”有无共同的普遍标准呢？和谐是美吗？简单是美吗？

下面具体论述亚里士多德和罗素对哲学问题的阐述。

亚里士多德在《形而上学》[①]中，认为哲学问题有：第一章　怀疑而后能学问，审辩而后能解惑——列举哲学研究十四类主题。第二章　(1)事物或全

① 亚里士多德．形而上学［M］．吴寿彭，译．北京：商务印书馆，1959．

备四因或不全备，是否由一门学术统研四因？(2) 研究本体的学术是否亦研究各门学术之通则？(3) 哲学是否统研一切本体？是否另有研究事物属性之学术？(4) 有无不可感觉本体（如通式或间体）？间体何在？有无间体之学？(5) 哲学若不只研究本体，应否并涉事物之主要属性？(6) 事物之第一原理为科属抑为品种？倘从科属，则以最高科属为第一原理毋宁以最低品种为第一原理？(7) 是否有脱离个体而独立之抽象事物——通式可否与物质分离？(8) 第一原理于类为一，抑于数为一？(9) 一切事物若基本相同，何以有灭坏与不灭坏之别？(10) 实是与元一为本体抑为属性？两者若非本体，一切普遍名词均非本体。若为本体，一切事物均将合一而成是。(11) 第一原理为普遍性抑为特殊性？如为普遍则非本体，如为个体则不可得知。(12) 第一原理为潜在抑为实现？(13) 数理对象，如数与图形，是否本体？早期思想家以实物为本体，近代思想家以抽象为本体？(14) 应否假定通式之存在？

罗素在《西方哲学史》[①]中，认为哲学问题有：(1) 世界是分为心和物吗？如果是这样，那么心是什么？物又是什么？心是属于物的吗？还是具有独立的能力呢？(2) 宇宙有没有任何的统一性或者目的性？它是不是朝着一个目标演进的呢？究竟有没有自然规律呢？还是我们信仰自然规律仅仅是出于我们爱好秩序的天性呢？(3) 人是不是天文学家所看到的那种样子，是由不纯粹的碳和水化合成的一块微小的东西，无能地在一个渺小而又不重要的行星上爬行着呢？还是他是哈姆雷特所看到的那种样子呢？也许他同时是两者呢？(4) 有没有一种生活方式是高尚的，而另一种是卑贱的呢？还是一切的生活方式全属虚幻无谓呢？假如有一种生活方式是高贵的，它所包含的内容又是什么？我们又如何能够实现它呢？(5) 善，为了能够值得受人尊重，就必须是永恒的吗？或者说，哪怕宇宙是坚定不移地趋向于死亡，它也还是值得加以追求的吗？(6) 究竟有没有智慧这样一种东西，还是看来仿佛是智慧的东西，仅仅是极精炼的愚蠢呢？对于这些问题，在实验室里是找不到答案

① 罗素．西方哲学史［M］．马元德，译．北京：商务印书馆，2006．

的。各派神学都曾宣称能够做出极其确切的回答，但正是他们的这种确切性才使近代人满腹狐疑地去观察他们。对于这些问题的研究，如果不是对于他们的解答，就是哲学的业务了。

6.1.3 哲学的作用

哲学的一个最基本的功能就是对现实的反思，具体地说，现实存在的合理性在哪里？它有哪些缺陷性？如何改进？这就是马克思所说的，理论不仅仅是为了说明世界，更主要是为了改造世界。改造世界实际上就是对现实世界的不满意、对现实世界的批判，如果对现实世界满意，就不会对世界进行批判，更不会对世界进行改造。

冯友兰先生认为人生有“四大境界”——自然境界、功利境界、道德境界、天地境界。处于自然境界，人对自己的行为缺乏清楚的认识，对自我存在的独立性还相当地模糊，行为往往顺乎习俗而行，是一种近似“混沌”的意识世界。此时的社会处于原始社会到封建社会。处于功利境界，人有自觉意识，且以“自我”“求利”为中心展开活动。此时的社会处于资本主义社会之后。处于道德境界，人已摆脱功利境界，意识到“人是社会存在”之“觉”，即“人是社会的一员”，已把利己和利人、个人快乐与最大多数人的幸福统一起来。处于天地境界，人不仅自觉到其是社会的一员，而且是宇宙的一员。人由自然境界、功利境界、道德境界到天地境界，即：由“顺天”“利己”“利人”到“事天”。这就是说，在反思中人不断地提高人生境界。所以，既然哲学的一个最基本的功能就是对现实的反思，那么，通过哲学，人们就会在反思中不断地提高人的境界。领导者应当要有哲学这个“大智慧”，这样，才能提高人，尤其是老百姓的人生境界。

6.2 经验主义哲学对西方经济学的影响

西方主流经济学的哲学基础是西方经验主义哲学。而经验主义哲学最早的表现是英国古典经验主义。19世纪中叶以后往往表现为科学哲学，其派别有实证主义、逻辑实证主义、证伪主义等。

西方主流经济学以经验主义为其哲学基础有其内在的、必然的原因，这表现在：(1) 经验主义哲学是文艺复兴后自然科学尤其是实验科学发展的产物。自然科学和资本主义经济的发展使经验主义在当时的英国成为占统治地位的哲学流派，是各门社会科学的哲学基础。因此，英国古典经济学从一开始就必然打上了经验主义哲学的深刻烙印。(2) 经验主义把人类的知识限定在经验所能达到的现象范围内，排斥了许多传统哲学讨论的形而上学命题，而强调其哲学应以实证自然科学为基础，成为科学的认识论和方法论，而经济学一直致力于“科学化”的追求，因而，经济学在其理论建构和研究中就必然要贯彻经验主义哲学思想。例如，逻辑实证主义对西方主流经济学的影响主要表现在两个方面：一是科学理论的构成对经济学形式化的影响，表现为数理经济学的发展。二是实证原则对经济学可检验性的要求，表现为计量经济学的发展。(3) 从更深层次来看：经验主义哲学内在认识论特质和西方主流经济学在基本思想倾向上有着内在的本质联系。经验主义哲学认为人类所有的知识只能来源于经验，不承认存在任何先验的、自明的真理，不存在绝对的、必然的知识，这就必然要求任何人都不能因为自己掌握了真理而把自己的意志强加于他人，因此，个人主义、自由主义、民主主义是经验主义哲学的自然推论。而对以自由选择、自愿交换为基础的市场机制的信赖和对经济自由主义传统的维护，一直是西方主流经济学最基本的思想倾向，显然，这一倾向归于经验主义哲学内在的认识论特质。

纵观西方经济学理论的发展史，就会发现：经济学的认识论基础的争议主要是关于“经济学是如何的”和“经济学应该是如何的”这两个问题。尽管经济学界对经济学的认识论基础进行了长期深入的研究和激烈的争论，但也只是在自己经济学视野中进行争论，并没有从总体上做出全面的总结。这就是说，对经济学基础进行哲学反思的经济学需要步入科学哲学殿堂，这是因为科学哲学所反思的科学不仅包含自然科学，而且包括社会科学，也就包括了经济学。实际上，一些经济学家已经应用科学哲学的理论和模型来从事经济学哲学研究。如波普尔的证伪主义、拉卡托斯的科学研究纲领、迪昂-奎因命题、观察渗透理论等就被应用于经济学哲学研究。

具体地说，经验主义哲学的表现——科学哲学和经济学哲学有着内在的联系，可以归纳为以下两点：（1）主题的一致。科学哲学把科学作为研究对象，探求什么是科学、为什么需要科学、如何获得科学、科学如何发展等问题。而经济学哲学是回答什么是经济学、为什么需要经济学、如何获得经济学知识、如何发展经济学等问题。（2）任务的趋同。科学哲学的具体任务包括：①对各门科学的逻辑结构和经验结构的分析。②对科学方法论问题的分析。③对科学知识和客观世界的关系的分析等。经济学哲学的基本任务是什么？豪斯曼在《如何研究经济学哲学》一书中指出：“我本人的工作使我相信经济学哲学的任务是显示那种经济学中完美的合理现象，而科学的合理性的标准则来自于科学哲学的存在，尽管它可能一样是不充分的。”可见，科学哲学研究所包含的主要问题，也同样为经济学哲学研究所包含。

6.2.1 英国古典经验主义对古典经济学的影响

在古典经济学的形成和发展中，英国古典经验主义都给予了直接的影响，特别是许多做出贡献的经济学家本身就是著名的经验主义哲学家。例如，约翰·洛克、大卫·休谟、约翰·穆勒就是如此。

深受英国经验主义哲学创始人培根、霍布斯的影响，威廉·配第就力图以事实、感觉和经验为根据，尽可能用数字来说明问题。他说：“即用数字、重量和尺度的词汇来表达我自己想说的问题，只进行能诉诸于人们的感官的论证和考察在性质上有可见根据的原因。”[①]马克思指出，从配第的直接后继者洛克和诺思的经济学著作发表的1691年到休谟的经济学论丛出版的1752年，“这是一个出现了很多杰出思想家的时期，对研究政治经济学的逐渐产生来说是最重要的时期”。约翰·洛克是17世纪最著名的经验主义哲学家，他对经济学最大的影响在于他“是同封建社会相对立的法权观念的经典表述者”，他的哲学“成了以后整个英国政治经济学的一切观念的基础”。休谟是英国古典经验主义的杰出代表。他对经济学最大的影响是其人性论，即人类社会经济活动是人类“自私”和“贪欲”这一自然本性的结果，这就构成了西方主流经济学“理性人”假设的主要哲学基础。

受其挚友休谟和其老师——功利主义创始人哈奇森的影响，古典经济学理论体系创始人亚当·斯密在《国富论》中所表现出的基本哲学思想是以功利主义为基础的个人利益和社会利益在自由竞争市场机制作用下的统一。他把人类利己主义本性当作经济研究的前提，把经济现象看作是客观的、人类利己本性的表现。此外，斯密第一个以实证科学的方法来构建经济学理论体系，这表现在：（1）他效仿牛顿自然哲学的实证方法，试图把一切经济现象还原为抽象的个人行为。在分析经济现象时，他信奉如此观念：像物理世界那样，人类的经济活动也具有一种“第一推动力”，即他所说的“看不见的手”。（2）他效仿自然哲学关于世界是一个具有因果关系的机械体系的观点，把社会经济现象也视为一个通过自由竞争即可趋于平衡的因果关系链。（3）他把实证科学的抽象法变为经济理性的抽象分析法。他十分注重概念规定及其联系的主导作用，且把理性分析作为这一方法的主要内容。简言之，斯密已经把经济学视为一种可以采用牛顿力学方法的学科，使“最不可计算的现象，都从某种原则（一个众所周知的原则）中演绎出来，并且在一个链上统一起来”。斯密还写了一篇令以后科学哲学界吃惊的、学识渊博的论文，即《带领和指导哲学研究的原理：用天文学史来描述》。

① 配第．配第经济著作选集［M］．陈东野，等，译．北京：商务印书馆，1981．

斯密之后的古典经济学的主要代表人物——大卫·李嘉图、詹姆士·穆勒、约翰·穆勒主要受边沁功利主义哲学的影响。边沁把功利原则和自利选择原理结合起来。特别是，约翰·穆勒既是19世纪英国最著名的经济学家，又是当时影响最大的经验主义哲学家，即他是实证主义在英国的主要代表。他把实证主义哲学和经济学研究结合起来，尤其是把实证原则引到了对经济理论和基本概念的分析过程中。“经济人”这一概念就是他明确提出的。

以马歇尔为代表的新古典学派坚持了以下一套基本的分析方法：经济学的分析始点是关于现实经济活动中最基本的一些公理，这些公理由若干不言自明的命题构成，例如，商品的稀缺性、生产方式的多样性等。经济活动的核心是个人的经济行为，因此，经济学的基础理论应以描述这些行为为重点。在纯经济学研究中假定人们在经济活动中具有完全的理性选择能力，人们不仅对眼前与未来有完全的预期能力，而且他们的行为完全遵循最优选择原则。因而，在方法论上，马歇尔坚持演绎推理。值得一提的是，马歇尔在其所著《经济学原理》中提出了具有首创意义的均衡价值理论。均衡原本是物理学中的概念，它是指当某物体同时受到两个方向相反、力量相等的外力作用时，该物体所处的静止的状态。马歇尔把这一概念引入到经济学之中，主要是指经济中各种对立的、变动着的变量处于一种力量相当、相对静止、不再变动的境界。

总之，英国古典经验主义对经济学的形成和发展主要起到了两方面的作用：(1) 经济学是以事实、感觉、经验为依据的科学。(2) 经济学应当是建立在几个假定之上的演绎推理体系。其中，最基本的假设是“理性经济人”假设。经济学推理所得出的结果应与现实经验联系起来。

6.2.2 19世纪中叶以后的科学哲学直接影响了西方主流经济学

19世纪中叶以后的西方科学哲学存在着一条重要的发展线索：从实证主义到历史主义，其中，以波普尔的证伪主义为分界点。实证主义发展的最高峰是逻辑实证主义。历史主义先后有库恩的范式理论、拉卡托斯的科学研究纲领（即精致的证伪主义）和费耶阿本德的无政府主义科学观。特别是当今的科学实在论与反科学实在论、后现代科学哲学在西方经济学中也表现出来了。

逻辑实证主义在20世纪50年代前，是经济学及其方法论的一个重要哲学基础。它对西方主流经济学的影响主要表现在以下两个方面：(1) 关于科学理论的构成对经济学形式化的影响，体现为数理经济学的发展。(2) 实证原则对经济学可检验性的要求，体现为计量经济学的发展。这就是说，经济学中的经验分析和估计，在很大程度上归及于逻辑实证主义在可能的情况下强调数量和计量表示的思想。

逻辑实证主义对科学理论构成的要求集中表现在公理化方面。理论公理化要求由公理出发演绎推导出理论中的全部陈述或由基本概念出发可以逐步推导出所有其他概念，从而使理论成为一个演绎系统。可见，这种对理论构成的公理化要求指导着经济理论的形式化过程。1947年萨缪尔森的《经济分析基础》一书就遵循了这一要求，他以“经济理论的操作意义”为副标题，将新古典经济学的全部理论和方法转译为一致的数学形式，从而，实现了最大化原理和一般均衡原理的综合，大大提高了经济学一般分析方法的水平，被看作是数理经济学史上以微积分为基础的边际主义时代终结的标志。从20世纪60年代初到80年代末，主流经济学发展的主要方向是一般均衡理论的形式化。在这一时期，阿罗、德布鲁等人引进集合论和拓扑学方法，建立了阿罗-德布鲁模型，从而证明了一般均衡理论，实现了新古典微观经济学的完全公理化。

逻辑实证主义的证实原则则是从理论外部来检验理论优劣和可接受性的标准。它要求对构成理论的前提（或假设）和理论的推论结果（或预见）进行经验检验，通过它们是否与现实经验相符来判断理论的优劣和可接受性。主流经济学的前提（或假设）的“不现实性”一直是各派非主流经济学攻击的目标。对此攻击，主流经济学有两种反驳：一种是罗宾斯在《论经济科学的性质和意义》中以经济理论假设具有非常的明显性作为理由，认为假设总是实用的观点。另一种是弗里德曼所提出的所谓“假设不相关”论题。弗里德曼认为，假设的全部意义在于其能否对尚未观察到的经济现象做出合理的有意义的预测。如果做出了可靠的预测，则假设就是有效的。而假设有效性的基础不是其现实性，因此，经济理论假设的检验与其现实性无关，这就取消了假设的现实性。他认为新古典经济理论中的完全竞争和完全垄断的假设都是非现实的，但对经济行为都做出了某些可靠的预测。一般说来，某一理论越是杰出，则它的假设就越是超脱现实。这样，判断假设的优劣和可接受性只依赖于预见和经验检验的相符程度。但是，由于经济学无法通过有控制的实验方法来进行检验，只能利用历史资料和统计数据对理论涉及的有关变量进行相关的回归分析，因此，计量经济学就成了经济理论争论的中心。对一种理论的评价总是围绕着计量经济学的检验结果进行，不是争论统计数据的可靠性，就是对采用的回归分析方法提出异议。计量经济学使经济学成为可检验的理论，大大增加了它的“科学性”。

此外，逻辑实证主义对经济学的影响还表现在：(1) 它引起了对经济学是不是科学的思考。经过讨论和争论，人们基本上认为，经济学在其专业知识和研究方法上被描述为是科学的。(2) 它引起了经济学的知识结构和分类的讨论。知识分为两种：一种可分为“实证性知识、规则性知识和价值性知识”；另一种可分为“私人知识和公共知识”。(3) 它影响了经济学对知识可靠性问题和获得途径的研究。对知识可靠性的检验方法，主要有一致检验、逻辑相干检验和清晰检验。对获得知识的途径，重点分析了感觉、经验、直觉、启示、计量和推理等。(4) 它引导经济学对个人知识的客观性进行了研究。个人知识客观性的研究是为了避免对知识产生偏见，而不是否定价值、信仰和意见在个人活动中的地位。(5) 它引导了经济学对事实、理论、假设、解释和预言等问题或作用进行分析。

就在波普尔的方法论问世不久，且还不为经济学界所知之时，哈奇森于1938年出版了《经济理论的意义和基本原理》一书，公开主张将波普尔的可证伪性方法论明确地引入到经济学方法论的研究中。他首先对经济理论的逻辑意义、逻辑单元和与之相关的经验意义进行了论证，这种论证使经济学方法论研究进一步注重了经济学的证明逻辑。波普尔哲学进入经济学之后，使许多经济学家考虑了方法论问题，且对方法论研究对象进行了范围划定。大多数现代研究经济学方法论者认为，经济学方法论是对经济学推理的一般途径的研究。

当经济学方法论和经济学基础相联系时，它主要侧重于推理和证伪过程，主要涉及的问题是理论是可证实的或可证伪的，还是不可证实的或不可证伪的，以及理论选择的问题和理论结构的问题。尤其是，经济理论中的假定和预示的关系问题。对此，以萨缪尔森和弗里德曼的观点最具代表性。萨缪尔森认为，经济学方法论的中心目的之一是在经济学中推导出在操作上有意义的原理。所谓有意义的原理是指在理想条件下做出关于经验资料的假说，也可以想象这个假说会遭到反驳。布劳格认为，萨缪尔森的这一观点不是通常理解的操作意义，而是波普尔的证伪主义。事实上，萨缪尔森把经济学的演绎推理的前提看作是一种假定或假说，这种假定或假说应该有操作意义，即具有经验性。而经验性的东西应该具有可证伪性。所以，萨缪尔森将证伪的意义放在推理的前提，即假定上。而弗里德曼却将证伪的意义放在了推理的结论即预示上。他认为，假说只有通过预测，才能证明其意义。假说本身不需要具有现实性。如果假说不过分逼真，假说就可能有好处，相反，如果硬要求假说具有现实经验性，就会产生许多危害。因而，被证伪的对象应该是假说的结论及其预测，而不是假说本身或假设条件。波普尔哲学进入经济学之后，还开始了经济学研究方法论的研究，即侧重于对经济学研究中的一般途径的研究。受波普尔证伪主义哲学的影响，它主张，任何研究方法都是以问题作为出发点的，逐渐形成了处理问题的目标或目的及其设计方法，即一定的技术系统。在技术系统形成过程中，洞察力、想象力、主动性、直觉、好奇、创造力等都起到了非常重要的作用。因而，它主张，对这些能力形成的研究已成为经济学方法论的主要课题。现代西方经济学认为，创造力是形成经济学假说与假定的主要原因，显然，这与波普尔所认为的科学起源于问题的猜想是一致的。另外，在波普尔证伪主义哲学进入之后，又引起了经济学的科学性的讨论，这是因为它又提出了不同于实证主义哲学所主张的科学划界的标准。①

库恩的范式在经济学方法论中产生了重大的影响。经济学中的革命实质上

① 韩永进．西方经济学方法论——科学哲学方法论与经济学方法论变革研究［M］．北京：中国经济出版社，2000．

是新、旧范式之间的抗争，经济学的范式革命很难说消灭哪一种经济学，而只能是范式转换，即只能是改变某种经济学的支配地位。依范式来看，现代世界的经济学大体上可以综合为三种范式：新古典经济学范式、西方激进经济学范式、前苏联的计划经济范式。拉卡托斯的科学研究纲领在经济学方法论中也随处可见。拉卡托斯的哲学使经济学家认识到：科学的理论只有从相互竞争的研究纲领角度才能做出有意义的评价。例如，斯波罗·拉特西斯认为，新古典经济学在微观层次的研究纲领上有一个结实的硬核：利润极大化、完全知识、决策的独立性和完全的市场。对这些核心命题必须补充一些辅助假定：产品同质性、厂商数目很大、自由流进流出。与此相反，以西蒙、西尔特、马奇、威廉森和鲍莫尔为代表的现代企业理论从行为主义和组织主义角度提出了新的研究纲领。布劳格就运用拉卡托斯的科学研究纲领方法论成功地解释了人力资本理论中的许多重要问题。他认为，人力资本理论的硬核是，把过去众多人们称之为消费的东西看作是对人力资本的投资，像健康和教育一类的社会劳务支出在人力资本研究纲领中，被看作是类似于实物资本投资。这在过去是不可想象的，但现在它在劳动经济学和社会劳务经济学之间建立了共同的分析基础。

特别是，从波普尔的证伪主义开始，一直到历史主义，科学哲学逐渐注意到各种社会心理因素在科学中的地位和作用，意识到理性的局限性，开始强调人的认识的相对性、变动性。这种非理性主义在费耶阿本德的多元主义方法论中表现得特别明显。西方主流经济学在20世纪80年代进入了博弈论阶段。虽然博弈论是主流经济学理性主义运动的最新发展，但有可能也是它的终结。这是因为经济学家在对博弈论理性基础的研究中发现：在博弈形成的多个可能的均衡状态中，人们最终选择哪一种状态是无法用理性来确定的，而只能取决于所有参与博弈的人的知识结构及在很大程度上决定知识结构的人们所接受的社会传统。正因为如此，许多经济学家放弃了对博弈论理性基础的探求。可见：科学哲学中非理性主义倾向将进一步影响主流经济学今后的发展。

值得一提的是，20世纪90年代以来，一些西方经济学哲学家提出需要用波普尔后方法论来代替波普尔方法论。这主要有以下几个原因：

（1）波普尔所提出的“境况分析方法”，显示了其方法的解释学转向。他说：“境况分析方法是我在1938年第一次补充到《贫困》一书中的，后来又在《开放社会》一书第14章加以充分说明”。“在这里主要是试图概括出一种经济理论（边际效用理论）的方法以便应用于其他理论社会科学。”[①]具体地说，境况分析法的目的是对人的行为做出合理性的解释，其主要有以下两个观点：一是境况分析，二是应用合理性原理，即断定所有的人实际上都以对其境况适当的方式行动，也即所有的人理性地行动。境况分析的说明方法可以格式化如下：I境况描述——行动者A处于境况S；II境况分析——在境况S下所做的适当的（理性的）事情是X；III合理性原理——若已知他们的境况，行动者A总是适当地（理性地）行动；IV被说明的对象——因而：A做X。汉兹指出：“容易看出：境况分析正是微观经济学（和任何有微观基础的宏观经济学）的方法。”由此可见：波普尔的这一方法实际上体现了其在方法上的解释学转向。

波普尔本人大概没有意识到：他提出的境况分析方法同其证伪主义之间存在着内在的矛盾。正如有人所指出的那样：合理性原理是不可证伪的，因为即使遇到“麻烦”时，仍可认为有我们尚未知晓的情况使得行动是适当的，从而无须放弃合理性原理。可是，波普尔又坚持以能否证伪作为对科学和非科学进行划界的标准。依此划界标准，合理性原理不可证伪，也就不可避免地归入非科学，这是经济学和经济学家所无法接受的。所以，境况分析方法是波普尔的社会科学（包括经济学）方法论，而证伪主义方法是波普尔的自然科学方法论。

（2）社会学转向和波普尔哲学的“冲撞”。波普尔把自己的哲学称为“没有认识主体的认识论”，虽然强调了科学的进步和知识的增长，但是，那只是“纯理性”的过程。这就是说，科学是纯理性的事业，而不是社会的事业。所有的科学理论的证伪过程是逻辑性过程。虽然科学社会学的形成并不是一件晚近的事情，但是，20世纪后半叶在对科学进行社会学研究方面取得了新进

① 波普尔．无穷的探索［M］．邱仁宗，段娟，译．福州：福建人民出版社，1987．

展，终于使得社会学转向之说被普遍接受。在这方面，突出表现的是爱丁堡学派，这个学派在20世纪70年代形成，以倡导科学知识社会学而闻名。在社会学转向的影响下，认识论不可避免地被社会化，认识过程不再被视为一个纯理性的过程，科学知识和科学活动的社会负载已成为一个事实。所以，波普尔哲学，尤其其证伪主义方法论被许多学者批判，实在是一件自然而然的事情。

（3）经济学中的博弈论转向显示了：必须把没有认识主体的认识论转变为利益主体和互动主体的有约束条件的、价值定向的认识论。这当然对波普尔的哲学形成了冲击。历史主义之后的科学实在论与反科学实在论也在经济学及其方法论中有所表现，这主要表现在托尼·劳森所写的《一个经济学的实在主义者理论》一文中。托尼·劳森指出，凡是确信某种争论中的实体（如黑洞、因果规律、阶级关系、经济均衡、可能性等）是存在的说法，都可以被认定为一种哲学意义上的实在主义。具体地说，实在主义的哲学密切关注着存在的本质，包括对于研究对象本质的探究理论。由关于社会现实的性质的认识所形成的社会科学的方法及其不断地修正，便成为经济学的一种简明的实在主义者方法的特征。由于现实主要是由经验所给予的，所以，把关于现实的观点称为经验的实在主义。经验的实在主义确认现实的本质恒常不变，而采用归纳和演绎法。劳森认为，这植根于实证主义思想之中。与经验的实在主义相对照，超验的实在主义认为，世界不仅由事件和经验组成，而且由（不可减少的）结构和机制、力量和趋势等组成。它所采用的是溯因推理法，即从某些有意义的现象的一个概念到导致给定现象的某些完全不相同类型的事物、机制、结构或条件的一个概念的运动，例如，如果演绎是从"所有的乌鸦都是黑色的"这个一般的判断到人们看到的下一只乌鸦会是黑色的这种特殊的结论，而归纳是从无数的黑乌鸦这样的特殊的观察到一般的判断，即"所有的乌鸦都是黑色的"，那么，溯因推理法则是从无数黑乌鸦的观察到关于内在于乌鸦并使之成为黑色的一个机制的理论，即从"表面现象"到某些"更深层的"有因果联系的事物的一种运动。这样，根据超验的实在主义观点，科学关注的是认识并说明结构和作用机制等。这就是说，科学包括经济学应当关注的事情已被认为不是记录事件以及它们的恒常联系（像实证主义主张的），而是去认识和说明隐藏于我们所看到的现象背后，并控制它们的结构和力量等。事实上，即使在自然科学中，广泛的恒常的事件联系也是极少的，在社会科学领域中就会更少。但如何能够认识经济的机制呢？劳森认为，社会领域虽然是开放的，但某些力量仍会在时空有限的区域逐渐占优势，产生了粗略的一般性或局部的规律性，它发展到这样一种程度，使得建立在印象基础上的解释也就出现了。所以，经济学的任务就是去描述所有必定要发生的事情（不管是否被活动于其中的主体所充分理解），为了某些可能的社会现象，为了某些可能的实践和活动。

总之，实在主义关注的是现实的、恒常的本质，而超验实在主义关注的是现实内部的机制等及其变化的趋势。可以说，实在主义与超验实在主义虽然是对立的，但实在主义毕竟是超验实在主义的基础。由于经济本质上是动态发展过程，所以，劳森更为强调的是超验的实在主义。虽然实在主义与超验实在主义和科学实在论与反科学实在论有很大的区别，但毕竟表明了科学实在论与反科学实在论在经济学及其方法论中的表现。

同样，现代主义与后现代主义在经济学中也有所反映。按照著名的Routledge公司1999年出版的《政治经济学百科全书》，在社会科学中，现代性是指“以理性化趋势为标志的社会状态”。从制度维度来看，现代性建制包括资本主义、工业主义、城市化、民族国家、官僚政治和职业化军队。现代主义是指对现代性的文化表达。经济学中现代主义指的是对现代性的肯定或确定。依此，从亚当·斯密和大卫·李嘉图为代表的古典政治经济学家到现代西方主流经济学家都确认以资本主义和工业主义为核心的现代性建制，都可以说是现代主义者。后现代主义的核心意义是相对主义和对象解放、自由、人性这样“大叙事的不信任”。在经济学中，后现代主义首先关注的是作为社会状态的后现代性。后现代性主要是指生产组织、消费和社会生活的一般特征或倾向，这些特征或倾向与现代性极为不同，比如，在后工业社会中，大多数劳动力从事服务业，而不是传统的制造业。生产变得更少标准化，消费变得更不稳定。由此，后现代经济学的一般特征是：消费相对于生产的日益增长的重要性、信息经济学的发展等。后现代主义的另一个主题是:“后现代都市”中的社会结构的破碎性、边缘性、多中心性。

在经济学方法论方面,现代主义与后现代主义的争论表现为:经济学现代主义者大多坚持决定论和基础主义,而后现代主义者则大多坚持超决定论和反基础主义。决定论和超决定论是指,“对一个整体的不同部分如何彼此关联”进行概念化的两种方式。决定论者大多假定社会或经济的各部分并不创造彼此的存在,或者说,它们总是相互独立的存在。在此基础上,它们可以被区分为原因和结果。因果关系通常被假定为单方向的:作为原因的某些部分决定作为结果的其他部分。例如,在经济决定论中,社会的经济方面被认为支配了非经济方面。更为精致的决定论者认识到结果有时可能会反作用于原因。超决定论把社会或经济的每个部分理解为,由其他部分产生的复合结果所构成,即这些不同的结果或“决定”确实创造了每个部分的存在。超决定论指的就是这种复杂的因果关系:社会的诸部分被理解为由所有其他部分产生的复合结果的所在地。所有部分都是构成性的原因和超决定的结果。在超决定的概念化中,分析集中在经济和非经济的方面如何创造彼此的存在。基础主义与反基础主义是围绕“知识如何系统化和科学知识以何种方式被证明”这个问题所形成的两种相互对立的意见。基础主义认为,知识的结构是线性的、等级链环的结构,知识是客观的、无偏见的。许多新古典经济学家认为经济学就是如此。但在20世纪中叶,基础主义方法越来越受到批判,比如,在波普尔看来,所有的知识都是暂时的,且不可能被证实。反基础主义就更是强调知识的基础是不存在的。许多“异端”的经济学家坚持了反基础主义的立场。凡勃伦的制度政治经济学就是如此。

6.2.3 20世纪80年代起西方科学哲学家的工作表现

1.经济学和形而上学

1979年,克特格(N.Koertge)发表了《社会科学真正需要形而上学吗?》一文。他以拉卡托斯的研究纲领方法论为理论依据,指出形而上学的启发意义被夸大了,这是因为:(1)形而上学具有典型的模糊性,这就限制了对新理论的有效影响。(2)由于对形而上学理论框架缺乏评价标准，所以，一旦形而上学的框架成为时尚，就会导致僵化的教条主义的产生，这才是真正的危险。因而，他并不否认形而上学的作用，但他认为形而上学在科学中只起到解释的作用，而不是重要的作用。

与克特格观点相反，格拉斯(J.C.Glass)和约翰逊(W.Johnson)在1988年发表了《形而上学、科学研究纲领方法论和经济学》等论文。他们同样地运用了拉卡托斯的科学研究纲领方法论，对西方正统经济学和马克思主义经济学进行了拉卡托斯式的理论重组，建立了这两个经济学研究纲领的理论硬核，进而指出：在经济学中，形而上学陈述的是“毫不含糊的”，它们对发展新理论等具有重大的调节作用。具体地说，他们认为正统西方经济学研究纲领的“硬核形而上学”有：(1)利己主义。(2)合理性，即经济主体的行为是理性的。(3)私有权。(4)市场经济。而马克思主义经济学的“硬核形而上学”有：(1)单个经济主体的社会属性。(2)具有社会向度上的合理性。(3)作为一种社会关系的资本主义的私人所有权。(4)社会关系为商品的市场交换所掩盖。(5)历史唯物主义。进而，他们认为形而上学有其重要的作用，这表现在：(1)由于不同的经济理论是“围绕着特定的形而上学而建构起来”的，所以，形而上学对经济理论的建构起着根本性的作用。(2)由于经济学的分析技术、概念、理论体系必须体现形而上学的本质特点，所以，形而上学作为研究纲领的正面启发法还指导着具体理论的建构，即指导着“研究纲领内部的理论生产”。(3)由于经济理论是经济预见和经济决策的基础，所以，形而上学对经济预见和经济决策同样具有强烈的制约作用。总之，格拉斯、约翰逊认为，科学研究纲领方法论有助于认清不同经济理论所依据的“硬核形而上学”及其对立的实质，促进不同研究纲领之间的竞争，进而推动经济学的进步。

1992年，汉兹(D.W.Hands)发表了《形而上学、经济学和进步》一文，指出：虽然可以承认形而上学对经济学有重要的规范作用，但是，这种作用是否是积极的却大可置疑。由此，他认为格拉斯、约翰逊至少应当对西方正统经济学和马克思主义经济学的“形而上学硬核”做出评价，这是因为两者是矛盾的，一个成功就意味着另一个失败。由于格拉斯、约翰逊并没有找到进行这种比较的标准，所以，他们就难以判断这两种“形而上学硬核”是否有积极的作用。

总之，由于经济学中的假定等问题无不与形而上学问题有关，且这些问题在经济学界很少有人进行深入研究，所以，西方科学哲学把不同经济学理论所隐含的思想前提概括为经济学的形而上学问题，且加以哲学反思，从而启发了经济学家的思考。

2.经济学和自然科学

1983年，罗森伯格（A.Rosenberg）发表了《经济学不是科学，那它是什么》一文。他认为经济学有两个特点：（1）极化性。（2）目的性。这就是说，经济学一方面包含有一般均衡理论、效用最大化、其他条件均不变假设等形式主义；另一方面只注重目的，以目的性来考察原因和结果之间联系的事实。因而，他认为新古典经济学在预见上是无力的。通过把经济学和欧几里得的几何学、燃素说进行对比，他进而推论出：经济学是“处于纯公理系统与应用几何学的交叉点上的，类似于数学的一个分支”。也正是由于经济学类似于数学分支，因而既不能要求经济学为经济主体行为提供可靠的指导，也不能为公共政策提出其所希望的具有准确表达形式的经济任务。这就是说，对经济学的预期不要抱有太大自信。当经济学预期失败时，就不必对其加以指责。经济学的失败是由于其错误的假设，也即严重的形式主义，或者是由于经济学家自己的主观标准，也即经济学家自己的目的。

林德（H.Lind）则对经济学的性质持另一种观点。他在1993年发表的《评经济学和物理学中的基础理论和理想化》中指出：由于经济学和物理学是具有相同普遍目的的科学，所以，经济学基本上是社会科学中的物理学。当然，林德也认为“在经济学和物理学中，基础理论和理想化的作用存在某些差异”。经济学中的基础理论并不像物理学中的基础理论一样，它与意识形态紧密相关。经济学只关注少数重要特征，而对其他尽管是重要的因素全然忽略不计。他认为，经济学家之所以不能去做物理学家所做的事，关键就在于其中的主观因素具有三重性质：一是多因素干扰结论的产生；二是因素随时而变；三是主观因素很难从实验上进行处理。

事实上，人们常常把经济学看作是社会科学中的物理学，似乎有以下几个理由：一是基础理论（微观经济学理论和一般均衡理论）已经形式化了；二是理论经济学明显的数学化；三是在经验经济（如计量经济学）中使用“硬资料”和数据统计方法。可见：林德所做的这方面工作是十分必要的。

总之，罗森伯格、林德从科学哲学角度研究了经济学和自然科学的关系，提出了一些有创造性的观点。但是，经济学是一门复杂而独特的学科，理应还需对其进行全面深入的研究。

3.肯定认识论的重要性

这就是说，西方科学哲学家们已把认识论问题正式摆到了经济学家面前，且指出其重要意义。

罗森伯格在《经济哲学的两个归宿》中指出，大多数经济学家需要的是对支持他们解决问题的标准的选择，但目前经济学无法提供这一点，这可能是因为目前经济学没有认识论的缘故。他在1994年专门撰写了《经济学理论的认识论地位是什么》一文，从认识论角度指出经济理论是一门应用数学分支的观点。在1992年发表的《科学哲学必须对经济学做些什么》一文中，他指出：“科学的学科应该是在正确的预期和高精确度的情况下的一种模式。如果某一学科未遵循这一点，则其认识论将会出现混乱。而经济学家并未对认识论给予足够的重视。”所以，罗森伯格认为经济学家必须要重视经济学中认识论基础的研究。

4.对经济学方法论的审视

豪斯曼（D.M.Hausman）1992年在《经济学方法论简析》一文中指出，对经济学哲学的研究的重点应放在方法论的实践上。这就是说，经济学哲学应首先考察经济学家本身的实际工作，具体地说，就是考察经济学家的研究方法是什么、他们这样做的动机是什么、希望达到什么样的效果等。豪斯曼在肯定了经济学家在实证性和逻辑性方面的工作之后，指出：当研究经济学“战略的合理性观念和不确定情境”方面出现困难时，就需要经济学家和哲学家之间结成很好的联盟来加以解决。可见，豪斯曼告诫经济学家在经济学方法论方面要放开眼界。作为专业经济学家的巴克豪斯（D.M.Backhouse）认为：经济学方法论的研究，应由经济学领域和科学哲学领域的工作者共同承担。

总之，自20世纪80年代以来，西方科学哲学已全面介入西方经济学哲学，提出了新的研究主题，这不仅开拓了经济学家未曾涉及的领域，而且为其自身开垦出了一块新的疆域，从而，有力地推动了其自身和经济学的发展。

6.3 科学哲学概述

6.3.1 西方科学哲学的概念、基本问题

（一）科学哲学的概念

从字面上来看，科学哲学一是指科学的哲学，其英文是Scientific Philosophy；二是指研究科学所形成的一门哲学，其英文是Philosophy of Science。

科学哲学还有广义和狭义两种含义。广义的科学哲学属于哲学，其研究的对象是科学，即对科学进行研究形成的哲学。狭义的科学哲学可以理解为科学主义，即以科学为标准，对哲学进行改造，使之成为科学。这里的科学主要是自然科学。现在还指社会科学，甚至还指人文学科。

就其外延来说，科学哲学可以分为自然科学哲学、社会科学哲学，甚至还包括人文学科认识论（或人文学科方法论）。自然科学哲学可以分为物理学哲学、数学哲学、化学哲学、生物学哲学等。社会科学哲学可以分为经济学哲学、管理学哲学等。初期的“科学”主要指自然科学，现在还指社会科学。虽然社会科学被有些人认为不是“硬科学”，但是，经济学等社会科学越来越走向科学的趋势，使不少人将社会科学也视为科学的一个分支。关于“人文学科

是不是科学”争议特别大，学界一般认为“人文学科不是科学”。由此可见：科学哲学是综合性的学科。我国权威的科学哲学杂志《自然辩证法通讯》的副标题是：沟通自然科学、社会科学和人文学科的桥梁。这实际上就显示了科学哲学可以分为自然科学哲学、社会科学哲学等。

在我国，科学哲学又称为自然辩证法。自然辩证法是通过研究科学，进而对自然界整体进行研究所形成的哲学，这就是说，自然辩证法的研究对象一是科学，二是自然界。所以，自然辩证法是包含科学哲学的。但是，由于国外的科学哲学往往反对对自然界等本体论进行“超验”研究，即拒斥“形而上学”，所以，“自然辩证法”和科学哲学是有一定区别的。我国所称的“自然辩证法”，还与恩格斯所写的一本笔记有关，我国将其称为“自然辩证法”。在此书中，有一部分内容是研究科学的，还有一部分的内容是研究自然界的。不过，学界现在用得较多的是“科学哲学”。

一般来说，在综合性大学，往往偏重“科学哲学”；而在理工科大学，往往偏重“技术哲学”。由于科学往往是和技术相联的，所以，学界往往将“科学哲学”和“技术哲学”合在一起，统称为“科学技术哲学”。

科学技术哲学，被有些人又称为科学技术学。科学哲学被称为科学学。

在我国，科学技术哲学界权威性的刊物有：《自然辩证法研究》（中国自然辩证法研究会主办）、《自然辩证法通讯》（中国科学院主办）、《科学技术哲学研究》（原来为《科学技术与辩证法》，由中国自然辩证法研究会与山西大学主办），当然，还有人大复印资料《科学技术哲学》（原来为《自然辩证法》）。

（二）科学哲学研究的基本问题

既然科学哲学是对科学的反思，其研究科学中的基本问题主要有：（1）科学与形而上学（尤其指哲学）的问题。两者是如何区分的？形而上学在科学中是否有其地位？（2）科学的本质及其界限问题。科学究竟是什么？科学等同于真理吗？科学与非科学有没有分界？其分界的标准又是什么？（3）形式科学与经验科学的区分问题。分析与综合真理的二分法是可能的吗？理论与经验是否各自独立自主？如果独立，它们的关系怎样？数学与逻辑的真理性内容是什么？（4）科学发现问题。发现和辩护（或证明）的完全分开能否成立？有没有科学发现的逻辑？科学发现的结构是怎样的？怎样看待假说演绎法、归纳法或溯因推理法作为科学发现的方法？理论与观察的关系怎样？（5）科学理论的本质及其结构问题。科学理论是陈述系统还是一种理性事业？科学命题是怎样构成的？其中概念结构有什么逻辑？科学理论作为陈述系统，采取公理形式是否最为合理？模型在科学中起什么作用？理论怎样说明科学的？（6）科学说明问题。什么是科学说明和非科学说明区别的标准？科学说明有哪些程序和类型？科学说明与科学定律、科学预见的关系怎样？科学定律与概括有什么区别？这和科学解释、科学预见等是紧密相联的。（7）检验问题。检验的基础是什么？经验证实或证伪是否可能？判决性实验的有效性怎样？检验的本质是什么？检验是理性的还是非理性的？（8）科学发展或科学成长的问题。科学发展有必然性吗？它依照什么样的模式进行？概念变革的过程是怎样的？内部和外部的因素起何作用？（9）科学进步问题。科学的发展能说得上是科学进步吗？科学进步的可能性有什么根据？什么是科学进步的标准？科学进步的标准是否一定要包括向真理的接近？（10）科学及其发展的合理性问题。科学是理性的吗？科学怎样成为理性的？科学方法起什么作用？逻辑方法和历史方法的关系怎样？存在着普遍有效的科学方法吗？形式化方法有什么意义和局限性？在科学探究中，果真“怎么都行”吗？科学家实际用来探索和解释自然现象的思想程序具有确定而客观的思想特点吗？这一特点会使采取这一程序在理性上更为审慎、明智而且带有强制性吗？是否存在可用来评价科学及其进步的标准？[①]

6.3.2 科学哲学发展的基本线索

科学哲学发展的基本线索是：

早期实证主义（19世纪中期到20世纪初）：第一代实证主义，代表人物有孔德、穆勒。第二代实证主义，代表人物主要有马赫、彭加勒等。——→逻辑主

① 舒炜光、邱仁宗．当代西方科学哲学述评［M］．北京：中国人民大学出版社，2007．

义（20世纪20年代至50年代）：逻辑原子主义（代表人物有罗素、维特根斯坦）、逻辑实证主义（代表人物有卡尔纳普、赖兴巴哈等）、逻辑经验主义（代表人物有亨普尔等）。⟶波普尔的证伪主义（20世纪50年代至60年代）。⟶历史主义（20世纪60年代以后）：旧历史主义（代表人物有库恩、拉卡托斯）。新历史主义（代表人物有劳丹、夏佩尔等）。⟶科学实在论（代表人物有夏佩尔、塞拉斯、普特男）与反实在论（代表人物有劳丹等）（20世纪80年代始）。⟶后现代科学哲学（1991年才有“后现代科学哲学”一词）（代表人物有费耶尔本德、福柯、哈贝马斯、罗蒂、利奥塔）。

其中，布里奇曼的操作主义是逻辑实证主义与实用主义的合流。奎因的新实用主义是逻辑实证主义与实用主义的合流。通常认为前者是后者的先驱。分析主义是指20世纪以来西方各国广泛流传的一种哲学思潮。它包括了罗素、维特根斯坦的逻辑原子主义、维也纳学派的逻辑实证主义、由逻辑实证主义演化出来的逻辑语义学、操作主义、新实用主义、批判理性主义、日常语言哲学等。它的内容有：反形而上学，否定传统哲学，认为哲学的唯一任务就是对科学的语言进行逻辑分析，阐明它们的意义。

下面按照历史线索，择其主要的学派进行简要的介绍[①]。

（一）早期实证主义

1.第一代实证主义

第一代实证主义的代表人物主要有孔德、穆勒。

孔德早年求学于巴黎工业学校，曾任著名空想主义者圣西门的秘书，是空想社会主义和社会学实证主义的创始人。后在巴黎自设讲坛，教授哲学。其代表作为《实证哲学教程》《论实证精神》。

孔德的思想主要有以下几点：

第一，第一次提出了实证主义原则。

认识（或知识）只能局限于经验的范围内，不能超出经验之外，即：人的

① 夏基松、沈斐凤．西方科学哲学［M］．南京：南京大学出版社，1987．

思想认识必须要局限在经验事实范围内，必须被经验事实证实，否则就是形而上学。

“实证”（Positive）的含义：来源于拉丁文，其原义是“肯定”“明确”和“确实”。孔德在《实证精神》中指出四种含义：与虚幻对立的真实；与无用对立的有用；与犹疑对立的肯定；与模糊对立的精确。16世纪以来的近代自然科学强调观察和实验，要求知识的“确定性”或“实证性”，与空洞的、荒诞的中世纪经院哲学相对立，因此，人称当时的实验科学为“实证科学”。由此可见：“实证”思想源于自然科学，以及经验主义哲学。

比如：经验之外是否有物质的自然界存在，以及物质与意识的关系如何等问题，都是人的认识能力所不可及的“形而上学”问题（即高不可攀、玄妙的问题）。人们没有任何经验根据去讨论它们。所以，实证主义认为，应根本不予理睬。同样，自然科学仅局限于收集、整理经验材料，而不应该去讨论客观自然界的存在，即不承认自然界的客观性、规律的客观性等，否则，自然科学就超出了其研究范围，而走向了“形而上学”，比如神学。

又如：人们重视案例分析，从经验、常识来理解科学和哲学。如：经济学、管理学中的案例分析，以及哲学中理论联系实际。特别是，像“实证科学”一样，实证主义认为，哲学应当由“思辨的哲学”变成为“实证哲学”（或科学的哲学）。这实际上体现了：理论总是有一定的经验基础的，经验在一定程度上可以证实理论。虽然，不能将经济学中的实证方法简单地理解为一般意义上的举例子、理论联系实际等，因为它有一整套严格的程序，但是，实证主义确实体现出的是经验主义哲学。

虽然实证主义原则所强调的经验事实基础非常“本能”，有的人对实证主义原则本身的思考和批评太少，虽然实证主义原则有道理，但是实证主义原则也有问题。理论和经验毕竟有一定的区别，所以，经验未必能够证实理论，而且可靠的经验事实是很难取得的。这在下面还会加以阐述。

第二，思想（或思维）发展的三阶段。

即：神话阶段（或虚构阶段）——哲学阶段（或抽象阶段）——科学阶段

（或实证阶段）。

其中，第二阶段是第一阶段的变相。第一、第二阶段皆追求绝对的知识。第三阶段寻求的是现象的知识、相对的知识。这三个阶段类似于人的一生，人在童年时候，往往是神学家，喜欢看《西游记》等；人在青年的时候，往往是形而上学家，有自己的理想，喜欢看《红楼梦》、《西厢记》等；人在壮年的时候，往往是物理学家，比较务实，喜欢看《三国演义》、《水浒传》等。

约翰·穆勒不仅是第一代科学哲学的代表人物，而且是逻辑学家、经济学家尤其是经济学方法论“大家”。他是英国著名经济学家、心理学家和哲学家詹姆士·穆勒的儿子。其论著有《经济学原理》《孔德与实证哲学》《逻辑体系》《论政治经济学的定义及其适当的研究方法》等。在马歇尔的《政治经济学原理》之前，其《经济学原理》是畅销的教科书。布劳格明确指出，他是理性经济人的明确提出者。

穆勒的主要观点有：

第一，“物是感觉的恒久可能性”。但，物并不是客观存在的。

第二，规律是人的经验中的东西，是人对两种现象的感觉之间的先后关系和相似关系。人们根据这种关系，产生一种联想，就像人们联想白天与黑夜之间的联系一样，以为这两种现象之间不是主观感觉之间的联系，而是一种经验之外的客观的必然的联系。

特别是，社会没有规律，因为社会现象中没有感觉之间的先后关系和相似关系，所以，没有客观规律。

比如，自由落体运动的“万有引力”规律是人描述自然界的一种主观工具，不是自然界本身所具有的规律，这是因为自然界根本就没有“万有引力”规律所必需的“真空”条件。同样，供需规律也是如此，虽然有一定的客观性，但毕竟是和人的主观因素紧密相联的。实际上，后来康德所提出的“人为自然立法”等就显示了：规律毕竟和人的主观性是有一定联系的。

第三，“归纳五法”，也称“穆勒五法”。包括求同法、求异法、求同求异并用法、共变法、剩余法。

第四，功利主义的伦理观。穆勒追随边沁，宣称个人对快乐的追求是善。善有量、质之差异，“要钱、要权都是好的，都是幸福，都是善。”个人的快乐和幸福归根到底都是上帝恩赐的，这是因为上帝是仁慈的。但是，个人对快乐的追求必须以不违背“最大多数人的最大幸福”为前提，否则，就是“恶”了。社会必须赞扬人们的善行，制裁和谴责恶行。制裁有法律和道德的制裁。道德制裁又可分为外力和内心制裁，前者如社会舆论、上帝的惩罚、因果报应，后者指自我良心的谴责。

2.第二代实证主义

第二代实证主义又称马赫主义、经验批判主义。其代表人物主要有：马赫、彭加勒。

马赫是奥地利著名的物理学家。其代表作有《感觉的分析》等。

马赫的主要观点有：

第一，“世界要素说”。

马赫认为，“要素”既不是物理的（或客观的），也不是心理的（或主观的），而是“中性的”。后来，当人们诘问他“中性要素”是否存在于主观感觉之外时，他明确地回答：它只局限于感觉经验范围之内。

究其原因，马赫认为这是由孔德的“实证主义原则”得出的。“物是感觉的复合”，超出感觉的“物”等是形而上学问题，应该被排斥。运动、时间、空间的客观性，因果律的客观存在，也都应该被排斥。

第二，“思维经济原则”。

科学的任务首先是通过观察和实验来发现、搜集、积累经验材料；其次是对大量的经验材料做出描述和整理，而其遵循的原则是“思维经济原则”。

“思维经济原则”是以最少的思维来描述最大量的经验事实。科学就是如此。科学中的概念或词语是经济简便的符号，如力、刚体、理想气体。科学中的定律、规律、理论等都是思维经济的产物。由此，数学是思维经济的工具，力学是描述感性经验的经济工具，万有引力定律是描述各种天上运动、地下运动的经验现象的经济思维的产物，其他科学都是如此。

所以，一切科学理论都只是“作业假设”。“作业假设”没有正确与错误之别，而只有方便与不方便之别。比如，地心说和日心说就是如此。地心说和日心说相比，更具有经验基础，但是，日心说比地心说更简单。所以，地心说和日心说很难从经验事实出发来断定对错，进而取舍哪一个，而是根据其模型的“简单性”程度来进行取舍。由于日心说比地心说的模型更简单，所以，使用起来更方便，于是人们取日心说。人们取日心说，并不是说它比地心说就更科学。

亨利·彭加勒是法国著名的数学家、物理学家和天文学家。其代表作有《科学与假设》、《科学的价值》、《科学与方法》等。

彭加勒的主要观点有：

第一，将当时的“物理学革命”（即：相对论、原子物理学对古典物理学）看成是“物理学危机”，且看成是唯物主义哲学的“危机”。与科学相对应的新哲学是“马赫主义”。

第二，“约定主义”理论。

由于牛顿力学被推翻了，所以，科学理论并不是什么“客观真理”，而是“人造的”，即：科学真理“是我们精神上的一种自由活动的产品”，也即人们任意“约定”的结果。科学所必需的概念、理论、语言、科学实验等都具有一定的约定性。比如，“三角形内角之和是180°”“1＋1=2”等都是约定。退一步说，在日常生活中，“约定”太多了。比如，我们用的语言（如汉语、匪话、口哨、地方话）是约定；我们所用的物质（如眼前的桌子）是约定；我们所用的时间、空间（如北京时间、中国古代测量单位）也是约定。

但是，“在一切可能的约定中，我们的选择是受了经验事实的引导。”

第三，“科学是假说”。

科学是方便、有用的约定的假说。比如，数学是约定的假说；力学是约定的假说。

（二）逻辑原子主义

逻辑原子主义的代表人物有罗素和维特根斯坦。

罗素是著名的数学家、哲学家、数理逻辑学家、文学家、政治活动家。其主要观点有：

第一，提出了“逻辑是哲学的本质”这一口号，即哲学等同于逻辑。

这是从实证主义原则中得出的。根据实证原则，科学的任务在于描述和整理经验现象，对经验现象作化繁为简的逻辑系统化的整理。而科学哲学的任务就在于对科学的陈述进行逻辑分析，以检验科学的陈述在化繁为简的逻辑系统化过程中是否完全符合逻辑规则、有没有因违反逻辑规则而造成各种错误，从而确保科学体系的逻辑严密性及其内容的正确性。

由此，他认为，科学哲学与传统哲学的本质区别在于：第一，科学认识必须局限于经验的范围，否则，就是非科学的独断论或形而上学。第二，科学哲学的任务在于逻辑分析，即对表述经验的科学陈述及其所构成的知识体系进行逻辑分析。第三，科学哲学的逻辑分析不能为科学建立任何新的真理。第四，科学哲学的逻辑分析的意义是使科学陈述逻辑清晰，不致引起思想混乱和理智迷惑。

第二，经验世界是“原子事实”（即经验事实）按照形式逻辑的结构而建造起来的，由原子事实构成复合事实。对经验事实的描述是原子命题。由原子命题用连接词构成复合命题。

第三，自然科学必须以“原子命题”或“复合命题”才能正确地描述原子事实或复合事实。用许多原子命题、复合命题以逻辑法则组合起来，就构成了语言系统，即整个科学知识体系。所以，科学知识或语言是描述经验世界的。

由此，科学知识的真是：科学知识描述经验世界正确，即符合经验事实，或者说原子命题和原子事实相符。科学知识的错是：科学知识描述经验世界错误，即不符合经验事实，或者说原子命题和原子事实不相符。复合命题的真假可根据逻辑法则来确定，这是因为复合命题是原子命题的组合。进而，他认为，自然科学可以避免形而上学干扰而带来的困惑和混乱，如哲学中“一般”与“个别”、“物质”与“意识”的关系等传统哲学问题就都毫无意义了。

维特根斯坦是罗素的学生，其哲学名声超过其老师。其代表作有《逻辑哲学论》和《哲学研究》。维特根斯坦的哲学思想分为两期，前期主张逻辑主义，后期主张日常语言分析。

维特根斯坦的主要思想有：

第一，继承了罗素“哲学的本质是逻辑”的口号，且提出了“全部哲学是语言批判”这个新口号，从而使实证原则语言学化。

具体地说，语言是表述经验事实的，语言只有表述经验事实才能有意义，人们才听得懂，否则，就没有意义，人们就听不懂。

语言要有意义，使人听得懂，必须具备以下几个条件：①必须符合逻辑语法。②必须表述经验范围内的事情。

第二，经验世界的最基本单位是原子事实。与原子事实相对应的是原子命题。在原子命题基础上合成分子命题。科学就是原子命题、分子命题的结合。

命题或语言虽然是描述或摹写经验事实，但仅仅是经验事实的“图像”或形象，仅仅是符号、记号，就像乐谱标志或音乐一样，根本不是客观世界的“映象”。

第三，自然科学是“假设”。

自然科学仅仅是人们用以满足自己一定需要的服务手段，是人们为了使复杂的自然现象化繁为简而做出的“假设”。他认为，肯定自然规律的客观性只是一种“迷信”，就像“古代人迷信上帝”一样。

第四，经验事实中没有必然性，但逻辑学却有必然性。逻辑规则是先天的。

（三）逻辑实证主义

20世纪20年代初，德国哲学家石里克在奥地利的维也纳大学组织了一个哲学小组，常常讨论罗素和维特根斯坦的哲学思想，后来渐渐成为一个流派——逻辑实证主义。通常又被称为维也纳学派、第三代实证主义。

石里克是这个流派的创始人，卡尔纳普是维也纳学派的代表，赖兴巴哈也是逻辑实证主义后期的代表人物。

1.卡尔纳普

（1）经验实证原则和意义理论

①知识依赖于经验。一个命题是否有意义取决于此命题是否表述经验内容，即是否能被经验证实或证伪。只有能被经验证实或证伪的命题才是有意义的，否则，就毫无意义。

例如，“这朵玫瑰花是香的”这个命题是有意义的，人们只需嗅一嗅就能鉴别其真伪。所谓经验的可否证实，还可指“原则上”可否证实。例如，“月亮的背面有3 000米以上的高山”这个命题，从技术上讲可能一时无法检验，但原则上是可以检验的，因而，这个命题仍是有意义的。

但是，另有一类命题的内容超出经验之外，无法以经验来判别其真伪，所以是没有意义的“伪”命题。例如，“经验之外是否有物质存在”，“物质与精神何者第一性，何者第二性”等一些传统的哲学问题都是没有意义的“伪命题”。

②除了经验的直接证实之外，还有经验的间接证实。例如，一块金属，能为经验直接证实的是它的表面现象，如色泽、重量等。但它是铁还是锡等，即它的本质却无法仅凭感性经验直接鉴定。“直接经验证实”是指当下经验的证实，例如观察金属的色泽，掂量金属的重量等；而“间接经验证实”是指在直接经验基础上，通过逻辑推理来证实。

与直接经验证实和间接经验证实的区分相联系的是“观察术语”和“理论术语”之间的区别。“观察术语”是以经验事实的直接记录，如黄、红、甜、酸等，其含义是自明的、不可改变的。而理论术语，如质量、能量、基因、夸克等只有还原于经验术语时才能有意义。

但是，直接证实是可靠的，间接证实是不可靠的。因为间接经验是或然的，不是必然的。

后来，逻辑实证主义对“经验的直接证实的可靠性”发生了争论。卡尔纳普通过争论改变了看法，这是因为：

第一，感觉并非绝对可靠，可能是错觉或幻觉。比如，同一阵风，对健康人可能凉爽舒适，而对病人则寒冷难忍。再比如，臭豆腐的“臭”因人而异。再比如，仅凭直接经验，我们甚至无法区别现实与梦境。莱欣巴哈在《科学哲学的兴起》中写到：当我们做梦时，我们并不知道我们在做梦。只有以后醒来时，我们才能认清我们的梦是梦。那么我们怎能自称我们现在的经验比梦中的经验更可靠呢？现在我们在清醒中还是在梦中，这是无法判定的。我们经验过一些梦境，我们以为清醒了，但是错了，我们还是在做梦。如果我们深思一下日常生活所说的“梦游”“白日做梦”“美国梦”“梦想”“人生如梦”“往事如梦”等说法，就比较好理解莱欣巴哈的观点了。

第二，直接经验实际上是人的感觉，而感觉是具有主观性或私人性的。比如，对于同一朵花，我说它是红的，别人也说它是红的，但是，我感觉中的红与别人感觉中的红是完全相同的吗？会不会我感觉中的红正是别人感觉中的黑呢？况且正常人的视觉与色盲患者的视觉是不同的。所以，直接经验是指谁的直接经验呢？

第三，后来将直接经验改为共同的观察记录陈述，即物理学意义的观察记录陈述。但是，科学的陈述必须是正常人的观察陈述，一个色盲患者的观察陈述是不能用来判定“这朵花是红的”，那么，谁来鉴别正常人与非正常人呢？是医生？可医生自身是否正常也需要别人来鉴定。医生A需要医生B来鉴定，医生B需要医生C来鉴定……这样，就陷入了无穷回归的陷阱。另外，对同一事物，在不同的时间、地点、条件下所得的观察结果是不同的。如在不同光照、不同介质的条件下对同一事物的颜色、形状的观察结果是不一样的。所以，只有列尽相同的具体条件的观察陈述才是确定的观察陈述。然而，条件是无限的，列尽具体条件是不可能的。

这些使逻辑实证主义流派逐渐衰落。后来，逻辑实证主义流派将“可证实原则”放宽到“可验证原则”。如果观察语句能够对一个语句的验证做出肯定或否定的回答，那么，这个语句是可验证的。

（2）综合真理与分析真理

“综合真理”是表述经验事实的命题，可通过经验事实来判别其真伪。而

“分析真理”是关于逻辑句法关系方面的命题，如“单身汉是没有结婚的男人”，这实际上是同义反复，并没有告诉人们以任何新的经验内容，仅仅凭逻辑规则就能判明其真伪。

综合真理是或然真理，这是因为它来自于经验事实的归纳，而归纳是从过去推知未来，从个别推知一般，从有限推知无限。

分析真理是必然真理，这是因为它只表述逻辑关系并不表述经验事实，在本质上是同义反复的，如，“2+2=4”等。

那么，分析真理是同义反复，与经验事实无关，这不是同形而上学一样，是一些“毫无意义的废话”吗？不！卡尔纳普认为，分析真理虽然不能告诉人们经验知识，但是能使经验知识简明化和系统化，就如数学中的“0”一样，“0”是一无所有，但在数学演算中起着重要的系统化和简明化的作用。

那么，逻辑规则的必然性是从哪里来的？罗素和维特根斯坦归结为先天真理，从而陷入了先验主义。卡尔纳普采用了彭加勒的“约定主义”。逻辑规则一旦为社会约定，就对人有约束性，人们就必须采取“容忍”的态度而严格遵守。因此，他称这种约定主义原则为“容忍原则”。

（3）语言的两种职能、两种语言、两种句子、说话的两种方式

第一，语言有“表述职能”和“表达职能”。

语言的“表述职能”的任务在于表述经验事实。担负语言的这种职能的命题都是表述经验事实的命题，如，“这张纸是白的”“那朵花是香的”等，这些能适用经验证实原则，即能凭经验判定其真伪，因而是有意义的命题。

担负语言的“表达职能”的命题，并不表述经验事实，而只表达个人的内心世界，即自我的感情、爱好、意志和愿望等。如伦理学、文学等方面的命题就属于这类命题。它们虽然有表达个人感情的作用，并能以此感染别人的感情，但是，却没有任何表达经验事实的作用。它们无所谓真与假，因而是没有意义的。比如，“感时花溅泪，恨别鸟惊心”，再如，平常骂人的话——“他不是人”“他不是东西”等。

“形而上学”就像抒情诗、音乐一样，只有表达作用，没有表述作用，没有真与假，是没有意义的。但是，“形而上学命题没有意义”，只是指认识上或科学知识上没有意义，而不是说没有任何社会生活方面的“价值”或意义。比如，像善恶美丑之类的伦理学、文学艺术方面的命题，从认识论或知识论方面来说是没有意义的，却在人类社会生活方面具有“价值”。“唯物主义”与“唯心主义”虽然不表述经验事实，但表达了哲学家的内心世界。

由于传统哲学大体上分为形而上学、心理学和逻辑三个方面，形而上学可以归为文学艺术，心理学可归为经验科学的范围，所以，哲学只剩下逻辑部分了。“现代哲学就是逻辑”。“哲学只是逻辑句法”。“哲学的方法只是逻辑句法分析的方法”。

第二，“两种语言”。

这就是元语言和对象语言。对象语言的对象是事物，而元语言的对象是语言，即：是一种关于语言的理论。如，“‘彼得’是由两字组成的”，属于元语言。“彼得在玩球”，属于对象语言，否则，若是元语言，则成了两个字在玩球了。所以，混淆这两者之间的关系，就会导致矛盾，陷入逻辑混乱。

第三，“两种句子”。

科学是一个命题系统，由两类不同性质的句子，即对象句子与句法句子所构成。“对象句子”是表述经验内容的句子，“形式句子”是表述逻辑句法关系的句子。

第四，“说话的两种方式”。

即“实质的说话方式”和“形式的说话方式”。

“实质的说话方式”就是用对象句子表述经验内容的说话方式，其语词指的是事物。“形式的说话方式”是用句法句子表述逻辑句法关系的说话方式，其所涉及的只是语言的形式。只有正确地在不同场合采用了不同的说话方式，那么许多因误解语言的意义而造成的无谓争论就不会发生了。可是，事实上并非如此。

人们在表述经验事实时，固然总是采用实质的说话方式，但是，在表述逻辑关系时也总是习惯于使用实质的说话方式。这不仅因为人们不是逻辑学家，不习惯于或不善于以形式的说话方式说话，而且因为以形式的说话方式说话，其内容比较抽象、空洞，不如以实质的说话方式说话来得生动、容易为人们理解、比较合乎习惯。事实上，不仅人们在日常生活中，逻辑学家在专门论述逻辑句法时，也常常会采用实质的说话方式说话。

所以，出现了第三类句子——“假的对象句子”。“假的对象句子”是指一种在形式上像是表述经验事实，而在实质上却是表述逻辑句法关系的句子。比如：

“巴比伦是一个大城市”——句子1

“我在讲话中使用了‘巴比伦’这个词”——句子2

“我在讲话中讲到巴比伦”——句子3

句子1是对象句子。句子2是句法句子。句子3就是假的对象句子，它形式上似乎讲到了巴比伦这个城市，实质上与句子2一样，这里的“巴比伦”只是一个语言符号。

历史上许多唯物主义与唯心主义的争论，就是把假的对象句子误认为真的对象句子所引起的。如果把传统哲学中的假的对象句子译成句法句子，即不采用实质的说话方式，而采用形式的说话方式，那么它们的一切对立就立即消失了，见表6-1。

表6-1 **哲学句子和句法句子**

哲学句子	句法句子
贝克莱：1.物是感觉材料的组合 (实证主义的“物是感觉材料的结合”) 唯物主义：2.物是原子的结合 (实在论的“物是物理材料的结合”)	1.每一个只有物的名称的句子都等于一类不具有物的名称的句子； 2.每一个具有对象名称的句子，都等于具有时空坐标和一定（物理的）描述算符的句子

这样，几千年来唯心主义与唯物主义的争论原来是一场缺乏逻辑句法知识所引起的历史性大误会。

（4）物理主义与统一科学

①问题的提出。

经验事实是统一的，所以，表述经验事实的科学语言也应该是统一的。但是现在，各门学科各有自己的概念、术语，各有自己的语言，这样就造成了各门科学学科之间的隔阂。

科学哲学的任务就是要结束这种学科分割的局面，实现科学的大统一。

②如何实现这种统一呢？

唯一的办法是把各种科学的语言统一于物理的语言。这是因为物理语言的基本概念是色香味声、大小方圆等，这是经验世界的基础。

如果把一切科学语言都翻译成物理语言，那么，一切科学的对象也就都还原于色香味声等经验要素了。这样，科学是一个统一体系，在这个体系里，没有根本不同的对象或领域。

③难点及其解决方式：心理学语言能统一于物理学语言吗？

欢乐、愤怒、心慌、牙痛等心理状态，如何把它们还原于大小方圆等物理概念呢？

卡尔纳普采用了行为主义的立场，即用躯体的外部行为活动来代替内心的心理活动，这就是说，描述内心心理状态的语句与描写外部躯体状态的语句是彼此等值的、可以互换的。例如，“在十点钟时A先生发怒了”等值于“在十点钟时，A先生的身体发生了变化；呼吸率和脉搏率增高，某些肌肉紧张，并产生了某些强暴的行为等”。我们通常也用“面红耳赤”“咬牙切齿”“暴跳如雷”等物理学的语词描述“愤怒”。

虽然物理学语言是一种普遍语言，但是，它能够包罗一切的语言吗？显然不能。将所有的语言都划归到物理学语言中是有问题的。比如说，将经济学语言如何还原于物理学语言？就像现在人们将经济学语言还原于数学语言一样，这实际上是有问题的。

2.赖兴巴哈

赖兴巴哈的代表作有《科学哲学的兴起》等。

（1）概率的归纳理论

赖兴巴哈探讨了归纳问题。"归纳问题"就是指归纳推理的合理性问题，也就是关于从特称命题到全称命题的推理的有效性问题。休谟在《人类理解研究》中对归纳推理的合理性表示怀疑，这是因为过去的重复不能保证今后必然重复，过去太阳每天从东方升起不能保证明天一定必然升起。赖兴巴哈认为，休谟的错误是寻求知识确定性的错误。其实，归纳知识并非必然性知识，而只是不确定的或然性知识。所以，通过归纳法得到的科学知识并非必然是确定无误的知识，而只是或然的概率知识。

由此，赖兴巴哈认为，归纳问题的关键是科学知识是否具有必然的确定性的问题，如果坚持"科学知识无错论"，认为科学知识是必然的确定性知识，那么归纳问题就不可能得到解决，最终就会陷入先验主义或怀疑主义；反之，如果抛弃科学知识无错论，坚持科学知识可错论，认为科学知识不过是一种不确定的概率知识或假说，那么上述"归纳问题"就不复存在了。

（2）概率的意义理论

赖兴巴哈虽然坚持了逻辑实证主义的经验证实原则，但是，以概率的意义理论对此作了某些"修正"。他提出了两种意义理论：真值意义理论和概率意义理论。一般的逻辑实证主义都采用真值的意义理论，认为任何一个命题只有被经验证实，才有真或假的意义，否则，就没有意义。但是，这种理论有一个问题，那就是只适用于已经证实的命题，而不能适用于尚未证实的命题。虽然逻辑实证主义通过"还原原则"，将不能适用于尚未证实的命题（或间接命题）还原于观察命题或经验直接证实，但是，赖兴巴哈认为，从"不能适用于尚未证实的命题"（或间接命题）推出来的观察命题是无穷的，这就是说，间接命题和直接命题并不存在逻辑等值关系。一般来说，间接命题或理论命题都具有无限性、普遍性，而直接命题或观察命题只具有有限性、个别性，这就是说，它们之间不存在必然的逻辑蕴涵关系，而仅仅存在或然的概率蕴涵关系，即"概率联结"。

所以，赖兴巴哈主张以概率意义理论代替真值意义理论。真值意义理论的原则是：任何命题凡是有可能为经验证实的，才有意义，否则，就没有意义。而概率意义理论的原则是：任何命题如果是有可能权衡其概率的，就有意义，否则，就没有意义。

（3）科学发现的范围与科学证明的范围

赖兴巴哈认为，应该将科学发现理论的范围和科学证明理论的范围区分开来，不可能有一架逻辑机器来代替科学家的天才的猜测，所以，科学发现理论不属于科学哲学研究的范围，而属于心理学研究的范围。而科学理论的证明是有归纳逻辑的，即用归纳逻辑可以证明一个理论的概率度，因而，科学理论的证明属于科学哲学研究的范围。科学哲学应当研究科学证明，而不能研究科学发现。

（4）科学理论是假说

科学理论都是归纳真理，而归纳真理是或然真理，所以，一切科学理论都是或然性的假说，即有可能正确，也有可能不正确。科学中没有永远正确、绝对正确的真理，也没有永远成功、绝对成功的科学家。

（5）没有观察到的对象问题

第一，两个世界：对象世界和中间现象世界。

前者是指我们能够观察或感受到的感觉世界。后者是指我们观察不到或感觉不到的不可观察的世界。

第二，对“中间现象世界”如何解释？

一是正常的描述体系。假定观察到的现象和观察不到的中间现象，都遵守同一因果法则；假定观察对现象没有干扰，不论现象是否被观察，它们的状况都是相同的。采用正常的描述体系比较方便，只是限于宏观现象和日常生活而言的。

二是异常的描述体系。它无需上面所说的两个假定。它往往适用于微观现象，这是因为：微观世界不能直接感受，必须通过仪器对它们进行间接的测定；微观客体具有波粒二象性的解释。对微观现象，在一些实验中可以用微观的解释作为正常解释，在另一些实验中可以用波动的解释作为正常解释。这就是说，用微观的解释或波动解释，都不能将正常的解释贯彻到底，即统一的正确解释不复存在，人们只能采用异常的解释了。赖兴巴哈称此为量子力学的“异常原理”。

第三，为了解释微观世界中的异常现象，引进了“详细解释”“有限解释”。

“详细解释”，就是既包括对可观察现象世界的解释，又包括对不可观察的中间现象世界的解释的一种完全的解释。

“有限解释”，就是只限于对可观察的现象做出解释，而不包括对不可观察的中间现象世界解释的那种不完全的解释。

（四）逻辑经验主义

亨普尔是逻辑实证主义后期的重要代表人物，力图挽救逻辑实证主义的衰败。其代表作是《自然科学的哲学》《科学说明的若干方面》等。

（1）整体观的意义理论

科学理论是整体，只是因为科学理论是分析命题和综合命题的统一。因而，检验则是科学理论的整体，并非单一命题。所以，意义的最基本的单位是科学理论的整体，而非单一孤立的单独的命题。亨普尔主张以整体观的意义理论代替原来的意义理论。

因为理论与经验的联系是不同的，所以，意义是分层次的。首先是全由观察语词组成的观察陈述系统，其次是那些与理论有密切联系的观察陈述系统，再次是那些与经验联系较远的理论系统等。

（2）科学理论的验证

以验证代替证实。验证是指暂时的经受了经验的检验。将理论的“可证实原则”改为“可检验性原则”“可验证性原则”。

科学理论不可能绝对证实或证伪，而只能得到相对的验证。这是因为：一是理论是普遍性陈述，任何有限的实验证据都不能断然证实一个理论。二是任何理论都不是孤立的，而是与许多其他辅助性条件或假说相联系的。当一个理论受到实验的反驳时，是该理论错了，还是辅助性条件有问题，这是不可知的。三是不存在判决性的实验。即使是最真实的、最广泛的实验，也不能证实任何一个理论，也不能否证另外一个理论。因而，严格说来，科学中不可能有判决性实验。

（3）科学说明的理论

科学说明是回答“为什么”的问题。

科学说明有两种模型：演绎规律说明模型和归纳统计的模型。前者又称为D-N模型，或覆盖律模型；后者又称I-S模型。

科学说明的D-N模型是：通过把事物或事件包含丁普遍规律或定律之中，进而说明该事件或现象为什么会发生。

科学说明的I-S模型是：前提和结论之间并非演绎蕴涵关系，而只是得到归纳的支持。例如，一个人感染了链球菌，经过了注射青霉素之后感染消失了，只说明在这种场合下注射青霉素很可能得到这种医疗效果，而不是说明在任何情况下注射青霉素都能产生如此效果，这就是说，这种效果只能以或然性的概率来表示，即只是一种归纳统计的说明。

（五）操作主义

操作主义与逻辑实证主义同时产生、互有影响。其基本观点也十分相似。由于接受了实用主义思想的影响，所以，操作主义体现了逻辑实证主义与实用主义合流的趋向，成为逻辑主义实用主义化的先驱。

威廉斯·布里奇曼是美国著名的实验物理学家、科学哲学家。其主要代表作有《现代物理学的逻辑》《物理学理论的本性》等。

1.操作的含义

狭义的操作是指“实验操作”，即通常所说的科学实验。广义的操作是指“实验操作”和“精神操作”。精神操作有：一是“纸为笔”的操作，这是指数学运用和逻辑演算；二是言语操作，这除科学家的全部言语活动外，还包括其他思维活动。

2.操作主义的意义理论

第一，每一个语句的意义等同于与该语句相对应的一组操作的综合，否则，任何不能有一组操作与之相对应的语句，都是没有任何意义的。

第二，每一科学问题的意义等同于这个问题所对应的一组操作的总和，否则，任何一个不能有一组操作来做相应回答的问题，都是没有意义的问题。

第三，任何有意义的学科命题，就是那些能根据操作来决定其真伪的命题，否则，任何不能以操作决定其真伪的命题，都是没有意义的命题。

这样，布里奇曼认为，操作活动以外的整个客观世界是没有意义的。“物”或“物理对象”，并不是存在于操作活动之外的客观实在。

3.实用主义的真理观

真理无所谓真假，只有有效与无效、恰当与不恰当、经济与浪费之别。但是，真理和谎言的区别就在于按真理行事最终可以成功，按谎言行事最终失败。

真理之所以是真的，是因为真理是有用的。真理能满足人们的需要（效用），是能够帮助人适应环境、应付环境的工具。

（六）奎因的新实用主义

奎因的新实用主义又称为逻辑实用主义。奎因继布里奇曼等人之后，进一步把逻辑实证主义与实用主义结合起来，以弥补操作主义的不足。

1.反对经验主义的“两个教条”

即反对经验证实原则、反对严格区分综合命题与分析命题。这标志着逻辑实证主义的衰落。

2.整体主义科学观

奎因认为，科学是一个由许多相互联系、彼此影响的命题和原理所组成的经纬交错的大网络或力场。

任何一个语言都是一个整体，所以，不可能把一个语言系统中某一个孤立的句子正确无误地翻译成为另一个语言系统。奎因把这个原则称为“译不准原则”。

3.实用主义的真理观

奎因认为，科学是人们用以应付环境的工具，是人们用来应付环境的一个概念系统。任何一个理论，只要在应付环境中有用，就是真理，否则，就是假的。

（七）波普尔的证伪主义

波普尔的代表作有《科学发现的逻辑》《猜想与反驳》。其主要思想有：

1.反对归纳法，崇尚演绎法，认为归纳法得到的结论是不确定的

2.反对经验实证原则，崇尚经验证伪原则

科学和非科学的划分界限不是经验证实，而是证伪；科学是能被证伪的（即可检验的、可反驳的、可错的、猜测的）。由此得出：不能证伪的就不是科学。"证实"思想所依据的是：充分条件假言推理中"肯定后件式"，而此式是无效的。具体地说，假定理论用"P"表示，由"理论"推出的结论用"Q"表示。然后，用经验事实证实了Q。进而，便认为"P"得到了证实。用符号可表示如下：（P→Q）∧Q→P。然而，在逻辑学中，此式是无效的。在这里，举一例便可说明。现假定老虎必须待在虎穴里，于是，我们便说：不入虎穴，焉得虎子，这就是说，"如果不入虎穴，就得不到虎子。"如果某人没有得到虎子，则，此人是不是一定"不入虎穴"？不一定，这是因为他很可能入虎穴了，但被老虎吃掉了。这一推理过程如下：

［P（不入虎穴）→Q（焉得虎子）］∧Q（得不到虎子）→P（不入虎穴）∨$\bar{P}$（入虎穴）

这里的"∧"读着"合取"，表示"并且"的意思，这里的"∨"读着"析取"，表示"或者"的意思。显然，由于推理的结论不确定，即有可能是P，也有可能是$\bar{P}$，所以，此推理是无效的。相反：

［P（不入虎穴）→Q（焉得虎子）］∧非Q（得到虎子）→P（入虎穴）

此推理是有效的。

所以，波普尔认为，理论不可能得到证实，只可能得到证伪。

3.理论是大胆的猜测

一是因为科学是通过归纳法得到的。由于归纳是有问题的，所以科学也可以是错的。二是因为观察渗透理论，认为理论先于观察。所以，理论不可能来自于观察，也不可能来自于归纳，理论只可能来自于猜测。

4.科学知识增长的理论

科学知识增长与进步是一致的。科学可进步的标准是其可证伪度。理论的普遍性越高，可证伪度就越高；理论的精确性越高，可证伪度就越高。

5.波普尔的真理观

真理符合论，即主观和客观相符合。但是，真理是无法达到的；科学是人类逼近真理的途径，没有科学，真理无法完成；科学向真理靠近的标准是逼真度。逼真度越高，就意味着真理的正确性就越高。

6.科学发展的模式

首先科学的第一阶段是提出问题。科学起源于问题。第二阶段是对问题解决进行大胆的、尝试性的猜测，提出理论或假说。第三阶段是对理论进行检验。各种理论相互竞争、相互批判，并受观察和实验的严格检验，在检验中消除理论中的错误，筛选出逼真度较高的新理论。第四阶段新的理论又进一步被证伪，出现新的问题。以上四个环节循环往复，以至无穷，科学的发展是无止境的。

波普尔称此模式为“四段式”，又称“试错法”，其公式化为：

P1→TT→EE→P2……

这里的“P1”表示问题；“TT”表示某种理论；“EE”表示通过批判、检验消除错误；“P2”表示新问题。

7.“三个世界”理论

波普尔提出了三个世界。世界1是物理世界，即物理实体的宇宙。世界2是人的精神状态世界。世界3是思想内容的世界，即知识世界。认为知识也是客观的，即使知识在没有发现之前，也是客观存在的。

8.“境况分析方法”

值得一提的是，20世纪90年代以来，一些西方经济学哲学家提出需要用波普尔后方法论来代替波普尔方法论。这主要有以下几个原因：(1) 波普尔所提出的“境况分析方法”，显示了其方法的解释学转向。他说：“境况分析方法是我在1938年头一次补充到《贫困》一书中的，后来又在《开放社会》一书

第14章加以充分说明”。“在这里主要之点是试图概括出一种经济理论（边际效用理论）的方法以便应用于其他理论社会科学。”具体地说，境况分析方法的目的是对人的行为做出合理的解释，其主要有以下两个观点：一是境况分析，二是应用合理性原理，即断定所有的人实际上都以对其境况适当的方式行动，也即所有的人都理性地行动。境况分析的说明方法可以格式化如下：I.境况描述——行动者A处于境况S；II.境况分析——在境况S下所做的适当的（理性的）事情是X；III.合理性原理——若已知他们的境况，行动者A总是适当地（理性地）行动；IV.被说明的对象——因而：A做X。汉兹指出：“容易看出：境况分析正是微观经济学（和任何有微观基础的宏观经济学）的方法。”由此可见：波普尔的这一方法实际上体现了其在方法上的解释学转向。

（八）历史主义学派

1.旧历史主义学派

库恩的代表作是《科学革命的结构》《必要的张力》。

（1）范式及其特性、作用

这又可以理解为模式、图式、框架。范式可理解为某一科学共同体中成员所具有的相同成分，包括相同的理论、方法或传统、价值观、信念，甚至相同的工具，比如说某一仪器等。

由于不同的共同体往往有不同的范式，所以，范式是无法通约的，或不可交流的，即具有不可比性。

在科学共同体中，范式一方面使共同体得以存在，另一方面对共同体中成员起着规范的作用，即对其思想乃至行为起着规范的作用，规定成员必须“这样做”或“不可以那样做”。所以，范式也翻译为“规范”。由此可知：“学习”实际上就是范式的树立、进化，乃至提高。学术的“近亲繁殖”，实际上是同一个范式在起作用，而绝对拒绝接受其他范式。人与人之间的交往、学派与学派之间的交往等都是不同范式之间的交流，乃至争论或争鸣。

（2）选择范式的标准

虽然选择范式没有任何逻辑上的理由，但是，确实可列举一些供科学家考虑的一般性标准。例如，第一，简单性。范式越简单越好。第二，有效性。范式解决问题的能力越强越好。第三，精确性。范式符合观察和实验的能力越强越好。第四，广泛性。范式适用的范围越广越好。第五，一贯性。某一范式内部具有逻辑一致性，且比以前的范式更具有严密的逻辑一致性。

（3）科学发展的动态模式

库恩认为，一门学科自进入科学时期后，其发展一般经历以下几个阶段或时期的循环往复，即：常规科学时期→范式危机时期→科学革命时期→新的常规科学→……

常规科学时期，是指“根据范式而进行科学研究”的时期。当一门学科中出现了统一的范式，就进入了这个时期。在这一时期，成员们对其信奉的范式坚信不疑，就像虔诚的宗教徒对于共同的宗教教义坚信不疑一样。也可以说，科学家在这一时期是保守的，而不是革命的，其思维方式是“收敛的”，而不是“开放的”。即使科学家在运用范式解决问题失败时，科学家也绝不会怀疑范式，不会去检查范式是否正确，而是去检查和审核自己的设计、计算，以及使用仪器的条件、设备等是否有误差。

危机是指常规科学的危机，或范式的危机。这就是说，由于与范式不相符合，或无法用范式做出解释的现象，即反常现象越来越多，人们对范式开始怀疑，对其的信念逐渐动摇。危机使科学家们惶惶不安、无所适从，不能再按老样子干下去了，但又不知新路在何处。泡利在海森伯为新量子理论指明了道路的矩阵力学发表之前几个月，写信给一位朋友，说：“现在，物理学又陷于混乱得可怕的时候。无论如何，它对我来说是太困难了，我倒希望自己一直是一个电影喜剧演员或别的角色，而从未听过物理学。”在这之后不到5个月，泡利又说：“海森伯的那种力学再一次给我的生活以希望和欢乐。的确，它并没有为谜题提供解，但我相信，我们又有可能向前推进了。”

科学革命的基本内容就是抛弃旧范式，树立新范式。从旧范式到新范式的转变不是科学家的认识的深化，而只是信念的转变或“宗教的改宗”。新范式的创立者和拥护者往往是年轻的一代科学家，他们受旧范式的熏陶不深，对旧范式的信仰不坚定，容易对它产生怀疑，是科学中的进步力量；而老一代的科学家由于长期受旧范式的熏陶，思想往往保守，难以放弃旧范式、接受新范式，就像一批忠诚的宗教徒难以放弃旧教义、接受新教义一样，所以，他们往往是科学革命中的保守力量。马克思·普朗克在其《科学自传》中回顾自己的生涯时，悲伤地谈到："一个新的科学真理的胜利与其说是靠使它的反对者信服和领悟，还不如说是因为它的反对者终于都死了，而熟悉这个新科学真理的新一代成长起来了。"

新范式战胜、取代旧范式后，科学革命时期就结束了，科学的发展就进入一个新的常规科学时期。

拉卡托斯是旧历史主义学派的又一位代表人物，其代表作是《科学研究纲领方法论》。其哲学的核心概念是"科学研究纲领"。所谓"科学研究纲领"，是指一组具有严密内在结构的科学理论系统，有四个互相联系的部分组成：第一，由最基本的理论、观点构成的"硬核"。第二，由许多辅助性假设构成的保护带。第三，消极保护硬核的"反面启示法"。第四，积极改善和发展理论的"正面启示法"。如果将科学研究纲领的硬核比喻为原子的内核，把保护带比喻为原子外围的电子层，则可以把正面、反面启示法比喻为联结原子核与电子的引力与斥力。

"硬核"是科学理论系统的基础或内核，对整个理论系统起决定作用。"硬核"之所以是"坚韧的"，是因为受到"保护带"的保护。"保护带"是由许多辅助性假说构成的，也称为"辅助假说保护带"。保护带的任务就在于保护"硬核"，尽可能不让"硬核"遭受经验事实的反驳，使"硬核"成为名副其实的不可反驳的"硬核"。"保护带"是如何保护"硬核"呢？那就是"保护带"把经验反驳的矛头主动从"硬核"引向自身，不是让"硬核"，而是让"保护带"承担错误的责任；并通过修改、调整"保护带"来保护"硬核"，使其不受经验的反驳和否定。

"正面启示法"是指一种积极的鼓励性的方法论的规定。它鼓励并提倡科学家们通过增加、精简、修改或完善"保护带"等办法，以发展科学研究纲领。

“反面启示法”是指一种方法论上的反面的或禁止性规定。在本质上是一种禁令，禁止科学家们把反驳的矛头指向“硬核”，而要求科学家尽力把矛头从“硬核”转向“保护带”，使“硬核”不遭受经验的反驳。

2.新历史主义学派

新历史主义学派的代表人物是劳丹和夏佩尔。

劳丹的代表作是《进步及其问题》。其主要观点是“研究传统的理论”。“研究传统”是指指导具体理论发展的一套准则，即一组本体论和方法论上的“该做”与“不该做”的规定，也即一个关于该研究传统领域内的实体和过程的一般假定，以及在这一领域内用以研究问题和建构理论的方法论体系。一般来说，“研究传统”有以下几个方面的内容：第一，每个研究传统都有许多具体、专门的理论。第二，每个研究传统都具有某些形而上学的基本信念和方法论的信条。这些信条使该研究传统作为一个完整的体系而独立存在，并与其他研究传统相区别。第三，相对于具体理论来说，研究传统是比较稳定的。它往往要经历一段相当长的时间，以及公式化和形式化的过程。第四，追求任何一个比其竞争对手具有更高进步的研究传统总是合理的。第五，在选择和评价一个研究传统的时候，必须将其置于一定的历史背景中进行考察。

夏佩尔是新历史主义学派的另一名代表人物。其代表作是《自然科学的哲学问题》。其科学哲学的核心是“信息域理论”。“信息域”不仅是指观察得来的经验事实，而且包括该学科中的理论、观点、方法、原则、信念等项目。当然，这些项目是相互联系的。构成“信息域”的条件有：第一，“信息域”中项目是相互联系的。这些联系是有科学根据的，并非主观想象。第二，构成“信息域”中的信息项之间存在着某些不一致或问题。第三，这些问题一定是很重要的。第四，当前的科学技术或研究方法已经具备解决这些问题的条件，即科学研究这个问题的时机已经成熟。

（九）科学实在论和反科学实在论

20世纪80年代开始，兴起了科学实在论和反科学实在论。

科学实在论是基于人类所取得的科学成果所建立的一种关于世界“实在性”的理论。它认为只有科学所揭示的对象、过程、规律和实体才是唯一真实存在的。其主要观点有：第一，承认世界的客观性；主张真理符合论；坚信科学是评判一切真假是非的标准。第二，坚持物质是第一性，认识是第二性。第三，坚持感性经验是人们的认识源泉和基础。没有经验内容或减少理论概括的猜想或纯思都不是实在的。第四，主张科学的精确性、普遍性、简单性、有效性和逻辑一致性。

就目前情况所知，所有较为知名的反科学实在论者，都既不是神学徒、宗教徒，也不是传统意义上的哲学家或主观唯心论，而是地地道道的科学家或科学史家。事实上，“反科学实在论”反的不是世界本身是否真实存在的问题，而是科学所揭示的世界是否真实存在的问题。比如，“日常实在论”则不否定外部世界的实在性和可知性。人们日常所谓的“天方地圆、海阔天空”都没有错，都是真实的存在。相反，一经科学的加工，反倒距离“客观实在”甚远了。例如，科学所说的“1个水分子是由2个氢原子和1个氧原子构成的”，这在日常生活中竟毫无“根据”。所以，在反科学实在论者看来，科学实在论只是一种理想的“人为中心论”，也完全否定了人的主观能动性。反科学实在论反对的是科学沙龙主义、科学的理性特征、纯客观性和独断主义等。例如，科学理论是否表达外部世界？我们总是认为从成功的科学理论中一定能推出客观世界的存在，但是这能够推出吗？不能。如化学上的燃素说、热素说、热之热动说、物理学上的电磁以太说、光以太说等也曾经成功过，但，无法推出“燃素”“热素”“以太”等存在。同样，从成功理论中也推不出“理想气体”“刚体”“理性经济人”等在客观世界中的确存在。再比如，科学既然有错误，也就没有理由相信科学所揭示的对象一定是实在的。同样，宗教、神话所揭示的对象一定是绝对的非存在吗？不是。这是因为宗教、神话等肯定不是纯粹的虚构，即它们所指谓的“对象”在一定程度上也有实在性。总之，要从人的能动性来理解科学，科学理论的构建不能完全受之于客观对象，“真理符合论”是有一定问题的。

（十）后现代科学哲学

现代主义是以现代化为目标的社会经济和政治现代化过程中所表现出来的精神文化倾向和实践活动。它是工业文明的产物，崇尚科学主义。只承认自然科学才是真正的科学，是“唯一”有意义的文化，强调用自然科学的观点、方法、标准，去审视、衡量社会科学。

现代主义的主要观点有：第一，人类中心主义。其强调人是自然界的主人、人定胜天。第二，基础主义。其认为，任何认识都有一个标准，且此标准不变。任何认识都有一个固定的目标，即真理。哲学、科学是知识的基础。第三，本质主义。任何事物都有固定的本质。真理是对事物本质的认识。第四，普遍主义。其崇尚权威、规则、传统、理性、崇高、真理、正题、圆满、客观等。

后现代主义意味着对现代主义的摒弃，从各个角度揭示了现代性自身所存在的内在矛盾和缺陷，不放过现代性所犯下的每一个罪恶和错误。它的兴起表明了一部分人对现代性的失望和绝望。它是后工业社会的回应、是信息时代的产物或新科技革命的适应。

后现代主义的主要观点有：第一，反人类中心主义。其主张人非中心，人与自然合一，主张过田园生活。第二，反基础主义。其认为将哲学、科学视为知识基础是不可能的。第三，反本质主义。其主张异质性，尤其是人的丰富多彩的个性。第四，反普遍主义。它反传统，尤其反科学主义、反权威、反理性、反教条主义，主张不确定性、零碎性、非原则性、卑琐性、虚构性、反讽性、异质性等。

后现代主义实际上是人文主义思潮的延伸。它贬低自然科学的地位，强调用人文文化（艺术家、政治家或神学家等）的观点、方法和标准来审视科学，从而将人文文化看作是整个文化的基础。但后现代主义在20世纪80年代以后，在西方开始走向衰落。

1991年开始了后现代主义科学哲学。其代表人物是法伊尔阿本德（有的将其翻译成费耶尔本德）。其代表作是《反对方法》《告别理性》《自由社会中的科学》。其主要观点有：

第一，反对方法，主张无政府主义方法论。他认为，任何方法都是约束科学家的创造性的紧箍咒和抑制科学方法的桎梏。科学中没有普遍有效的、规范性的、固定不变的方法。唯一的科学方法规则是：不要任何规定；唯一正确的口号是“怎么都行”。这就是说，他崇尚多元方法论，所有的方法，包括科学方法和非科学方法都是平等的，这是无政府主义方法论的实质。

第二，非理性主义科学观，科学是非理性的。

他以科学史上“哥白尼革命”为例论证了这种观点。他断言一般人都认为哥白尼的天文学革命的胜利是理性的胜利，这是错误的。其实，它不是靠理性，而是靠“伽利略的诡计”、伽利略的“能言善辩”宣传而取胜的。伽利略在《关于两大世界体系的对话》一书中采用了诡辩式的宣传和解释。伽利略之所以取得胜利是“由于这样三个原因：他的风采和机智的说明技巧；他用意大利文而不是拉丁文写作；以及他向之求助的人在气质上都反对旧思想和与之相联系的学术准则。”

第三，科学没有进步。

这是因为科学理论之间是不可比的。科学理论之所以不可比，是因为不同理论各有自己不同的科学术语。这些科学术语虽然在字面上可能相同，但是其意义根本不同，两者之间不存在任何可以相互比较的根据。例如，牛顿理论和爱因斯坦相对论就是如此。两者的一些基本术语或概念，如“时间”“空间”“质量”“能量”等虽然字面上相同，但是其实际意义迥异。两者没有任何承继关系或归化关系。

第四，抹杀科学和宗教迷信的界限。

他主张应从根本上取消科学划界标准，科学和非科学的划分是人为的，这是因为科学和宗教迷信、理性和非理性都对认识起着重要作用。许多科学成果的取得得益于非科学或宗教神话。例如，医学就和巫术等有关。原始化学起源于宗教的炼丹术、炼金术。

他称，只承认科学知识，不承认宗教神话的观点是“科学沙龙主义”。

第五，“反科学沙龙主义的自由社会”。

他反对科学。科学在当今已经成为一个怪兽，压制着人性，使人变成了一种没有魅力、没有幽默感，而只有可怜、冷漠和自负的机械装置。人们把科学的地位抬得太高了，从而使最富有创见和最有胆识的思想家都俯首于科学的判决。

所以，要建立一个反科学垄断的“乌托邦社会”，即自由社会。“自由社会”是建立在高度发展了的“民主社会”的基础上的。在这个社会中，所有的传统，不论是科学与宗教迷信等都有相同的权力、地位和教育权。它没有任何特殊的信条，例如，理性主义的信条或人本主义的信条等。在这个社会中，实行国家和科学的分离、科学和教育的分离。人们在学校中既能学习物理学、天文学、历史学，也能学巫术、占星术、祈雨仪式和传奇等。在这个社会中，科学应由外行来领导，科学家应受群众的监督。

[7]

西方人本主义思潮视野中的经济学

与西方科学主义相对立，西方出现了人本主义思潮。人本主义主张研究人的非理性，认为人是非理性动物，不是理性动物，反对科学的功利性。虽然西方人本主义思潮有非理性主义和唯心主义的缺陷，但是，它也有其合理性，肯定了人身上的非理性，重视人的精神作用。本章通过弗洛伊德主义来透视西方人本主义。最后，论述了经济非理性，认为经济学也应当研究非理性。

7.1 西方人本主义思潮中的“非理性”内容

7.1.1 弗洛伊德主义

1.核心

弗洛伊德主义的核心概念是“里比多”，即性欲。弗洛伊德认为，人的本质是神秘的生命冲动，即生物的遗传本能的冲动，其核心是性欲的冲动。他认为，“里比多”是人的全部行为和心理活动的“内驱力”，即人的源泉和动力。因此他认为，人的行为和心理活动是某种神秘的、先天的，即本能的欲望冲动所决定的。

到了晚年，弗洛伊德认为，人的本能有两种：生存的本能（性本能）和死亡的本能（破坏的本能）。前者表现为：性爱、和谐；后者表现为：仇恨和屠杀。人在目的达不到时，就会自杀。所以，人类社会是“爱罗斯”（爱神）和“塔纳托斯”（死神）相互斗争的有节奏的戏剧，而战争的根源就在于人的天生的死亡的本能。

众所周知，人生的最终动力是经济，而不是性，人类社会发展的最终动力是生产力，而不是性。所以，弗洛伊德的这一观点显然是有问题的，夸大了性的作用，可以说，这是唯心主义观点。虽然人的动力最终不是性欲，但是性在人及其社会中毕竟起着非常重要的作用，比如，在一个边缘的小山村，若问一个放牛娃，其人生的动力是什么，他往往就会回答“娶媳妇、生孩子”。人们常说爱情的力量，爱情能调动人的积极性，使人充分发挥其聪明才智，实现其目标。爱情甚至能使病入膏肓的人恢复健康。从生理上来说，一个人的性的能力在一定程度上折射出其身体健康状态，就像动物世界里雄性动物一样。所以，弗洛伊德的这一观点也是有一定道理的，至少肯定了性在人及其社会中的作用。著名的思想家罗素认为，“对爱情的渴望；对知识的追求；对人类社会不可遏制的同情心，这三者单纯但无比强大地支配了我的一生。”这确实道出了爱情在人类社会发展史上的作用。

2.心理结构

（1）心理结构的构成

人的心理结构由本我（Id）、自我（Ego）、超我（Superego）三个方面构成。

“本我”是原始、本能的永恒冲动，完全是下意识的，它甚至还包括社会伦理、法律、宗教所不允许的原始的野蛮的动物性本能，如求生的本能、繁殖的本能、求利的本能、求快乐的本能。“本我”遵循的是“快乐原则”，即强烈地寻求发泄和满足。

“自我”是为了实现本我的冲动，就必须考虑外界现实来从社会中获得其所需要的一切，即“自我”遵循的是“唯实原则”。它一方面抵制和压抑着本我的欲望冲动，没有它，生物就会由于本我的盲目追求而导致毁灭。另一方面，在社会的允许之下，它可以帮助实现本我的意图。

“超我”由自我理想和良心两部分构成，遵循的是“道德准则”，主要是在传统道德熏陶之下通过奖励和惩罚而实现的。它控制和调节那些原始冲动，对冲动施加的是内在的限制。比如说，人生中具有讽刺意义的事情之一，就是品德好的人比道德败坏的人所经受的羞愧要多得多，这是因为品德好的人，只要想一想要做什么坏事就会感到羞耻。自我控制能力强的人，势必要对多种本能的引诱进行许多思考，相反，一个道德败坏的人，就不可能有很强的“超我”，当他想或做了违反道德标准的事之后，就不会有许多的良心谴责。

由上可知：“自我”和“超我”都是对“本我”进行管制，一方面使合理的“本我”得以实现，另一方面使不合理的“本我”得以压制，这是它们的共性。但是，“自我”和“超我”也是有区别的，“自我”对“本我”施加的是外在的管制，而“超我”对“本我”施加的是内在的限制。如果说本我是人的生物禀赋的心理代表，自我是人与现实之间相互作用的结果，是比本我高级的一个心理过程，那么，超我可以说既是文化传统的产物，也是文化传统的传播媒介，故可以说是最高级的心理过程。

由上可见：心力的储蓄是本我，能量用于激活自我和超我；而自我、超我支配的能量被用于两个目的：一是投入宣泄以促成紧张的排泄，二是投入反宣泄以阻止紧张的排泄。

（2）心理的健康与不健康

心理的健康就在于本我与自我、超我力量之间的平衡；心理的不健康就在于本我与自我、超我力量之间的不平衡，表现为精神病等。

比如说，求利是每个人的本能，没有它，人及其社会就失去了动力，正如孔子所说：“富而可求也，虽执鞭之士，吾亦为之”（《论语·述而篇》），“邦有道，贫且贱焉，耻也。”（《论语·泰伯篇》），但是，求利应当遵守法律这一“现实原则”、合乎社会的“道德准则”，不应当违反法律和道德，正如孔子认为，“不义而富且贵，于我如浮云。”（《论语·述而篇》）所以，本我与自我、超我力量之间的平衡，可以表述为中国传统文化所蕴涵的“见利思义”“以义生利”，包括：取利要合理合法（即生财有道、买卖公平）、以义制利、整体利益至上等。相反，如果求利的力量远远大于法律和道德，即违反了法律和道德，也即违反了“义”，那么，社会就会出现拜金主义、拜物主义，逃税、骗人、坑人甚至杀人等现象就会出现。如果法律和道德的力量远远大于求利，就表现为中国传统文化中所说的“重义轻利”和“禁欲主义”，这显然是违反人性的。

3.精神分析法

弗洛伊德刚开始在解决精神病的时候，采用的是催眠术，后来，意识到催眠术有其局限性，将催眠术发展为精神分析法。

精神分析法，又称精神发泄法，其中包括“自由联想法”，具体内容是：让精神病患者解除顾虑，放松思想，任意联想。患者通过自由联想、自我分析，来洞悉其无意识的深处，揭示被压抑于内心世界底层的活动秘密，从而采取合理的控制，代替苦恼与恐惧不安的压制以消除病症。

4.几个重要结论

（1）潜意识

人的整个精神生活的根本是无意识，即本我，而意识即自我、超我，是后天形成的，是社会给予的非本质的东西。

生命本质的欲望冲动是永动不息的。本我虽受“自我”“超我”的限制，但仍然强烈地寻找出路，有时则以伪装的形式潜入意识系统，于是人在心理上会出现做梦、失言以至神经官能症等现象。所以，梦是性欲行为的伪装，精神病则是“里比多”遭受过分压制的结果。

通俗地说，潜意识就是无意识，表现为梦、口误、笔误、笑话等。它一方面是本我超出“自我”“超我”来寻找发泄，另一方面与人的早年的特殊经历有关，一个人在早年的特殊经历往往在其成年以后会以潜意识的形式出现，而显示出其没有意识到、令其莫名其妙的一些现象或错误行为。

弗洛伊德的潜意识思想有一定的道理，人身上确实有自己未曾意识到的“无意识”，人身上一些错误确实是“无意识”造成的。通过“无意识”，人可以透视出其意识或欲望或找出病因。但是，弗洛伊德认为，无意识占主导地位，本能不能为大脑所调节，这显然是有问题的，事实上，在人的身上，意识占主导地位，人脑能够调节本我。

（2）恋父或恋母情结

作为生命本质之一——性欲冲动是与生俱来的，也就是说，在婴儿刚出生时就开始有了。弗洛伊德认为，婴儿的性爱开始表现为自恋，即“那西斯主义”（Narcissusism），后来表现为他恋或对象恋，即男孩性爱自己的母亲，女孩性爱自己的父亲，也即弗洛伊德所说的“恋母情结”（Oedipus Complex）。在稍长大以后，小孩由于屈从于父亲或母亲的权威而接受父母所给予的道德、宗教等社会意识，就开始出现超我意识的约束，抑制自己的性欲，于是恋母情结结束了，开始进入相对安定的可教育的性爱潜伏时期，直到晚年。

虽然弗洛伊德的这一观点是有问题的，主要就在于“恋母情结”很难得到证实，比如，有的男孩就喜欢自己的父亲，有的女孩就喜欢自己的母亲，但是，弗洛伊德的这一观点也是有一定道理的，每个人毕竟是在父母亲的关怀下成长的，必定会热爱自己的父母亲，往往会以父母亲为榜样来选择自己的朋友（包括异性朋友）。比如，著名的艺术家凌峰和贺顺顺的婚姻就和他们的“恋母情结”有关。贺顺顺说，她和凌峰的婚姻就像是其父母亲的翻版。她比凌峰高，她妈妈就比她爸高好几厘米；她和凌峰的年龄差距和其父母亲的年龄差距一样；他爸爸48岁时有了她，凌峰也是48岁有了他们的女儿；她父亲和凌峰爱好一样，比如说，都喜欢猪头肉拌大蒜，而且都认为，只要有了馒头和猪头肉拌大蒜，就觉得日子很幸福，他们在发脾气的时候，骂人话语也一样，都爱使用“三个字”，非常山东。凌峰也回忆说，在他的记忆中，他父亲以前也一直想让他娶一个青岛老家的媳妇，这是他父亲的一个愿望。

再比如，好莱坞英俊小生都恋爱自己的母亲。莱昂纳多在1997年以《泰坦尼克号》走红，成为全球影迷崇拜的万人迷。在他事业蒸蒸日上时，他并没有忘记自己的母亲。在重要场合，他手里牵着的往往不是女友，而是自己的母亲。难怪在圈中，他的孝顺人人皆知，成为新一代孝子明星的代言人。他现在也没有固定的女朋友，也许还没有找到让自己和母亲都满意的吧。说起莱昂纳多的名字，还有一段小小的故事。当时已身怀六甲的母亲在看莱昂纳多·达·芬奇的画展时，肚子里的小宝贝踢了妈妈一脚，似乎对画也感兴趣，因此妈妈给小宝贝取名莱昂纳多。别看和妈妈在一起的时候满脸幸福的样子，其实在莱昂纳多还是个小宝宝的时候，他妈妈就已经离婚了。妈妈一个人辛苦地把他拉扯大，培养他成人，最后令他成了炙手可热的明星。莱昂纳多现在回忆，虽然曾经有一段时间，家里的经济条件相当不好，可妈妈仍坚持让他出国旅游；而且为了让他读更好的学校，每天都用两个小时接送他上学。现在，她曾经的付出得到了最好的回报——儿子再忙也不忽略自己的母亲，每次他出国拍戏，都带上自己的母亲，孝顺而体贴。除了莱昂纳多外，还有汤姆·克鲁斯、本·阿弗莱克、贾斯汀，都有很强的“恋母情结”。

(3) 人类社会的发展史是一部性压抑的历史

弗洛伊德认为，人的性爱因遭受压抑、无法满足而升华时，它就转向其他出路，于是就表现为人的科学、艺术等文化活动的创造性。他举例说，莱昂纳多·达·芬奇等之所以在艺术、科学等方面才华出众，是因为他们特有的恋母情结过早地激起了性欲冲动，因遭受极深的压制而升华为天才的缘故。所以，弗洛伊德认为，随着社会文明的发展，人的内心冲突和精神官能症将不可避免地加剧，社会弊病也必然日趋严重。

弗洛伊德确实有泛性主义倾向。弗洛伊德不仅把人的一切动机、行为看成是性欲冲动所造成的，而且把婴儿的吸吮动作、父女和母子之间的自然情感，把梦境、病态、口误、笔误、艺术家的创造欲望也看成是性欲的表现。当人的欲望不能得到满足时，性欲便转向其他方式，如科学、艺术等创造活动来得到满足。

弗洛伊德过分夸大了本我和自我、超我的对立倾向。他认为，社会的功能在于借助于自我、超我，尤其是超我，即“检查员”来压抑人所特有的本能、欲望，因为若不如此，社会便不能存在。人类社会进步是通过对本能、欲望的压抑来完成的。所以，社会对于生活在其中的人来说永远是一种祸害。文明和文化是以抗拒本能、欲望（生存和死亡的本能和欲望）的满足为基础的。战争的不可避免性的根据就在于破坏本能，即死亡的本能。革命和起义是侵略本能的具体表现。从而将社会的发展归结于人的原始本能，走向了历史唯心主义。

但是，弗洛伊德的这一观点也是有一定道理的。确实有一些科学家一生都没有结婚，将一生的时间和精力都投入到科学研究之中。莱昂纳多·达·芬奇的名画《蒙娜丽莎》就和其“恋母情结”有关。达·芬奇是个私生子，父亲是名门子弟，母亲是下层人。在5岁之前他一直和他的母亲生活在一起，母亲把所有的爱都给了他，把他既当成“儿子”，又当成“丈夫”，从而过早地激发出了他的“恋母情结”。在5岁之后，达·芬奇的父亲家庭由于无后便将达·芬奇要了回去，从此，达·芬奇就再没有见过自己的亲生母亲。随着年龄的增大，他越来越思念自己的母亲，而且是与日俱增。忽然有一天达·芬奇见到了与自己母亲非常相似的一个女子，这一下子勾起了他对母亲的美好回忆，且激发出了他创作的欲望，于是以该女子为模型，加上他心中美好的母亲形象，完成了《蒙娜丽莎》那幅名画。后来许多画家总想将这幅名画临摹出来，但是总达不到达·芬奇《蒙娜丽莎》那样的水平，于是认为这幅名画有一股“灵气”。依我看来，《蒙娜丽莎》这幅名画蕴涵着达·芬奇强烈的“恋母情结”，而其他画家由于没有达·芬奇强烈的“恋母情结”，于是就临摹不出《蒙娜丽莎》这幅名画，这实际上就是人们所认为的“艺术是一种体验”的缘故。

7.1.2 沙特的存在主义

1.存在的含义

（1）存在是“自为世界”

“在人的世界、人的主体性世界之外并无其他世界”。沙特认为，和人没有关系的自在世界，即外部世界是虚无的、荒诞的、偶然的、混沌的，强调和人发生联系的自为世界，即人的意识是真实的、有意义的。

（2）个人存在是一切存在的出发点

存在是人的存在，首先是个人的存在，然后才是集体或社会的存在。具体地说，沙特是从对笛卡尔的“我思，故我在”的诠释中得出的结论。

笛卡尔认为，哲学应该像数学一样，从公理出发，否则，就会陷入“公说公有理，婆说婆有理”的境界，所以，他要寻找哲学中的“公理”。通过不断地反思、批判、怀疑，笛卡尔认为，哲学中的“公理”是“我思”。具体地说，如果对一切包括肉体都表示否定的话，那么，唯一可以肯定的是“我正在思考”。也正是由于“我思”，我才意识到我自己的存在。相反，我处于无意识的时候，比如，晚上睡觉做梦时，我就意识不到自己的存在。所以，笛卡尔从“我思”出发，得出了我自己的存在，即个体“我”的存在。

事实上，笛卡尔的“我思，故我在”在其理论体系乃至在西方哲学史上占有极其重要的地位。

由于“我”是个体，有缺陷，所以，人总想再提高自己，以克服自己的局限性。比如，人锻炼身体是如此，学习是如此，追求自己的理想也是如此。尤其对一些残疾人来说，他们总想在精神方面超过别人，尼采就是如此。在西方，人们心目中总有一个自己所追求的理想物，这一理想物就是对自己局限性的克服，接近这一理想物就意味着在提高自己。所以，西方人的这一追求是合理的，决非胡思乱想。但是，西方人将这一理想物归及于“上帝”。在西方人心目中，上帝是“无所不能的，无所不会的”，学习宗教就意味着人在接近上帝、在提高自己。所以，在西方人心目中，上帝是其精神支柱，没有之，西方人就失去了自己的精神家园，这就是说，西方人就彻底跨了。如果对西方人说“上帝死了”，西方人肯定会说“你已经疯了”。从上帝出发，笛卡尔认为，上帝创造了世界的两个本原——物质和精神，进而创造了整个世界。

（3）精神存在

既然存在是个体存在，那么，个体的存在究竟是肉体的存在还是精神的存在？

从沙特所认为的“存在是‘自为世界’”出发，可以得出：个体的存在是精神的存在。

（4）非理性存在

既然人是精神存在，那么人究竟是理性存在还是非理性存在？沙特认为，人是非理性存在。具体地说，人是非理性的主观体验存在，即孤寂、苦闷、畏惧、焦虑，甚至面临死亡的绝境。这表明沙特不赞成笛卡尔所认为的人是理性存在的观点。

虽然沙特的这一观点有极端的倾向，在人的身上理性确实占主导地位，但是，人的身上毕竟有非理性因素，比如灵感、直觉、想象、无意识、习俗、情感情绪等。有的人知道发脾气不好，但总是控制不了，总要骂娘。有的人知道抽烟不好，医生告诉他不能再抽烟了，但是，他仍然要抽烟。人类知道战争不好，但是依然要通过战争，而不是在谈判桌前讲理来解决问题。人类明知道资源稀缺，但为什么还是到处浪费，比如说，拼命地吃喝。人类明知道当今的生态危机非常严重，但是依然还在对自然界进行无限制的索取，比如，衣、食、住、行等都想要最好的，于是，人类在拼命地开发房地产、捕杀稀有动物、造豪华汽车等。如果人类的欲望不加以克制，人类总有一天会走向毁灭。于是，人们可以设想，人类果真比动物高明吗？人类果真比动物更讲理性吗？在生产管理上，自人际管理阶段以来，管理学界就非常重视人的情感情绪对人的生产积极性的影响。在日本，有的工厂在早上工人上班之前，总是先问一下工人“早上心情如何？有没有发脾气？”，如果工人说心情不好，工厂就会让工人到一间房子里歇一歇，什么时候心情好了，才去上班。所以，沙特的这一观点也是有一定道理的。

2.“存在先于本质”

沙特认为，对与人相关联的物来说，先有物的本质存在，然后才有物的存在，比如，对飞机来说，首先是有飞机的图纸存在，然后人们按照图纸制造出了飞机。

但是，对人来说，先有人的主观性存在，没有任何本质，人的本质是这种主观性自行创造的。

事实上，人的本质确实是后天形成的，无论是社会关系，还是烦恼、苦闷、绝望，都是如此。社会关系随人的变化而变化，人的烦恼、苦闷、绝望也都是在后天形成的。人的所言所为都可以被理解为人的本质的表现，而人的所言所为当然是在变化的。

3.“人是绝对自由的”

一是人的本质是可以自由选择的，二是人在选择时是绝对自由的，即没有客观的先验的标准。任何外在的标准对人自己来说都是外在的。三是选择是自己的选择。这就是说，选择最后仍然在于自己的自由选择。四是既然选择是自己的，自己也就要对选择的结果负责。

4.“人生是悲剧”

既然现实中的人无法做到绝对自由，即社会使人无法完全做出自己的选择，所以，人生也就是悲剧。沙特认为，人生是一场失意的梦，“他人是自己的地狱”。

那么，如何对待人生呢？沙特提出，对待人生的方法主要有：一是盲目冒险，及时行乐；二是悲观主义态度；三是借助于宗教信仰，要相信宗教；四是学习哲学，即学会如何去死。现在，西方已经开设死亡哲学课。

由上可得知对西方人本主义哲学的总的评价。第一，其缺陷性是唯心主义、非理性主义。第二，其合理性是强调了人的非理性成分的存在、强调人的精神的重要性。

7.2 “非理性”对经济学的启发

康德的二律背反：矛盾的两方面都可以得到说明和证明。所以，理性和非理性同样都能够得到证明。

在经济学中“理性经济人”是最基本的假设。但是，经济学不需要研究“非理性”吗？或者说经济学不需要从“非理性”进行构建吗？

事实上，“理性人”也具有非现实性。“理性人”从斯密开始，主要经历了三次大的争论。在斯密那里，经济理性表现为人们在市场活动中，出于自身利益的考虑，对得失和盈亏的精密计算。到了马歇尔新古典经济学那里，经济理性被视为与自身利益最大化等同，理性经济人是效用最大化的追求者。这就使数学工具在经济学中被广泛应用成为可能。这种理性观，被后来的经济学家概括为三条基本含义：目标的一致性、手段与目标的一致性以及收益最大化。随着博弈论进入经济学，经济理性的外延被进一步放宽，“理性人”被理解为每一个人的自利行为与群体内其他人的自利行为之间的一致性假设。这是一个很弱的理性概念。对于这一观点，阿马蒂亚·森提出了不同的看法，他认为，仅仅有选择的内在一致性对理性来说是不够的，至少它还必须要求在一个人实际持有的目的与他所做的选择之间存在一些令人信服的关系，而一致性假说并没有做到这一点，他进一步把“理性经济人假设”斥之为“理性的白痴”。他进而建议，应该建立一种比理性原则更为复杂的理论结构。他还指出：即使人们能够以理性的方式行动，正统经济学的理性经济人假定也不一定是有道理的。这是由于我们都会犯错误，都会陷入混乱，“冷静的理性方式可以充斥我们的教科书，但世界要丰富得多”。“理性人假设”本身是虚弱的，它的合理性来自于一些增强的补充性假设，如完全竞争、市场均衡、充分信息以及同质性假设，还应该加上个人有足够强大的信息处理和计算的能力。而这些补充性假设却是难以得到现实有力支持的。

事实上，虽然在人及其活动中理性通常起着主导作用，但是，非理性因素依然起着一定程度的作用，这也是不可忽视的。其实，唯有理性和非理性处于一种有机协调的状态，人的活动才能是合理的、成功的。因此，作为现实人的经济活动的市场，就是理性和非理性共同起作用的一个场所，这既要求重视研究理性因素在市场经济中的作用，也要求探讨非理性因素在市场经济中的作用。近、现代西方一些赫赫有名的经济学家都探讨了非理性在市场经济中的作用，且提出了一些有价值的研究成果。英国庸俗政治经济学的创始人马尔萨斯指出人不是理性的动物，而是情欲冲动和愚蠢的动物，其所作所为完全和理性的劝导相反，否则，就不会有人口过剩、困苦、战争。由此他认为研究经济学尤其是研究人口理论必须从现实的非理性的人出发。约翰·穆勒虽然提出了理性经济人假设，把理性摆放在政治经济学最为核心、最为基本的方法论坐标上，但是，他提出了“趋势定律”或“趋势法则”。他认为，任何理论都是在干扰因素条件下对某一现象达到的不完善的、近似的正确认识。由于干扰因素不可能排除掉，所以，任何理论不可能永真，总有错的地方。干扰因素包括情感、习俗、意志、动机等，这实际上就是非理性因素。威尔弗雷多·帕累托虽然坚信经济学所研究的人的行为大部分是理性行为，但是他也认为，在实际生活中，逻辑行为和非逻辑行为几乎是混杂在一起的。“非逻辑行为”是指“非理性行为”，指的是手段与给定目标没有逻辑关系的行为。它包括价值观念、信仰、情感等领域。美国经济学家索尔斯坦·本德·凡勃伦是第一个从非理性的角度来构建其经济理论体系的人。他认为，制度可对经济最大化产生偏离的影响。制度是社会习惯，而习惯又产生于本能。本能可分为三类：父母的天性、工作的本能和随意的好奇心。所以，制度因素对经济发展的制约，归根到底是受本能支配的。1962年，贝克尔发表了《非理性行为和经济理论》论文，他指出经济生活不仅有理性行为，而且有非理性行为。他不仅指出广义的非理性行为包括处于极端情形的怠惰行为和冲动行为，而且提出了怠惰和冲动两个非理性行为的模型。西蒙把其讲的“有限理性”直接解释为“非理性”。他认为在20世纪50年代中期，经济学界已经提出了一种有限理性，以代替古典的全面理性观。他对非理性决策发生的认识论原因还作了深刻的揭示，他认为市场非理性决策有三个重要的认识论方面的原因：其一是在需求函数、成本函数中客观存在着市场的风险性和不确定性。其二是市场行为者所具有的有关备选方案只能达到不完全信息状态。其三是成本函数或其他环境的约束极其复杂，致使活动者无力计算出其最佳行为方案。英国著名的经济学家G.M.霍奇逊认为市场信息的撷取、加工过程需要非理性的参与，市场行为者决策行为本身有时是经过深思熟虑的行为，有时则是无意识、潜意识状态所激发出的非理性行为。美国经济学家哈维·莱宾斯坦把其经济非理性“X-低效率”理论摆放在与新古典学派分庭抗礼的位置，他认为新古典理论描述的企业运行方式与现实完全相违：一是企业内部不是有效率的。二是企业利润不是最大化的，厂商并不是按边际分析原理经营的。三是市场中普遍存在着偏离最大化原则的非配置型低效率现象。身为斯特拉斯堡路易·巴斯德大学的经济学教授，皮埃尔·路易·雷诺一直对非理性问题十分关注。他把经济可变因素和心理可变因素互相结合起来，十分强调人的心理对经济运行的影响。他所强调的心理可变因素更多的是指非理性因素。他发现“人的行为并不是严格合乎逻辑的，而往往是一半合乎理性的或非理性的”，他认为这种“非理性的人”是由一些“外部刺激”或自己的“内部冲动”所决定的，他希望能创立出一种有关这种“非理性的人”的经济理论。奥地利经济学家欧内斯特·迪希特从大量的市场调查中得出如此重要的结论：市场行为者的行为是“一种假象”。人的各种购买动机“一般是无意识的”，是与“里比多冲动”有关的。在大多数时间里，消费者的“选择”往往是由偶然性或当时的环境所决定的。总之，在西方经济学界，一些西方经济学家早已在其理论中探讨了非理性因素在市场经济中的作用。在一定程度上可以说，西方经济学已从全知全能的理性经济人模式向“理性-非理性”经济人模式拓展。

从哲学角度来看，非理性主要指欲望、习俗、情感情绪、无意识等。而这些在哲学中的探讨很多，但在经济学中探讨得太少。

“欲望”在我国被认为是“需要”，奥地利经济学家弗·冯·维塞尔认为：欲望与需要、需求可以通用。马歇尔在其《经济学原理》中专辟一篇讲述经济学中的欲望范畴及其在市场经济中的作用，特别是从市场消费心理角度论述了人的欲望和市场消费倾向的内部机制，认为个人消费欲望随价格变化而变化。欲望在市场经济中的作用表现在：第一，欲望是市场经济发育的重要内驱力。市场经济中的经济行为不过是在市场上通过货币或相当于货币的商品来进行交换，进而得到某种商品或货币，以满足人的欲望的行为。但由于相对于人们无限多样的欲望来说，有用的资源是相对不足的，因而，必须通过市场的交换形式来达到资源的有效配置，使社会成员的欲望达到相对满足的程度。如果没有人类无限占有资源的欲望和有限的社会资源相矛盾的推动，就不会有以资源配置为主要功能的市场出现。这就是说，欲望使得市场及其运行的机制方面得到发育和成长。第二，欲望的盲目驱动可能会对市场经济带来负面效应。虽然欲望是市场经济赖以生存和发育的重要内驱力，但是，欲望对于每一个人来说，是每时每刻不断产生的最基本生存需要的渴望，它不时地驱动着人的一切市场行为。由于每个市场行为者对其欲望的调节乃至制控是随着个人或集团心理环境和外部环境的变化而变化的，所以，市场上往往会出现一些人的欲望盲目驱动的现象。一旦盲目驱动的欲望超出了合理的极限，就会导致市场行为的抉择失误或市场败德行为以及惨重的经济损失等。

作为非理性因素的“习俗”在市场经济中的作用表现在：第一，习俗往往从人们的主导价值上对人们的消费行为起着潜移默化的、心理上的导向作用。人们的某种消费行为如果严重地违反了所公认的习俗，就会遭到人们的冷遇，甚至引起人们的耻笑、愤怒、斥责乃至宗教情绪。第二，习俗是企业“有组织的记忆”。这是因为企业中不论是“熟练工作”还是“不熟练工作”都包括随时间推移而获得、且往往依惯例而形成的实际技能。事实上，企业中多数技能也都是由一套习惯组成的。第三，某些习俗可以被制度化，而为人们提供有关市场行为者的经济活动信息。习俗一旦被制度化，就会更加约束市场行为者的行为，就会更有利于人们做出有意识的决策。第四，习俗对于市场经济的运行可以有重要的保障作用。市场行为者往往是靠着其共同遵守的习俗来发生各种业务关系的，一旦发生了相互间的经济纠纷，就会由习俗最先来进行调解。第五，习俗在制度创新时期有着重要的作用。对现存习俗的全盘否定，就会导致体制缺乏连续性而陷入混乱、危险的境地。固守旧的习俗，就会导致原有体制的更加僵化。一种失去现实性的习俗往往对制度的创建有着极大的阻碍作用。

无意识在市场经济中的作用，集中表现在市场行为者的决策和评价行为中。虽然决策具有鲜明的理性特征，但是，在实际的市场行为中，有“不假思索”的决策行为。无论是政府还是企业或者个人，都存在不同程度的无意识市场决策行为。虽然评价行为是一种有意识的活动，但是，在实际的市场行为中，也有不少评价行为是不假思索的。特别一提的是文化无意识对决策的影响。文化在人的心理上的长期积淀和内化，就形成了文化无意识。在一般情况下，市场行为者遵循文化无意识准则会得到一定的支持或鼓励，反之，就会遭到非议乃至排斥。正确地把握文化无意识现象对企业决策的成功有着至关重要的作用，否则，企业决策就会失败。比如，我国曾出口的一种牌号为“芳芳”的口红到北美，其牌号按拼音写成Fang Fang，结果，这种口红在市场上遭到了非议，这是因为在英语中Fang的意思为狼的尖牙或者蛇的毒牙，有谁会愿意购买这种牙牌的口红呢？显然，企业的决策与消费者的文化无意识发生了抵触。类似的例子很多，美国雪弗兰以“NOVA”命名一种新车型，英文的意思是“神枪手”。这种新车在拉丁美洲受到冷落，这是因为按西班牙语意思，“NOVA”是“走不动”的意思。我国的“蓝天”牌牙膏行销美国碰到了钉子，这是因为厂方把“蓝天”直译为“Blue Sky”，在美国，“Blue Sky”含有“不能兑现的证券”之意，很不吉利。山羊牌羊毛衫，原本是想说明产品质量的纯正，但是在以英语为母语的国家，“Goat”既是山羊，也是“色鬼”的代称。白象牌电池在外销时采用“White Elephant”品牌，在英国人眼中，大象是“蠢而无用的东西”。

情绪、情感在市场经济中的作用表现在：第一，它们影响市场行为者的认知过程，进而影响其行为。当投资者在各种投资条件已基本具备时，其良好的心情可能会带给其正确的思维及投资的成功；其极度低沉、郁闷乃至恐惧等心情往往会导致其思维的失误及投资的失败；其过分冲动且已达到激情状态的心情往往会使其出现反常态思维或行为。第二，它们对市场行为者的价值偏好有着一定的导向作用。情感、情绪的本质就在于它们以心理体验的方式反映着市场行为者和事物之间的价值关系，表现着市场行为者对事物的价值态度。当某一事物和人的需要毫无关系时，它对人是无所谓价值的，进而，人对它是无所谓情绪和情感的；也只有那种与人的需要有关的事物，它对人是有价值的，才能引起人的情绪和情感。凡是满足人的需要或价值的事物，都会引起快乐、满意、爱等体验。凡不能满足人的渴求的事物、与人的意向相违背的事物，或违反了人的价值观的事物，则会引起愤怒、哀怨、憎恨等体验。第三，它们可以协调市场交往中的人际关系，提高经济人的工作效率或经济效益。情绪和情感总是通过人们表情的中介作用来达到人们彼此之间的相互了解、彼此沟通。它们不仅有可能为经济人建立起相互协作的感情纽带、及时地传递着市场信息，而且可以为经济人去辨认其所处的市场环境和人的态度，从而，有可能使经济人提高其工作效率或经济效益。尤其对厂商来说，他可以从情绪、情感方面来协调企业和职工、职工和职工之间的人际关系，以达到提高工作效率或经济效益的目的。[①]

① 张雄. 市场经济中的非理性世界［M］. 上海：立信会计出版社，1995.

[8]

中西文化背景中的经济学

这里的文化主要指物质文化、制度文化、精神文化。物质文化包括房屋、器具等人类创造物，以及反映人们创造这些物品所需的工艺、技术、科学等；制度文化，包括社会组织、政治制度、政治理论、法律等；精神文化，包括宗教信仰、价值观念、审美情趣、伦理道德、风俗习惯、行为方式等。

这里的中国文化，主要指中国传统文化；西方文化，主要指西方近代文化。本章主要论述四个问题：中西文化差异的为什么？是什么？怎么办？最后，论述了文化传统与经济学的关系。西方经济学有着浓厚的西方文化特色，这已成为共识。日本的经济体制及经济学有其深厚的民族文化特色。中国经济学也应当体现中国文化的特色。本章提出了构建有中国文化特色经济学的几点设想，以及西方经济学如何从中国传统文化中吸取营养。

8.1 中西文化差异的表现

8.1.1 中西文化差异的“为什么？”

这里，笔者不论述中西文化差异形成的原因，这是因为这一问题太复杂，也很难回答。所以，笔者在这里要回答的是为什么要研究中西文化差异这一问题。

这主要因为人是文化的产物。不同的文化塑造的人是不一样的。具体地说，人不仅是家庭文化、学校文化、社会文化的产物，而且是民族传统文化的产物。比如，城市家庭和农村家庭所熏陶出来的人有不少差异，知识分子家庭和普通老百姓家庭所培养出来的人也有明显的差异。同样，不同学校的文化传统塑造出来的学生也有差异，比如，北京大学所培养出来的学生和普通高等院校所培养出来的学生有明显的差异。在这里，强调的是人和民族文化的产物的关系。不同的民族文化塑造出了不同的人，且导致了不同民族的人所作所为的差异。虽然不同的民族文化有相同的地方，其所导致的不同民族的人所作所为有相同的地方，但是，由于不同的民族文化毕竟有很大的区别，所以，不同民族的人所作所为也必定有不同之处。比如，在某一地方，有一间房子起火了，在场的有三个不同种族的人：中国人、法国人和犹太人。由于这三个种族的文化有相同的地方，所以，这三个不同种族的人都想到要救人、救东西、救火。但是，由于这三个种族的文化毕竟有不相同的地方，所以，这三个不同种族的人在具体先救什么的时候，就不太一样了。中国人由于受儒学“孝”文化的深刻影响，所以首先想到的是救自己的老母亲。法国人由于受其浪漫文化的影响，所以首先想到的是救情人。犹太人由于受其民族文化中“经商”意识的影响，所以首先想到的是救钱。再比如，面对一间又破又小的房子，有两个不同种族的人：美国人和中国人。美国人依其民族文化中“不断进取”的精神，就会推翻这所房子，重新盖一个又大又漂亮的房子。中国人依其民族文化中“节约”和“保守”意识的影响，就不会推翻这所房子，而是对它修修补补。并且对自己的这一行为，中国人能够从传统文化中找到恰当的理由：对待“破”，中国人往往会用“金窝银窝不如家里的狗窝”来自我解嘲；对待“小”，中国人往往会取“室雅何须大，花香不在多”来自我安慰。新加坡曾对比了各自以中、西文化教育为主的学校所培养出来的毕业生，结果发现：以中国传统文化教育为主的学校所培养出来的毕业生具有强烈的社会责任感，而以西方文化教育为主的学校所培养出来的毕业生则缺乏责任感。

特别是，当今人们所强调的企业文化的作用就在于培养企业所必需的人。如，松下公司企业文化的口号是“松下生产人，同时生产电器”。丰田公司企业文化的口号是“既造车，又造人”。由于每一个企业文化之间有相同点和不同点，所以，不同的企业文化所塑造出来的人也有相同点和不同点。具体地说，企业文化可以使人学到生产经营及管理的知识、经验，使人树立崇高的理想，培养人的高尚道德，锻炼人的意志，净化人的心灵，使人学到为人处事的艺术，从而，提高人的能力，有助于人的全面发展。

8.1.2 中西文化差异“是什么?”

这主要有：

1.中国传统文化偏重的是“天人合一”，西方文化偏重的是“天人相分”

儒学一直就有天人合一的思想。孔子认为，“夫大人者，与天地合其德”“能尽人之性，则能尽物之性；能尽物之性，则可以赞天地之化育；可以赞天地之化育，则可以与天地参矣”。(《中庸》)孟子认为“尽其心者，知其性也。知其性，则知天矣”。(《孟子·尽心上》)进而，得出“万物皆备于我”的结论。理学（朱熹）认为“天即人，人即天”。心学（陆象山）认为“宇宙即吾心，吾心即宇宙”。所以，儒学认为天与人在本性上没有区别。这样，儒学“仁者爱人”就演变为自然万物生生不息的生机、生意。这就是说，儒学把仁义理解为“生生”的意思，也就把仁义贯穿于天地万物之中，天与人之间便是以生命的纽带而联系起来的。天为父母的思想就表明了：天与人之间的关系便是血缘之间的联系。

道学（老子）所谓的“人法地，地法天，天法道，道法自然”(《道德经》)，表明：天与人之间是以道联系起来的，即“天人”是合一的。实际上，道学认为人的最高境界是“天人合一”，即人达到了长生不老的境界，即成“仙”——至人、神人、真人。正因为如此，庄子在其妻死后，鼓盆而歌。其朋友子桑户死时，庄子也高歌唱到：“嗟来桑户乎！嗟来桑户乎！而（尔）

已反其真，而我犹为人猗！”（《庄子·大宗师》）当庄子要死的时候，他的弟子想厚葬他，庄子反对说：“吾以天地为棺椁，以日月为连璧，星辰为珠玑，万物为赍送，吾葬具岂不备邪？何以如此？”（《庄子·列御冠》）弟子们说：我们是怕乌鸦和鸢子吃你呀！庄子说：“在上为鸟鸢食，在下为虫蚁食，夺彼与此，何其偏也！”（《庄子·列御冠》）

笔者认为，“天人合一”思想将人降为物，这可能是对人类的第四次打击。总的来说，人类经受了三次打击：日心说、生物进化论、弗洛伊德等人本主义。日心说表明：地球及人类不是宇宙的中心，人类由宇宙的中心降了下来。这是对人类的第一次打击，但是，人依然比其他动物高明，这是因为人是由神创造的。生物进化论表明：人是由古猿转变而来的。这就是说，人不是由神创造的，人从神的位置上降了下来。这是对人类的第二次打击，但是，人依然比其他动物聪明，这是因为人是有理性的。弗洛伊德等西方人本主义思潮表明：人也是非理性动物，人和其他动物没有本质区别，人已降为动物。这是对人类的第三次打击。而笔者认为，中国传统文化中的“天人合一”思想将人降为物，人与物在本性上是相通的。这可能是对人类的最大打击。实际上，我们可以设想：“人是自然界的主人吗？人定胜天吗？”答案是否定的。其实，人是自然的一部分，怎么就比自然“高贵”呢？况且我们还认为“自然界是母亲”，即天地是父母呢！人们通常也认为人与自然是伙伴关系。

冯友兰先生的高足——涂之光认为，环境哲学就是研究、修炼天人合一的精神境界的学问。它有两条原则：大平等——万事万物皆平等；致中和——万事万物之间的关系要恰当地处理。所以，中国传统文化的“天人合一”思想是非常有道理的。可以说，这是中国传统文化的“核心”或“精髓”。如果理解不了它，也就理解不了整个中国传统文化。张岱年先生认为，中国古代的“天人合一”的基本含义是“肯定自然界与精神的统一”。这是因为儒学仁义贯穿于天与人之间，又是与知、智合一的。马克思在其《1844年经济学哲学手稿》中就强调共产主义社会是“天人合一”的社会。

与此相反，西方文化偏重的是“天人相分”，强调人是自然界的主人或人定胜天，这主要是工业文明的产物。西方经济学是与工业文明相一致的，奠定在西方文化主客体相分的基础上，即前面所说的知识论立场上。但是，当今严重的环境问题，不仅表明了“人是自然界的主人”是有问题的，而且表明了西方主流经济学也是有问题的。后现代思潮也表明了：工业文明及“天人相分”是有问题的。它强调了中国传统文化中天人合一及主客体一体的思想是合理的。这也就是说，西方主流经济学也应当到中国传统文化中天人合一思想中去吸收营养。西方经济学中的帕累托最优是难以测量的，具有“理想”（或被人理解为“乌托邦”）的性质。其原因就在于“天人相分”、主客体相分的知识论立场。

通俗地说，天人合一思想有以下几个方面的含义：第一，人是自然界的一部分。第二，自然界有普遍规律，人也要服从这个规律。第三，人性即天道，道德原则和自然规律是一致的，且人和自然界在本性上是相通的。第四，人生的理想是天人的和谐。

2.中国传统文化偏重的是整体思维方式（综合、求同）

中国古代以整体综合见长；而西方正好相反，以细节分析占先。这表现在：

（1）在姓氏排列上，中国是宗姓⟶辈分⟶自己的名字，强调的是氏族的整体；而西方正好相反。

（2）在时间、地址的表述和书写次序上，中国是年⟶月⟶日；国⟶省⟶县⟶街⟶门牌号；而西方正好相反。

（3）在文字、语言结构上，中国文字具有书画同源的特点，是由整体象形文字发展而来的会意文字，具有字、形、意相统一的整体。句法中主谓、修饰成分之间的性、数、格和时态关系，一般不做严格的要求，强调的是通过意会来把握。西方文字则具有个体字母组成的拼音文字，其音、形不与字、意相统一。其句法对主、谓、修饰成分之间的性、数、格和时态，都有较严格一致的要求。

（4）在文章章法和文字描写方式上，中国人习惯和注重于整体结构。文章须有头有尾，层次分明，起承转合不可颠倒，来龙去脉必须交代清楚。人物描写以偏重整体刻画为特色，注重外在行为的描写。而西方文学作品整体时空感不强，可有倒叙、跳叙、意识流、片断插入等。人物描写则从头到脚、直到睫毛颤动，以细节刻画为特色，注重不可见的内在心理描写和独白。

（5）在绘画、审美、艺术情趣方面，中国的山水画纵观全局，人物、动物、植物则以勾画轮廓为主。其创造和欣赏中的“格式塔”特征很强。其注重的不是事物的细部，而是某些主要特征，要求观者根据自己的体验和知识，以主体的模糊整合能力来把握，填充被忽视、压缩的部分。中国艺术传统以象征写意为基本特征，讲究风貌神韵、气韵生动，强调对浓厚隽永的意境加以直观领悟。

西方传统绘画则力求细节形似。静物、风景画讲究透视比例的立体感，要求对象空间能够得到真实的再现，对人物和动物的绘画要求以解剖学为基础，要求较客观、准确地反映出对象的细部构造和质感。其艺术传统在于刻意写实，以个体时空严格要求的感官真实为目标，强调模拟再现，注重对审美对象加以系统的缕析。

（6）在伦理意识上，中国文化强调的是国家、民族、宗族和家庭，最后才是个体；而西方正好相反。

（7）在医学上，中医将人看成是整体，强调辩证医治。而西医正好相反。

但是，中国的整体思维缺乏逻辑分析。这就是说，这种思维方式以直觉、理性思辨的并行和互渗为主。例如，对道的理解。道本来指道路的道，后来引申为具有规律、规范的意思。“无”在《老子》里，又是“道”的一种表述。“道”是看不见、听不到、摸不着的，即无形、无声、无体的超感知的东西。“道”是不分上下、不辨明暗、不见前后的无别的状态，是无形、无状、无象的“惚恍”，最终归于“无物”。“道”是不能感知的虚无。所谓“道冲”，即“道”是虚无。“道”却渊深得用不完，好像是万物的宗祖。天地万物最终是生于“无”，这个“无”就是“道”。“道生一，一生二，二生三，三生万物。”“道”还是“气”。

徐光启之所以要翻译欧几里得几何学，一个重要原因就是他感觉到中国人缺乏形式逻辑分析。他希望通过欧氏几何学来提高中国人的形式逻辑思维能力，克服中国人辩证思维的局限性。

3. 中国传统文化偏重的是道德文化和精神文化，而短于科学技术

中国传统文化偏重的是对社会（人伦）关系的研究，而忽视的是对自然的研究。如果将哲学比作鸡蛋的话，那么，中国古代哲学的“蛋黄”（即核心）是伦理学，而西方古代哲学的“蛋黄”则是自然哲学。再比如，中国人对孔子了解得特别多，而对张衡了解得特别少。中国古代的知识分子总想通过科举来实现自己改造社会的政治抱负，而一旦科举失败，则往往转向研究自然科学，李时珍就是如此。

4. 中国传统文化偏重的是专制，而短于民主

由中国文化强调整体，忽视个体可知：中国文化导致了个体不独立、不自由、不平等，即不民主。如，“三纲”（即“君为臣纲、夫为妻纲、父为子纲”）就是如此。中国文化把官又称为“父母官”。

5. 中国传统文化偏重的是人治（德治），而短于法治

在中国传统文化中，有各种各样的处理人际关系的原则。这也表明了中国传统文化非常重视道德修养。

具体地说，中国传统文化处理的人际关系主要有：人与自我的关系、人与他人的关系、个人与民族和国家的关系、人与自然的关系。

人与自我的关系是一个人格塑造的问题，即中国传统文化所说的“理想人格”问题。对此问题的解决主要表现在儒学和道学对理想人格的追求。儒学认为，理想人格的内容是：“仁（德）、志（勇）、知（文）。”即修德、尚志、求知。所谓“仁者不忧”，是指一个人如果自我反省没有内愧于心的事，就不会有任何忧愁和恐惧。所谓“勇者不惧”，是指一个人必须有自己的独立人格。一个人如果被剥夺独立意志，就会表现出反抗的意识。“三军可以夺帅也，匹夫不可夺志也”（《论语・子罕》），“富贵不能淫，贫贱不能移，威武不能屈，此之谓大丈夫（《孟子・滕文公下》）。”就是这个意思。孟子还说：“一箪食，一豆羹，得之则生，弗得则死。呼尔而与之，行道之人弗受；蹴尔而与

之，乞人不屑也”（《孟子·告子上》）。所谓“智者不惑”，是指一个人如果有了智慧、文化，就不会有疑惑的问题了。通常所说的“文过饰非”中，“文”与“饰”是同样的意思，都是指“修饰”“装饰”的意思，也就是指以知识等来培养人、影响人。至于人们通常所说的理想人格中的“美”，是指“仁美”。但，理想人格的主要内容是“仁”。

儒学认为，最高的理想人格是“圣人”，其次是“仁人”。“圣人”可分为“清者（注重名节高洁）”“任者（注重责任意识）”“和者（随和）”“时者（识时务、择时善世）”。其中，时是清、任、和三者的综合。“仁人”是自己想确立的道德自觉，同时，也使他人有所立。这实际上蕴涵着深层的“群体至上原则”。一个人也只有在这一前提下，才能有意义或价值。孔子提出不忧个人的利害得失，而忧天下的利害得失，就反映了人的道德境界。“仁者不忧”更是反映了人的道德自觉境界。

儒学认为，理想人格的成就之路是“三不朽”，即“立德、立言、立功”。立是创造、贡献。立功就是建功立业。“不朽”就是有永恒的价值和意义。这就是通常人们所说的“内圣外王”，即“修身、齐家、治国、平天下”。具体地说，就是《大学》所说的：“格物、致知、诚意、正心、修身、齐家、治国、平天下。”这就是人们通常所说的儒学的“入世”思想或“有为”的思想。与此相反，道学提倡“出世”思想或“无为”的思想。

道学认为，人的最高境界是“天人合一”。要达到这一境界，就必须对以下三个方面进行修炼：生与死的自然大限、情与欲的个体障碍、时命的社会束缚。从而，达到“生死齐等看待”“无情无欲”“超脱世俗生活”。其中，道学也蕴涵着很高的道德要求。

人与他人的关系，这是人伦与群己的关系问题。中国传统文化中处理个人与他人关系的原则主要有仁、礼、和、义、信。“仁”除了上面所说的“生生”意思之外，还有道德方面的含义，主要指“爱人”“泛爱众”。“夫仁者，己欲立而立人，己欲达而达人”（《论语·雍也》）。这就是说，人我俱立，人我俱达，即人人和谐。孔子提倡爱人，但又承认等级差别。墨子主张兼爱，称

“爱人若爱其身”“故视人之室若其室”（《墨子·兼爱上》），认为应当不分远近亲疏地爱一切人。“礼”是古代的社会规范和道德规范。孔子重视礼，说：“不知礼，无以立”（《论语·尧曰》）。又说：“克己复礼为仁”（《论语·颜渊》），主张克制自己的言行，使之符合礼，以达到仁的境界。这也就是说，以礼待人、尊敬他人，是仁，也就是爱人的表现。古代的礼具有等级性，但应有的礼节、礼貌还是维系人与人之间关系的重要行为规则。“和”是不同事物相互联系、会聚而得其平衡，也就是多样性的统一。西周末年的史伯说：“以他平他谓之和”（《国语·郑语》）。儒学也以和为价值的中心原则。“义”的基本意义是公正，公正是对待他人应有的规范。“信”，诚实、信用，认为朋友之间应当遵守信用。信用是基本的道德规范，是任何时代最起码的公共生活规则。

对于个人与民族和国家的关系，中国古代提倡“忠”。忠的原则是对别人的尽心尽责，到了汉代以后，转义为对国君尽忠，强调对君主的绝对服从。辛亥革命废除了君主，但是，忠于民族、忠于祖国、忠于人民是每一个国民的崇高职责。中国自古以来就有一个以关心社稷民生、维护民族独立和保护中华文化为基本内容的爱国主义传统，以爱国主义为人生的崇高价值。

对于人与自然的关系，上面所说的“天人合一”就强调了两者之间的和谐。这里再简单地论述中国古代哲学中关于人对自然的态度的三种学说。第一，因任自然说。庄子说：“常因自然而不益生”（《庄子·德充符》）。这就是说，一切要顺乎自然而不用人为地去补充营养。又说：“不以心捐道，不以人助天”（《庄子·大宗师》）。庄子认为，自然界是和谐美好的，应当排斥一切人为，以免破坏自然状态。第二，控制自然说。荀子强调人为的作用。他在《天论》中说：“大天而思之，孰与物畜而制之？从天而颂之，孰与制天命而用之？望时而待之，孰与应时而使之？因物而多之，孰与聘能而化之？思物而物之，孰与理物而勿失之也？”这里的“制天”“化物”“理物”，就是主张治理自然，利用万物以提高人类的物质生活。第三，相互协调说。《周易大传·泰卦》说：“裁成天地之道，辅相天地之宜，以左右民。”这就是说，主张裁成天地之规律，辅助天地之所宜，以支配万民从事生产，安排生活。《周易大传·系辞》又说："范围天地之化而不过，曲成万物而不遗。"这就是说，《易经》是包括天地之变化而不超过，容纳百物而不遗漏的。《易传》也有"生生之谓易""天地之大德曰生"，即它视宇宙自然界为一生生不息的生命过程，人则是这一过程的实现者与完成者，仁便是这一过程的最高体现。人之所以尊贵，就在于实现天地"生生之德"，使万物各得其所，各遂其生，这便是仁。因此，人与自然界处在有机生命的统一体中。人的主体性就在于"参赞化育""为天地立心"。人如果将自己同自然界对立起来，将自己仅仅看作认识主体，将自然界仅仅看成认识对象，那么，人在自然界的地位就有问题了，人生命的意义和价值也就值得怀疑了。

总之，在中国传统文化中，有各种各样的处理人际关系（人与自我的关系、人与他人的关系、个人与民族和国家的关系、人与自然的关系）的原则，以及其所蕴涵的道德修养的思想。

由上：儒学偏重人治（德治），而短于法治。

儒学的这一思想虽然有道理，"德为本、法为用"，但是，也有问题。由上：社会是整体。国家是大家庭，官也就是父母。因而，在人际关系上血缘关系浓厚，出现了政治伦理化、伦理政治化，进而导致了"窝里斗"等问题。在西方，早在公元前594年，梭伦改革就强调：废除旧的民族血缘传统，按财产的多少来划分等级。亚里士多德更是提倡法治。于是，西方出现了法治传统。

6.在道德观上，在整体利益前提下，强调以下思想

（1）见利思义。

中国传统文化所蕴涵的"仁义"含义除了生生不息、伦理道德之外，还有制度（包括经济制度和政治制度）的意思。通常所说的"仁政"就反映了这一点。考察义的本义，当求之于礼。礼起源于原始社会集体生活、生产的习俗，几乎任何活动之前，都要有长老主持举行祭告典礼。此时无论是作为给膳的羊，还是作为祭品的牺牲、腊肉，最后都要由长老按等级均平地切割分施给大家。长老的威仪威望，一方面固然得之于典礼仪式的庄严肃穆，另一方面得之

于其分配祭品的均平得当。在祭礼之后，或会食之中，对给膳之羊如何分配及取与弗取，“我”都要经过从中裁断，度之务使合宜。《说文》就认为，“义”字涉及的是“从我”和“从羊”。《说文段注》：“义之本训谓礼容各得其宜，礼容得宜则善矣。”这种合宜的取予行为是美的、善的，因而是义的。推而广之，凡关于财富的分配，以及商品的交换，只要是均平合宜的就是义。在上古，羊不仅是膳品、祭品、礼品，同时也是用以交易的商品，在原始商业活动中，取与弗取，换多换少，也须裁制，务使均平合适，“交易而退，各得其所”（《易·系辞下》）。《礼记·中庸》：“仁者，人也，义者，宜也。”因此，义的本训具有物质的内容与经济的含义，是一个关于财富分配的经济概念。墨子说：“义，利也。”“义”与“利”是相同的。由上可知：在上古时代，“利”必须经过分配后才能取得，即通过“义”才能取到。“义”重在分予，“利”重在取得。

以后，作为分利的“义”就不仅仅局限于分配方式，还涉及了生产方式，成为分利与生利的一种建制。“义”几乎包括了国计民生的所有方面。在春秋时代，社会急剧地变化，诸侯大夫互相横恣侵夺，“专利”“专欲”的现象十分普遍，导致“藏财而不用”“委而不以分人者，百姓必进自分也”（《晏子春秋·内篇谏下》）的情况发生。采取何种生产方式及分配方式（包括赋役制度），以保障国家和各阶层利益的问题，便迫切地摆在统治者面前。于是，统治者以及士阶层就提出了如何制定、区分、处理、遵行以义利为基本范畴的生产关系和利益关系的问题。孟子所议论的经界、井田，正是由此而发。田制、经界分配、划分的合宜就是“义”。孟子所谓的“仁政”，也是以正经界、均井田、“分田制禄”“制民之产”为中心内容。农业则征什一之税、商业则“关市讥而不征”“泽梁无禁”、任人民以时捕鱼采樵等关于生产、分配方式的主张，都是孟子游说诸侯的中心议题。孟子说：“仁，人心也；义，人路也”（《孟子·告子上》）。“仁，人之安宅也；义，人之正路也”（《孟子·离娄上》）。这就是说，以仁爱为原则的王道仁政所要实现的道路，正是通过制定有关生产与分配的政策或制度，即由“义”来实现的。在分配方式方面，孟子的议论最多，如关于赋税，“戴盈之曰‘什一，去关市之征，今兹未能。请轻之，以待来年然后已，何如?’孟子曰：知其非义，斯速已矣，何待来年?”（《孟子·滕文公下》）《万章》也有“其取诸民之不义也”的话，超过制度的税收就是不义。不合规定的俸禄是“不义之禄”，超出规定的居室是“不义之居”。人对财利的取予标准，是看其是否符合有关规定。“非其有而取之，非义也”（《孟子·尽心上》）“非其义也，非其道也，一介不以与人，一介不以取诸人”（《孟子·万章》）。《离娄下》也有“非礼之礼，非义之义，大人弗为”的话。义在这里无疑是指有关经济制度的规定。

其实，孔子赋予义的实质是“因民之利而利之”（《论语·尧曰》）。郑子产治国为政，“视民如子”，曾作“封洫”，发展农业，以惠政著称于世，孔子称赞他能“惠人”（《论语·宪问》）。“其养民也惠，其使民也义”（《论语·公冶长》），而最好的惠民方式是“惠而不费”（《论语·尧曰》），“惠而不费”正是所谓的大惠，也就是义。“子曰：言不及义，好行小惠，难矣哉”（《论语·卫灵公》）。这就是说，不从根本制度上解决的惠是“小惠”，而只有制定合理的田制与赋役制度，“因民之所利而利之”，才可推动生产的发展。“惠而不费”也就是说大惠和义。所以，孔子所说的“义以为上”（《论语·阳货》），重视的正是国计民生的经济制度。

汉代以后，在义利关系方面，则较多地强调了两者的道德蕴涵，即强调了对经济原则的遵行。董仲舒在著名的《贤良对策》中，针对土地兼并的现实，提出了以限田为中心的经济主张，并成为后世土地政策的样本。其指导原则是“使富者足以示贵而不至于骄，贫者足以养生而不至于忧，以此为度而调均之”（《春秋繁露·制度篇》）。又说：“故受禄之家，食禄而已，不与民争业，然后利可均布，而民可家足。”并认为这是“天子之所宜法以为制，大夫之所当循以为行也”的（《贤良对策》卷三）。但是，“今世弃其度制”“则富者愈贪利而不肯为义。”这里的义是指经济制度。循以为行的义，是对制度的遵守。从而，义含有经济与伦理的双重含义。由此，董仲舒关于义利关系的名言“正其谊不谋其利，明其道不计其功”可以解释如下：正义自然致其利，明道自然见其功。颜元将此语改为“正其谊以谋其利，明其道而计其功”（《四书正误》卷一）。

至唐代，作为经济范畴，义已被“制度”一词所取代。制有制裁、分割之意，形而同于利，制度是关于利之度的规定。白居易说：“夫制度者，先王所以下均地财，中立人极，上法天道者也”（《白居易集·策林二》）。他认为：“地之生财者有常力，人之用财者有常数。如羡于上，则耗于下也，有余于此，则不足于彼也。是以地力之财皆待制度而均也”（《白居易集·策林二》）。这就是说，白居易所谓的制度，就是反映客观经济过程的法度，只不过比礼义更具体些罢了。

在宋代，王安石变法的主要内容实际上是经济体制的改革。他在《周官新义》中，发挥了《周礼》的经济思想，且作为变法的理论内容，还以“理天下之财”为己任。他在《乞制置三司条制》的奏章中说：“理天下之财，不可以无义。夫以义理天下之财，则转输之劳逸不可以不均，用度之多寡不可以不通，货贿之有无不可以不制，而轻重敛散之权不可以无术”（《王文公文集》卷三十一）。这里的义是理财的原则规定和具体方法，内容涉及转输之均、货贿之制以及敛散之术。他在《议茶法》中说：“国家罢榷茶之法，而使民得自贩，于方今实为便，于古义实为宜。”这里的义就是古代相关的经济政策或规定。凡限田、均田、轻徭薄赋的税役制度就是义的理财方式。

宋明理学家并非只谈义利不谈经济，仅宋代理学中大谈经界、屯田、水利、赋役以及兴利除弊等经济措施的就不下数十家，且所谓的义理的讨论也是以政治经济为指归的。特别是，宋明理学将义利之辨结合或化解为公私之分、理欲之别等。程颐说：“义与利只是个公与私也”（《遗书》卷十七）。二程并不一概否定利，只要与义的规定一致的利，就是善的。他们说：“阴为小人，利为不善，不可一概论。夫阴助阳以成物者君子也，其害阳者小人也；夫利和义者善也，其害义者不善也”（《遗书》卷十九）。又，“程子曰：君子未尝不欲利，但专以利为心则有害。惟仁义则不求利而未尝不利也”（《孟子集注》卷一引）。二程批评人不能为善行时说：“只是义理不能胜利欲之心”（《遗书》卷十九），因而，强调“与众同利”。其所谓与众同利与张载“义，公天下之利”（《正蒙·大易》）的意思相近，公平地分配天下之利，就是义，而个人的利也在其中了。朱熹视“义利之说乃儒者第一义”（《朱子大全集·与延平李先生书》）。他说：“正其义则利自在，明其道则功自在；专去计较利害，定未必有利，未必有功”（《朱子语类》卷三十七）。“利是那义里面生出来底。凡事处置得合宜，利便随之”（《朱子语类》卷六十八）。朱熹的学生陈淳在申述师说的《义利》一文中，仍把生产、分配方式作为义的首要义项。[①]

由上，可以得出这一结论：中国传统文化所蕴涵的“义利之争”实质上是“见利思义”“以义生利”，包括：取利要合理合法（即生财有道、买卖公平）、以义制利、整体利益至上等。

由此，便可知君子与小人的区别了。孔子说：“君子之仕也，行其义也”（《论语·微子》）。这就是说，君子所要推行的是“因民之利而利之”的政治经济主张。“君子喻于义”是说，君子的作用就在于其为一个社会制定合理的经济政治制度，且使之在现实中发生作用。其追求的是“大恩”“大惠”“大利”“公利”。“小人喻于利”是说，在现实中，“小人”也就是平民，所关心的只能是自身的利益。其追求的是“小恩”“小惠”“小利”。“小人怀土”“小人怀惠”应是孔子对小人利益的肯定。

孔子还认为，在一个制度比较合理的社会里，君子更应当富裕。孔子说：“富而贵可求也，虽执鞭之士，吾亦为之”（《论语·述而篇》），“邦又道，贫且贱焉，耻也”（《论语·泰伯篇》）。但是，孔子认为，“不义而富且贵，于我如浮云”（《论语·述而篇》）。孟子认为，如果他自己“后车数十乘，从者数百人，以传食于诸侯”（《孟子·滕文公下》），则也不过分。他对其母的厚葬也是无可厚非的。这是因为“利”是他自己通过“义”的途径取得的。由此，朱熹说“存天理，灭人欲”，一方面肯定了人的正当 的合理要求；另一方面，对超出人的正当的合理要求之外的欲望必须进行遏止。

① 陈启智．儒家义利观新诠［J］．东岳论坛，1993（6）．

（2）中庸思想。

“中庸”的本意是无“不及”，也无“过”，处理的是“不及与过”的矛盾。实际上是恰当、适度的意思。“不偏之谓中。不易之谓庸。不偏左、不偏右。不过大、不过小。”比如，在炒菜时，放盐适度就是“中庸”的要求。放盐太多，则咸；放盐太少，则淡。这都违背了“中庸”。从中也可以看出：达到“中庸”的要求，需要人的不断修炼。没有炒菜的多次实践（或反复的修炼），就不可能达到“中庸”所要求的盐的适度。所以，“中庸”对做人、做事提出了一个很高的要求。人一旦达到了“中庸”的要求，就表明了人已达到了很高的境界。例如，正如上面所说的，涂之光认为，通过“致中和”等原则来修炼天人合一的精神境界。人确实是在对人与自然的关系处理的许多的实践或修炼中，才认识到人与自然是平等、友好的关系，即天人合一的关系。没有处理人与自然的关系的许多实践或修炼，人就不可能达到“中庸”的要求，也就不可能达到天人合一。

当然，中庸思想也有被人误解的地方以及其自身的缺陷性。如现在不少人认为中庸是折中、调和的意思。这是对中庸的误解。在封建社会里，“中庸之道”在一定程度上造就了中国人以保守、退让为美德的品质。《易经》对其解释为“退让而不争先，虽涉大川，万无一失。”老子说“质真若渝”，即质朴的人是行动迟缓、苟且求安的人。“大直若屈”，即正直的人是善于屈从的人。孔子说：“无多言，多言多患”“无多事，多事多败。”孟子说：“位卑而言高，罪也”“遵先天之法而过者，未之有也”。曾国藩教子，连说话、走路等都不能太急、太匆忙，宁肯迟钝一点，因为迟钝才会“稳重”。中国许多古语就反映了这一点，如“以不变应万变”“枪打出头鸟”“木秀于林，风必摧之”“大智若愚”“真人不露相，露相非真人。”由此，在中国古代社会里，对改革则反对，认为这是“离经叛道”。对改革者，偶尔有一二立志改革志士仁人者，则封建统治者杀戮之、贬谪之；世俗之人诽笑之、辱骂之。如，韩非明知法治会得罪新的贵族，不是被官方杀头，就是遭到私人的暗杀。王安石在实行变法的时候，公开向“天命”“圣人”宣战。谭嗣同大声疾呼“冲破罗网”，戊戌变法失败后，他明知不出走就会遭杀身之祸，却说“中国未闻有因变法而流血者，此国所以不昌，有之，请自嗣同始”。孙中山于是创立“知难行易”学说来鼓舞革命斗志。鲁迅一生都想改造“国人”。这些也都说明了中庸思想的缺陷性。

（3）重义务，忽视权利；而西方正好相反，重视权利。

比如，贾宝玉是花花公子，仍要考取功名、光宗耀祖。其婚姻大事也是为了家族，自己也做不了主。中国的父母对子女要“慈”，但是，很少知道父母的权利；子女对父母要“孝”，但是，也很少知道自己的权利；同样，兄对弟要“友”，弟对兄要“敬”，臣对君要“忠”，但是，都很少知道自己的权利。

（4）在婚姻上，对中国人来说，只占一部分，而对西方人来说，正好相反，占很大的部分。

在中国，婚姻是家族的大事，是为了传宗接代、侍奉老人等，“不孝有三，无后为大”就显示了这一点，择偶的标准是“门当户对”等。所以，中国人结婚是对家庭的一种义务，是为他人的。婚姻对个人来说，也就是一件小事。

在西方，婚姻是个人的大事，对家族是小事。西方人结婚为的是自己，是个人的权利。其择偶的标准是互相契合等，往往少于考虑家庭因素。

同样，对离婚也是如此。中国人感到“离婚”会丢自己家族、家庭、父母亲的脸面；而西方往往认为“离婚”是个人的事情。

在妇女观上，中国传统妇女是被动的生活方式，如，“三纲”就显示了这一点，“妇女”的生活方式是待嫁、出嫁、媳妇、婆婆等。

此外，中国文化主善，西方文化主恶；中国文化节奏慢，西方文化则强调效率意识。

7.在社会心态上，中国文化的几个倾向

第一，民族自我中心倾向。第二，家族自我中心倾向。比较容易以血缘嫡系自居、攀本家，也导致了崇拜祖先、论资排辈等。第三，家长自我中心倾向。子女必须无条件服从家长。第四，个人受超重压抑倾向。如，内向、内聚力强，强调“忍”。但也易悲、易狂。

8.1.3 对待中西文化差异，“怎么办?”

正确的态度是：一方面要继承各自的优点，另一方面克服其缺点。对我们来说，要在继承中国传统文化精华的基础上，吸收其他民族文化的精华，建设有中国特色的社会主义文化。

“五四运动”前后，曾经出现了三次中西文化的争论，概述如下：一是“五四”运动前，中西文化差异优劣之辨。这有陈独秀的“差异西优中劣论”、伧夫的“差异中优西劣论”、李大钊的“差异互有长短论”、蔡元培的“差异兼容并包论”、汪淑潜的“差异不能相容论”。二是“五四”运动后，新旧文化能否调和之争。这有伧夫的“新旧折中调和论”、章士钊的“新旧移行调和论”、陈嘉异的“新旧自然调和论”、李大钊的“新旧变动必然论”。三是中国文化道路的构想和论战。这包括：1920年常乃德主张的“西化道路”、1921年陈嘉异提出的“本位文化道路”和1920年梁漱溟的中国文化“复兴”的路向、1920年梁启超的“走一个‘化合’的文化道路”、1923年与1924年瞿秋白和毛泽东所主张的社会主义的文化道路。

总之，这些文化争论影响了我国的发展。日本、韩国等亚洲“四小龙”对传统文化采取的是“保护”措施，也促进了它们的发展。

8.2 文化传统与经济学

中国经济学虽然可以吸取西方经济学的精华，但是毕竟和西方经济学是有区别的，其中一个最大的区别就是其基础——中西方传统文化之间的区别。西方文化传统造就出了西方经济学；日本的经济体制及其经济学有其深厚的民族文化特色；中国文化尤其是传统文化也必将深深影响中国经济学。西方经济学也应当从中国传统文化中吸取营养。

1.西方文化特色的经济学、日本民族文化特色的管理经济学的启发

西方经济学及其方法论的争论最终会反映出科学主义与人文主义以及科学与人文之间的争论。约翰·内维尔·凯恩斯的《政治经济学的范围与方法》对以前的经济学方法论的争论进行了总结，认为以前的经济学方法论的争论是作为一门实证的、抽象的、演绎的科学与作为一门伦理的、现实的、归纳的科学之间的争论①。前者往往表现为实证经济学，其遵循的是科学主义传统，正如阿马蒂亚·森在其《伦理学与经济学》中所说的“工程学”方法，这也是主流西方经济学所惯用的方法，后者往往表现为规范经济学，其遵循的是人文主义传统，正如阿马蒂亚·森所说的伦理学方法②，是新、旧历史学派和新、旧制度学派所遵循的非主流经济学的方法。当然，这两种方法是交织在一起的，比如实证分析与规范分析是紧密相联的。所以，单从西方经济学的方法论基础来看，西方经济学是与西方文化传统紧密相联的。如果再从西方经济学的理性经济人假定出发来看，西方经济学也具有浓厚的西方文化特色。现代经济学家们非常强调经济学理论背后的一整套西方文化传统，如个人主义、功利主义、自由主义和契约主义等。当代西方一些著名的经济学家都在一定的文化背景中来研究或构建起一种新经济学。1949届约翰·贝茨·克拉克奖获得者——肯尼思·博尔丁认为其一贯努力的目标是把各种知识融为一体，在融汇各门学科的情况下重建经济学，这种新经济学不仅要实现自然科学和社会科学在经济学中的统一，而且要吸收和应用宗教精神，进行经济行为分析、实现理性分析和价值判断的统一。1978年诺贝尔经济学奖获得者——赫伯特·亚历山大·西蒙认为其最初的兴趣和其成了经济学家之后的兴趣是去了解人们是怎样做出决策尤其是经济方面的决策的。现在他在心理学上花的时间越来越多，都是为了更好地了解人类是如何思维的，人类又是如何去解决问题的。1986年诺贝尔经济学奖获得者——詹姆斯·M.布坎南认为其起初进入的是政治哲学的研究而不是经济学本身的研究，其实，他后来所研究的是典型的政

① 凯恩斯. 政治经济学的范围与方法［M］. 党图英，刘惠，译. 北京：华夏出版社，2001.
② 森. 伦理学与经济学［M］. 王宇，王文玉，译. 北京：商务印书馆，2000.

治经济学。

日本是在其民族文化传统基础上，建立了其市场经济体制及其经济学。日本在要建立现代经济体制的时候，也曾有过是否应该完全欧化的想法。1897年就任外相的进上馨就提出过这样的口号：“把我国变成欧洲化的帝国，把我国人变成欧洲化的人民。”著名思想家和外交家森有礼也提议废除日本文字，使用罗马字母。有的甚至提出要改进日本人种，倡导日本男子和西洋女子结婚。但历史选择了涩泽荣一的《论语加算盘》的道路，也就是使市场经济植根于日本民族文化的道路。涩泽荣一被誉为“日本近代资本主义经济最高指导者”。

虽然第二次世界大战结束初期日本传统文化和日本发展道路又面临危机，“人民大众对传统文化和生活方式丧失了信心，甚至憎恨它们。”在美军占领时期，又提倡发展个人主义和自由主义，但是，在文化价值观上，西方的个人主义和自由主义并未在日本扎根；在经济体制上，“重建的日本经济如战前一样，在经济中，政府的领导起根本作用”。企业管理仍是十足的日本式的管理方式。例如，日本式的家族制度，在战后已被新宪法和新民法等所否定，但是源于日本式家族制的团体主义依然存在于企业中，甚至存在于社会的各个角落中；相反，“战后各届内阁所支持的‘经济计划’并没有任何法律效力，使它一直无条件地得到承认，而人民也一直根据自己的理解来进行合作。”同样，终身雇佣制的实施也不用法律条文的规定。

特别是日本政府的宏观经济调控和企业管理更是体现了民族文化特色。

日本经济可称为“行政导向型经济”或“政府主导型经济”。在欧美市场经济国家中，没有哪个政府像日本政府那样，对国民经济实行如此全面的干预。日本政府通过各种渠道，利用各种经济、行政、法律手段，直接或间接地参与经济活动，调节社会资本再生产的全部过程。欧美国家的官员和学者甚至把日本经济称为“计划经济”。在西方，没有哪一个政府像日本政府那样周详地关照企业，也没有哪一个西方国家的企业像日本企业那样顺从政府。日本人对群体、对企业、对国家的“忠”的观念根深蒂固。他们把对国家的繁荣富强和社会和谐所做的贡献，看得比个人的赚钱更重要，日本经济新闻社编写的《东洋奇迹》一书称："政府、经营者、劳动者三方同在一条船上，必须同舟共济，否则就会沉没。""英国的资本主义是在个人主义和自由主义的口号下，由'上帝的看不见的手'指引着前进的，日本则注定要沿着一条完全不同于英国的道路发展"。韩国金日坤教授认为：儒教秩序仍作为日、韩两国的重要秩序原理，它表现为政府主导型的经济方式、将企业视为命运共同体的认识等。

日本企业管理的特征是：以终身雇佣制、年功序列、工会为支柱。它们像三种互补的黏合剂，使企业的股东、经营者、雇员紧紧地凝聚在一起，共同支撑着具有和谐精神的日本经济大厦。企业把员工当成自己的家庭成员，不但关注每个员工的工作，而且过问员工的个人生活问题，对每个职工家庭的婚丧嫁娶也要关照，员工也把企业当作自己的家，对企业有很强的归属感，员工不到万不得已，决不会离开原来企业而另求他就，即使在企业遇到如石油冲击那样的危机时，员工也能自愿降低工资以帮助企业渡过难关。

2.中国文化特色经济学构建的设想

我国也应在当今文化背景上建立起有中国文化特色的社会主义市场经济，构建起有中国文化特色的经济学。

虽然在近、现代西方文化的剧烈冲击下，中国人的生活、文化等都确实已经发生了巨大的变化，以至于西方的某些生活方式、风俗习惯等已被越来越多的中国人所认同和接受，但是，中国人世代相传的传统心理、思维方式、伦理道德等依然存在，并未发生根本性变化，这就是说中国传统文化并没有离人们而去，中国人待人处事依然是传统的，中国人仍然是"中国人"。简要地说，中国传统文化的合理性有：第一，自强不息的进取精神。第二，道德修养和人际协调，在道德规范下形成和谐的人际关系。第三，集体本位和天下为公，以集体为本位，尤其当个体与集体发生冲突时主张牺牲前者，这就是天下为公。第四，"天人合一"的意识，强调人与自然界和谐统一。

除了中国传统文化这一背景之外，我国当今的文化背景还有两个：第一，是西方近代理性文明，其主要构成有：一是理性至上。二是人性至善，肯定人的现实幸福。三是人和自然对立的意识，认识自然、驾驭自然，这是人的权利。四是商品经济或市场经济。五是个人主义。第二，是反思以近代理性文明为核心的尤其是20世纪以来的空想社会主义、马克思主义和现代西方思潮，其主要特点有：一是反思理性，19世纪空想社会主义、马克思主义都对当时资本主义中的经济问题、异化问题等进行了理性的反思，20世纪科学技术的异化（如战争、环境污染）使人感到理性的非至上性，于是兴起了非理性主义、人文主义思潮。二是人和自然的协调，大自然不只是人类征服改造的对象，而且是人类的母体和家园。三是重精神文化价值，人类未来的问题并非科学技术所能全部解决，当代人类生存危机的背后是人类的精神危机，人类只有在精神层面变换其观念，注意矫正文化发展方向，才能有光明的前途。四是全球意识的培养，世界经济一体化所形成的全球性问题，如能源危机、环境污染等，也只有全人类合作才能解决，世界文化发展的一体化趋势必然会改变人类以往的存在方式。这三重文化形态是我国走向现代化所必须面对的背景。我国社会主义市场经济所需要的是在这三重文化形态基础上所形成的社会主义市场经济文化。[①]

人是文化的产物，现代市场经济文化塑造出的是现代化的人。就其本性来说，市场经济是以个人为本位的自主性经济。市场经济现代化的核心是人的现代化，即人有现代人格和个人自我意识，这主要表现在人的全面发展和个性培养的结合上。人的全面发展是个性完善所趋向的目标，这一点也是马克思所特别强调的：每个人的自由发展是一切人自由发展的前提和条件。人的全面发展的实现有赖于个体和社会两方面的共同努力。就个体本身来说，首先应该考虑如何完满地发挥自己的天性和潜能。每个人都应该从人类文明，尤其从能够体现时代精神的文明中吸取营养，以实现自身的思维方式、价值取向、道德情操

---

① 邹广文. 中国走向现代化的三重文化背景［J］. 东岳论丛，1993（3）.

和审美情趣的全面更新，进而在现实生活中去创造一种真正满足其生命本质需要的生活而充分显示出人生的意义。就社会方面而言，社会应尽最大可能为个体的发展创造条件，使全体公民关心、参与现代化，并自觉地意识到自己的社会权利和义务。

需要指出的是：在我国传统文化中，其合理部分如刚健有为、互助友爱、注重实际等，可以有助于现代人格的塑造或人的全面发展，但是，现代人格是与人的个性完善相结合的，而个性意识却是我国传统文化所忽视的。显然，这一不足有赖于现代市场经济文化等来克服或补充。这就是说，我国传统文化的合理性有助于人的全面发展，最终就有助于市场经济的发展，可是，我国传统文化的不足也有碍于人的个性发展，最终也会不利于市场经济的发展。

总之，我国当今应立足于传统文化，更要以现代市场经济文化，尤其以马克思主义来指导，建设社会主义市场经济文化，培养“有理想、有道德、有文化、有纪律”的社会主义公民，推动社会主义市场经济的建立和完善，构建出体现社会主义市场经济文化的经济学，这样的市场经济体制或经济学才有中国文化特色。中国传统文化的合理性也就包含在所构建的有中国文化特色的经济学之中。

马克思主义强调自然属性和社会属性的统一、个人利益和社会利益的统一、人和人的统一、自然界和社会的统一、科学和人文的统一，所以，马克思主义崇尚自然、经济、社会和人的协调发展，强调利己、利他、利天的统一，这无疑是构建有中国文化特色经济学的指导思想。

冯友兰先生认为，人生有“四大境界”——自然境界、功利境界、道德境界和天地境界。处于自然境界，人对自己的行为缺乏清楚的认识，对自我存在的独立性还相当模糊，行为往往顺乎习俗而行，是一种近似“混沌”的意识世界。此时的社会处于原始社会到封建社会。处于功利境界，人有自觉意识，且以“自我”“求利”为中心展开活动。此时的社会处于资本主义社会之后。处于道德境界，人已摆脱功利境界，意识到“人是社会的一员”。

人已把利己和利人、个人快乐与最大多数人的幸福统一起来。处于天地境界，人不仅自觉到其是社会的一员，而且是宇宙的一员。人由自然境界、功利境界、道德境界到天地境界，即：由“顺天”“利己”“利人”到“事天”。与人的境界相对应，经济学也有这四大境界，即自然境界、功利境界、道德境界、天人境界。处于自然境界，经济学主要研究如何减轻饥荒、对付灾荒、增加赋税收入等与稀缺经济相关的问题。这是封建社会的短缺经济时期的经济学。处于功利境界，经济学主要研究功利、效用最大化问题。西方主流经济学就是研究微观、宏观层次效用最大化的经济学。处于道德境界，经济学主要研究利己和利人、个人快乐与最大多数人的幸福统一起来的问题。当今的伦理经济学、利他主义经济学、合作经济学和福利经济学等就是此类经济学。处于天人境界，经济学主要研究人与天的关系问题，特别是人与自然界如何协调、“人如何侍奉天”的问题，即天人合一问题。当今的环境经济学、可持续发展经济学、佛教经济学等就是此类经济学。所以，当今的西方主流经济学还处于功利境界，必须上升到道德境界和天人境界。经济学的最高境界是天人合一境界。因此，有中国文化特色的经济学应该是顺天、利己、利他、事天的统一。

特别是，马克思在《1844年经济学哲学手稿》中关于共产主义思想，对于构建有中国文化特色的经济学是有启发的。马克思说：“共产主义是对私有财产即人的自我异化的积极扬弃，因而是通过人并且为了人而对人的本质的真正占有；因此，它是人向自身、向社会（即人）的复归。这种复归是完全的、自觉的而且保存以往发展的全部财富的。这种共产主义，作为完成了的自然主义，等于人道主义，作为完成了的人道主义，等于自然主义，它是人和自然之间、人和人之间矛盾的真正解决，是存在与本质、对象化和自我确证、自由和必然、个体和类之间的斗争的真正解决。”①有人据此将共产主义概括为“完成了的自然、人道主义”或“天人合一”境界的共产主义。虽然这有争议，但有

① 中共中央马克思恩格斯列宁斯大林著作编译局．马克思恩格斯全集［M］．42卷．北京：人民出版社，1975.

一点是可以肯定的，共产主义是人文精神的实现，是人的自由、全面发展的实现。虽然中国传统文化中“天人合一”思想具有朴素性，但是，其中毕竟蕴涵了“天人合其德”“天为人母”“人要尊重、保护自然界”等合理思想，这显然要为有中国文化特色的经济学所吸收。

黄少安教授的《经济学研究重心的转移与“合作”经济学构想》一文，读后颇有启发。首先，他认为，中国传统文化能够成为经济学的哲学基础。谈敏博士在其博士论文《法国重农学派学说的中国渊源》中，系统而充分地揭示了法国古典经济学渊源于中国古代哲学及其经济思想，其“自然秩序”观源于中国古代的道家和儒家文化。斯密奠定了西方古典经济学的理论体系，且这种体系至今依然起着重要的作用。而斯密十分崇拜法国重农学派代表魁奈，“斯密体系”深受魁奈经济学的影响。由此可见：中国古代哲学和经济思想对西方经济学的影响之大。其次，他比较了西方文化与中国传统文化，指出：前者偏重竞争，后者偏重合作。因此，西方经济学主要是竞争的经济学，只要人类经济行为的竞争性还存在，它就将继续存在。由于人类经济行为及整个经济运行就像一枚硬币，一面是竞争，一面是合作，特别是在现实经济生活中，人们在不断竞争的同时，随着理性程度的提高，“合作”越来越多，或者说“合作”倾向越来越强烈。许多过去通过竞争解决的问题或者看来必须通过竞争才能解决的问题，最后都是“化干戈为玉帛”，即通过合作而解决。个人与个人之间如此，企业与企业之间如此，国家与国家之间也是如此。所以，经济学应该由竞争经济学转向以合作为主线的经济学。[①]但是，对当今的经济学家而言，还没有建立起“合作经济学”。所以，中国传统文化可以有助于这种经济学的形成。

3.西方经济学可以到中国传统文化中吸取营养

有中国文化特色的经济学要体现中国传统文化的合理性，而又直接来源于西方经济学。所以，西方经济学要克服自己的缺陷性，可以到中国传统文化中

① 黄少安．经济学研究重心的转移与“合作”经济学的构想［J］．经济研究，2000（5）．

吸取营养。

第一，经济学的最高境界是天人合一，西方经济学理应要从中国传统文化“天人合一”的思想中吸收营养。

笔者认为，“天人合一”才是资源配置最优的标准。由于在天人合一境界中，人不仅是“自我”的，也是社会的一员；人不仅是社会的，而且是宇宙的一员，所以，这一境界将人的自然、功利、道德、天地四种境界并合，也表明了人已达到了很高的道德境界。没有很高的道德境界，而局限于功利境界，就不可能达到天人和谐，也就不可能达到资源配置最优。这就是说，把天与人统一起来考虑经济和人类未来问题的经济学，才是经济学研究的最高层次。

与此相反，西方文化偏重的是“天人相分”，主张“天人相分”、主客体相分的知识论立场。当今严重的环境问题，就表明了西方主流经济学是有问题的。后现代思潮也表明了：工业文明及“天人相分”是有问题的。它强调了中国传统文化中天人合一及主客体一体的思想是合理的。这也就是说，西方主流经济学也应当到中国传统文化天人合一的思想中去吸收营养。

第二，西方经济学要从功利境界所强调的竞争经济学转向合作经济学，这无疑要从中国传统文化所蕴涵的“人际协调、道德修养”中吸收营养。

在中国传统文化中，有各种各样的处理人际关系的原则。这主要有：人与自我的关系、人与他人的关系、个人与民族和国家的关系、人与自然的关系。人与自然的关系，已在上面论述了。

由上，黄少安教授认为，西方经济学主要是竞争的经济学，但是随着理性程度的提高，“合作”越来越多，所以经济学应该由竞争经济学转向以合作为主线的经济学。但是，对当今的经济学家而言，还没有建立起“合作经济学”。所以，中国传统文化可以有助于这种经济学的形成。西方经济学应当从中国传统文化处理人际关系原则所蕴涵的“人际协调、道德修养”中吸收营养。

第三，经济学由功利境界上升到道德境界意味着西方经济学要从中国传统文化所蕴涵的“仁义”中吸收营养。

由上，可以得出这一结论：中国传统文化所蕴涵的“义利之争”实质上是“见利思义”“以义生利”，包括：取利要合理合法（即生财有道、买卖公平）、以义制利、整体利益至上等。

由于西方经济学停留于功利境界，而没有上升到道德境界，所以，西方经济学理应从中国传统文化所蕴涵的“仁义”中吸收营养。制度经济学对主流经济学的冲击便表明了这一点。特别是制度学派对正统经济学的价值标准持否定的态度，它认为，除了经济价值以外，价值还应包括诸如社会平等、生态平衡、环境舒适，以及美、尊严、生活情趣等。它强调，不能为追求经济价值，如增长速度而牺牲了其他的价值，要考虑到经济增长的代价。由于人们的价值标准的差异和目标的不同，所以国家要担负起协调目标的责任。如果一个社会不符合与其制度相适应的价值标准，那么，它是不能生存下去的。这就表明了西方主流经济学必须要提高其境界。阿马蒂亚·森对现代经济学进行了反思，认为现代经济学越来越走向绝路，而要克服这一缺陷，就必须要提高境界，将经济学和伦理学结合起来。

第四，经济学的天人合一和道德境界意味着西方经济学还要从中国传统文化所蕴涵的“中庸”思想中吸收营养。

“中庸”思想的合理性就在于人在处理“人和自然关系”时，一定要恰当、适当，切不可过度。这实际上意味着要利天（即利自然界）。

其实，在西方经济学中，有不少思想体现着“中庸”思想。效用递减规律就是如此，比如，吃馒头时，在吃饱之前，效用一直是递增的，但在吃饱之后，效用一直是递减的。这体现了“中庸”的恰当、适度的要求。作为经济学两大主题之一的资源配置问题，以一条生产可能性边界为中庸，“不及”则是资源闲置和资源的低效利用，“过之”则是现有资源无法达到的，此时如果进行生产，就必定造成资源的掠夺利用。所以，只有生产可能性边界才是对社会现有资源充分而适度的利用。微观经济学中的生产均衡也是一种中庸境界，无论是局部均衡还是一般均衡，均衡点都是无“不及”与无“过之”点，在该点既不会出现供不应求也不会出现供过于求的现象，供给和需求在此点合于中。消费者也是如此，只有无差异曲线与预算线相切的点，才是效用最大化的中庸之点。若“不及”该点，即预算线以内的点则表示消费者的收入没有全部花光，其效用还可以进一步提高，“过”该点，即预算线以外的点则表示消费者在预算的约束下无法达到效用。此外，边际收益递减规律、规模经济中也都蕴涵着中庸之道。西方宏观经济学的中心问题是国民产出决定理论，而在国民产出趋向的均衡点，总需求等于总供给，这体现的也是中庸。供应学派的经济学家拉弗曾提供了分析税率与政府税收总额之间关系的一种工具，即著名的拉弗曲线。在该曲线的初始阶段，随着税率的提高，政府税收总额增加，但是，当税率达到某一水平时，继续提高税率，政府的税收总额不但不会增加反而减少，这一税率就是一个国家最适宜的税率水平，这一点同样是无“不及”，与无“过”的平衡点，是中庸。

当然，中庸思想也有被人误解的地方以及其自身的缺陷性。如现在不少人认为中庸是折中、调和的意思。这是对中庸的误解。在封建社会里，“中庸之道”在一定程度上也确实造就了中国人以保守退让为美德的性格，这存在一定的缺陷性。

第五，中国传统文化含有“自由经济思想”，也曾成为西方现代经济学中的中国渊源。

市场经济的本质特点是自由经济，即按商品经济的价值规律自由发展、自我调节的经济运转方式进行。与之相适应的经济政策，便是自由放任。亚当·斯密在其《国富论》中这样论述其“看不见的手”的原理：当每个人在追求自利的目标时，他好像被一只看不见的手引导着去实现公共的最好福利。在所有可能世界中最好的世界里，政府对于自由竞争的任何干预几乎都肯定是有害的。自由放任的经济体制也是西方经济学界从亚当·斯密直到20世纪初期以前所推崇的经济运作模式。然而，20世纪30年代，一场持久而严重的经济危机向以自由经济为核心思想的古典经济学提出了前所未有的挑战，几乎宣告了古典经济理论的失败。凯恩斯主义等新自由主义经济学派，为消除市场经济盲目发展所造成的经济危机，提出了国家要顺应市场规律，采取适当的干预政策，发挥“看不见的手”的作用，实施介于自由放任与高度统治的经济体制之间的现代发展模式，形成了现代市场经济体制。

在中国传统文化中，也有自由经济思想，可以从明末清初的黄宗羲、明代的丘浚、宋代的叶适、汉代的司马迁等儒家人物，一直追溯到以孔孟为代表的儒家学者。他们倡导自由经济论，认为国家对经济管理的要义在于顺应经济发展的自然，不主张过多干预。孔孟的自由经济思想与先秦时期的法家思想相对立，法家强调采取国家干预模式，主张国家对经济生活的干预和控制越严越好。孔子所主张的自由经济体制，是将政府对经济的干预活动减至最小，任凭人民在经济活动中自由而充分地发挥其聪明才智。他的名言“天何言哉?四时行焉，百物生焉，天何言哉?”（《论语·阳货》）就是他心目中的政府在经济活动中作用的写照。孔子强调“惠而不费”（《论语·尧曰》），即民众获得物质利益，并由此调动其生产积极性，而政府又没有为此而花费成本，这实际上是管理经济中的成本收益原则。但如何能做到“惠而不费”呢?孔子的回答是：“因民之所利而利之，斯不亦惠而不费乎?”（《论语·尧曰》）孔子主张让民众自由地从事对其有利的经济活动，从中得到好处，政府不必进行干预。孟子不但继承了孔子的自由经济思想，还有所发展，表现在他倡导法乎自然，重视个人产权、利益与维护竞争上。

说到自由经济思想，不能不提的是道家文化的创始人老子的“道法自然”和“无为而治”的思想。虽然老子的思想主要是政治主张，但对经济生活也是有意义的。“道法自然”的“道”既具有规律、法则（包括自然法则、社会法则、人生法则）的含义，也具有万物本原的含义。“自然”是指顺其自然。由“道法自然”推演而来的是“无为而治”的主张，“无为”并不是消极等待，而是一种立身处世的态度和方式，是一种崇高的境界，是尊重客观规律、顺应客观规律，不妄为，不妄求，“无为，故无败；无执，故无失”（《道德经》），所以，老子是强烈反对国家干预的。他说，“为者败之，执者失之”，也就是说，谁去干预，谁就会失败，由此看来，“无为而治”似乎与亚当·斯密的

"看不见的手"如出一辙。但是，老子并不认为人在客观存在的规律面前只能听天由命，并不反对人们自觉的、有意识的努力，他让人们去"为"，老子说，"为无为，则无不治"（《道德经》）。可见：他并不主张完全的放任自流，而是在尊重客观规律基础上有所为，反对的是无视客观规律的横加干涉，只有这样才会"无不治"，这也符合老子有无相生的辩证统一过程，即"天下万物生于有，有生于无"。

主要参考文献

［1］董建，初景波，武剑峰．这些个哲学常识你得知道［M］．北京：中央广播电视大学出版社，2009．

［2］李忠谦．图解哲学［M］．天津：天津教育出版社，2007．

［3］张之沧．科学哲学导论［M］．北京：人民出版社，2004．

［4］周林东．科学哲学［M］．上海：复旦大学出版社，2004．

［5］沈铭贤，王淼洋．科学哲学导论［M］．上海：上海教育出版社，1991．

［6］舒炜光，邱仁宗．当代西方科学哲学述评［M］．北京：中国人民大学出版社，2007．

［7］夏基松，沈斐风．西方科学哲学［M］．南京：南京大学出版社，1987．

［8］孔德．论实证精神［M］．黄建华，译．北京：商务印书馆，1996．

［9］赖欣巴哈．科学哲学的兴起［M］．伯尼，译．北京：商务印书馆，1966．

［10］库恩．科学革命的结构［M］．金吾伦，胡新和，译．北京：北京大学出版社，2003．

［11］罗素．哲学问题［M］．何兆武，译．北京：商务印书馆，2007．

［12］贾德．苏菲的世界［M］．萧宝森，译．北京：作家出版社，1999．

［13］朱成全．经济学方法论［M］．大连：东北财经大学出版社，2014．

［14］杨魁森．马克思主义与当代思潮［M］．长春：吉林大学出版社，1998．

［15］段忠桥．当代国外社会思潮［M］．北京：中国人民大学出版社，2001．

［16］肖峰．论科学与人文的当代融通［M］．南京：江苏人民出版社，

2001.

[17] 森. 以自由看待发展 [M]. 北京：中国人民大学出版社，2002.

[18] 徐家林. 人类发展指数：构成、争论与超越 [J]. 人文杂志，2006 (5).

[19] 张之沧. 鉴定科学与非科学的原则和方法 [J]. 学海，1999 (1).

[20] 胡祖光，朱明伟. 东方管理学导论 [M]. 上海：上海三联书店，1998.

[21] 刘永佶. 政治经济学方法论 [M]. 上海：上海人民出版社，1992.

[22] 刘永佶. 政治经济学方法论史 [M]. 北京：中共中央党校出版社，1988.

[23] 韩永进. 西方经济学方法论——科学哲学方法论与经济学方法论变革研究 [M]. 北京：中国经济出版社，2000.

[24] 黄瑞雄. 两种文化的冲突与融合——科学人文主义思潮研究 [M]. 桂林：广西师范大学出版社，2000.

[25] 狄仁昆. 走向大科学的经济学——经济学的哲学 [M]. 上海：上海社会科学出版社，1998.

[26] 黄河. 经济科学学 [M]. 北京：中国财政经济出版社，1994.

[27] 陈宪. 经济学方法论通览 [M]. 北京：中国经济出版社，1995.

[28] 陶永谊. 旷日持久的论战——经济学的方法论之争 [M]. 西安：陕西人民教育出版社，1992.

[29] 朱绍文. 经典经济学与现代经济学 [M]. 北京：北京大学出版社，2000.

[30] 陈惠雄. 人本经济学原理 [M]. 上海：上海财经大学出版社，1999.

[31] 斯密. 道德情操论 [M]. 蒋自强，钦北遇，等，译. 北京：商务印书馆，1999.

[32] 王玉珍. 道德秩序的经济学分析——对利他行为的一个分析角度 [M]. 北京：经济科学出版社，2005.

[33] 许崇正. 伦理经济学再论——经济选择与人的发展 [M]. 北京：中

国财政经济出版社，2001.

［34］黄卓炎，彭正德，等. 经济学方法论［M］. 武汉：湖北人民出版社，1989.

［35］高振刚，李映雪. 经济学方法论［M］. 北京：红旗出版社，2000.

［36］廖士祥. 经济学方法论［M］. 上海：上海社会科学院出版社，1991.

［37］董瑞华，傅尔基. 经济学说方法论［M］. 北京：中国经济出版社，2001.

［38］埃思里奇. 应用经济学研究方法论［M］. 朱纲，译. 北京：经济科学出版社，1998.

［39］程恩富. 现代政治经济学［M］. 上海：上海财经大学出版社，2000.

［40］张宇，孟捷，卢荻. 高级政治经济学［M］. 北京：经济科学出版社，2002.

［41］吴岱明. 科学研究方法学［M］. 长沙：湖南人民出版社，1987.

［42］李达顺，陈有进，孙宏安. 社会科学方法研究［M］. 北京：中国国际广播出版社，1991.

［43］袁方. 社会研究方法教程［M］. 北京：北京大学出版社，1997.

［44］赵春福. 社会调查研究理论与方法［M］. 北京：中国政法大学出版社，1992.

［45］朱红文. 社会科学方法［M］. 北京：科学出版社，2000.

［46］森. 简论人类发展的分析路径［J］. 马克思主义与现实，2002（6）.

［47］张延. 西方经济学中的危机、革命和综合［J］. 经济科学，1998（1）.

［48］张斌. 西方主流经济学的哲学基础与方法论特征［J］. 经济科学，1998（5）.

［49］孙慕天. 新的边疆：从经济学哲学到科学哲学［J］. 自然辩证法研究，1998（2）.

[50] 李伯聪. 略论经济科学中的波普后方法论 [J]. 自然辩证法通讯, 1999 (6).

[51] 杨玉成. 经济学中的现代主义和后现代主义 [J]. 中共福建省委党校学报, 2001 (1).

[52] 杨渝玲. 试论西方科学哲学介入经济学哲学 [J]. 自然辩证法通讯, 1999 (5).

[53] 杨立雄. "个体主义"抑或"整体主义" [J]. 经济学家, 2000 (1).

[54] 潘天群. 经济学何以预测 [J]. 经济学家, 2001 (5).

[55] 庄宗明, 杨旭东. "经济人假说": 争论与超越 [J]. 学术月刊, 2001 (2).

[56] 朱汉民. 略论西方经济学伦理道德观的演变与承继 [J]. 武汉大学学报: 社科版, 2001 (5).

[57] 陈彩虹. 道德与功利——现代经济学的一种理解和现代经济学面临的选择 [J]. 东南学术, 2001 (6).

[58] 杨春学. 利他主义经济学的追求 [J]. 经济研究, 2001 (4).

[59] 伍装, 张薰华. 现代经济学中的两种价值判断理论 [J]. 经济学家, 1999 (5).

[60] 罗卫东. 经济学与道德——对经济学某些倾向的反思 [J]. 浙江学刊, 2001 (12).

[61] 许崇正. 人的全面发展理论: 马克思经济学对西方经济学的超越 [J]. 经济学动态, 2001 (12).

[62] 黄少安. 经济学研究重心的转移与"合作"经济学的构想 [J]. 经济研究, 2000 (5).

[63] 沈堃. 规范分析和实证分析的深层关系刍议 [J]. 当代经济科学, 1996 (3).

[64] 沈湘平. 作为历史科学的经济学——经济学危机的哲学透视 [J]. 经济评论, 2002 (2).

[65] 郑秉文. 20世纪西方经济学发展历程回眸 [J]. 中国社会科学，2001 (3).

[66] 韩骏. 证实与证伪 [J]. 自然辩证法研究，1995 (5).

[67] 蔡志明. 经济学中的实验方法与技术——兼论实验经济学的发展 [J]. 华东师范大学学报：哲社版，1997 (3).